Bauwelt Fundamente 150

Herausgegeben von
Peter Neitzke

Dietmar Offenhuber

Carlo Ratti

(Hg.)

Die Stadt entschlüsseln

Wie Echtzeitdaten den Urbanismus verändern

Bauverlag
Gütersloh · Berlin

Birkhäuser
Basel

Die Reihe Bauwelt Fundamente wurde von Ulrich Conrads 1963 begründet und bis 2013 herausgegeben (einschließlich Band 149), seit Anfang der 1980er Jahre gemeinsam mit Peter Neitzke.

Aus dem Englischen von Ingrid Fischer-Schreiber
Layout von Matthias Danzmayr

Vordere Umschlagseite:
Darstellung der Telefonaktivitäten (dargestellt in Magenta) und Ausgangs- und Zielpunkte von Bewegungsströmen (dargestellt in Cyan) innerhalb eines Zeitraums von 15 Minuten in Riad, Saudi-Arabien. Visualisierung: Kael Greco, 2013

Hintere Umschlagseite:
Darstellung des Datenstrom-Volumens zwischen New York und verschiedenen Städten der Welt. Visualisierung: Aaron Koblin, 2008

Seite 2:
Visualisierung der Telefonaktivität in Washington DC während Präsident Obamas Amtseinführung am 20. Januar 2009. Die Zeitleiste am unteren Rand zeigt deutlich den Zeitpunkt der Amtseinführung. Visualisierung: Mauro Martino, Senseable City Lab.
Mehr Informationen und Analysen auf http://senseable.mit.edu/obama

Bibliographische Information der Deutschen Nationalbibliothek
Die Deutsche Nationalbibliothek verzeichnet diese Publikation in der Deutschen Nationalbibliographie; detaillierte bibliographische Daten sind im Internet über http://dnb.d-nb.de abrufbar.

Der Vertrieb über den Buchhandel erfolgt ausschließlich über den Birkhäuser Verlag.
©2013 Birkhäuser Verlag GmbH, Postfach 44, CH-4009 Basel, Schweiz
und Bauverlag BV GmbH; Gütersloh, Berlin

bau | | | verlag

Gedruckt auf säurefreiem Papier, hergestellt aus chlorfrei gebleichtem Zellstoff. TCF ∞

Printed in Germany
ISBN 978-3-03821-590-5

9 8 7 6 5 4 3 2 1

Inhalt

Dietmar Offenhuber, Carlo Ratti

Statt einer Einführung:
Wo passiert die Stadt? Werkzeuge
für eine digitale Spurensuche

Wie läßt sich das Paradoxon erklären, daß der Urbanismus als Profession genau in dem Augenblick verschwunden ist, in dem sich die Urbanisierung – nach Jahrzehnten ununterbrochenen Wachstums – anschickt, den endgültigen Triumph der urbanen Lebensweise auf der ganzen Welt durchzusetzen? (Rem Koolhaas 1996, 40)

In seinem 1995 erschienen Aufsatz „Was ist eigentlich aus dem Urbanismus geworden?" stellte Rem Koolhaas der Disziplin eine unerwartet deutliche Diagnose: Der Urbanismus sei eine gescheiterte Disziplin. Trotz der weltweit ungebremsten Urbanisierung sei es ihm nicht gelungen, die physischen, sozialen und wirtschaftlichen Realitäten von Städten zu prägen oder wenigstens zu beeinflussen. Während es nicht gelang, die schiere Quantität zu bewältigen, ist die Situation heute, fast 20 Jahre später, noch entschieden komplexer.

Nach mehr als 50 Jahren von Stadtflucht und der Erosion städtischer Zentren gehen die Städte in den entwickelten Ländern unterschiedliche Wege: entweder als wirtschaftliche *global players* mit bislang ungekannter Macht – oder sie sind zu schrumpfenden Städten geworden, ausgehöhlt durch Deindustrialisierung und demographischen Wandel (Ryan 2012). Inzwischen jedoch geht die Verstädterung in den sich entwickelnden Ländern mit ihren aufstrebenden Märkten unvermindert weiter. Es wird damit gerechnet, daß bis 2050 67 Prozent der Weltbevölkerung in Städten leben werden (United Nations 2012, 2).

Für den Urbanismus geht der Kampf weiter. Die skizzierten Entwicklungen sind in bezug auf die sozialökonomische Entwicklung, auf Fragen der Infrastruktur und des Wohnungsbaus neue Herausforderungen. Aber Planer, Strategieexperten und Ökonomen sind jedoch nicht mehr die einzigen Spezialisten, die sich ihnen stellen. Neue Akteure mit neuen Beobachtungen, Fragestellungen und Vorschlägen treten auf den Plan.

Die vielleicht wichtigsten Veränderungen haben sich im Bereich der datenzentrierten Methodologien ereignet. Der Terminus ‚Big Data' bezieht sich auf die Verfügbarkeit riesiger Mengen maschinenlesbarer Information. Diese Information wird von sozio-technischen Systemen generiert, in denen sich Menschen – freiwillig oder auch weniger freiwillig – immer stärker verfangen: Mobiltelefonnetzwerke, Kreditkartensysteme oder soziale Netzwerke. Da die digitalen Spuren, die diese Systeme generieren, so eng mit unserem Alltagsleben verknüpft sind, werden sie zu wertvollen – und fast kostenlos zur Verfügung stehenden – Ressourcen für die Beobachtung von Prozessen und Interaktionen in einer Stadt. Und da diese großen Datensätze ja nicht für Forschungszwecke erzeugt und strukturiert wurden, bedarf es neuer Methoden, um sie überhaupt analysieren zu können.

In dem Maße, wie während der letzten Jahre digitale Daten immer leichter verfügbar wurden, haben die Sozialwissenschaften einen *quantitative turn* hin zu rechnergestützten Sozialwissenschaften *(Computational Social Science)* genommen (Lazer et al. 2009). In Verbindung mit großen Datensätzen erlauben es neue rechnergestützte Methoden, Themenkomplexe wie die Umweltwahrnehmung, in Nachrichten implizierte Stimmungen und Haltungen oder soziale Beziehungen zu untersuchen – Forschungsbereiche, die bislang nur qualitativen Untersuchungsmethoden zugänglich waren. Rechnergestützte Sozialwissenschaften bringen Soziologen mit Physikern, Mathematikern und Computerwissenschaftlern zusammen, die nun ein Thema für sich entdeckt haben, das viele spannende Forschungsthemen birgt: die Stadt.

Vor allem das junge Feld der Netzwerkwissenschaft – genauer: das Studium komplexer Netzwerke – hat Wesentliches zur Stadtforschungsliteratur beigetragen (Börner, Sanyal und Vespignani 2007). Die Netzwerkwissenschaft steht für eine Verlagerung von einer rein räumlichen Perspektive auf stadtbezogene Daten hin zu einer deutlicher topologisch ausgerichteten Perspektive, die sich auf Beziehungen und Interaktionen zwischen Menschen, Orten und Institutionen auf jeder Ebene konzentriert. In diesem Sinne setzt die Netzwerkwissenschaft Konzepte um, die Forscher wie Manuel Castells in die Literatur zur Stadtforschung eingebracht haben (Castells 2004).

Technisch steht das Gebiet der *Urban Informatics* für die Ausstattung von Städten mit Sensoren (Foth 2009). Unter anderen hat die ubiquitäre Integration von Technologien wie dem *Geographic Positioning System* (GPS) in Alltagsgeräte eine Echtzeit-Darstellung des Zustandes von Städten ermöglicht. *Smart Cities,* eine sowohl akademische als auch technische Disziplin, werden von Systemtheoretikern und Unternehmen wie IBM, Siemens oder Cisco vorangetrieben. Das Konzept verspricht das Management von Städten zu verbessern, indem es die städtische Infrastruktur anpassungsfähiger macht – sie kann Informationen über den Zustand der Stadt sammeln und sich, basierend auf dem Zustand des Gesamtsystems, selbst regulieren.

Und was vielleicht am wichtigsten ist: Die Rolle, die Durchschnittsbürger in der Regierung und Verwaltung einer Stadt spielen, hat sich grundlegend verändert. Das Aufkommen sozialer Medien führte zu neuen Formen der Teilhabe und gesellschaftlicher Aktivität. Neben traditionellen Formen der Teilnahme an Planungsprozessen engagieren sich Bewohner immer häufiger in Bereichen wie der Umwelt- und Infrastrukturüberwachung und bringen die gesammelten Daten in politische Entscheidungsprozesse ein – ein Phänomen, das Eric Paulos als Aufstieg des „Amateur-Experten" bezeichnet hat (Kuznetsov und Paulos 2010).

Angesichts dieser Entwicklungen denken wir, daß es notwendig ist, den Status der Stadtplanung neu zu überdenken und umgekehrt zu untersuchen, wie diese Entwicklungen zu einem neuen Verständnis der Stadt führen können. Auch wenn die hier beschriebenen Ansätze relativ neu sind, haben sie doch Vorläufer: In der Geschichte der Stadtplanung gibt es viele Beispiele für Paradigmenwechsel, die von neuen Technologien ausgelöst worden sind. Die Vorstellung, daß Daten neue Bereiche für die Stadtplanung eröffnen, kann auf eine lange Geschichte zurückblicken, die bis zu Giambattista Nollis akribisch genauer *Pianta Grande di Roma* (1736–1748) oder Ildefonso Cerdàs Plan für die Stadterweiterung Barcelonas (1859) zurückgeht.

In den 1960er Jahren begann die Kybernetik, die Wissenschaft von dynamischen Feedbacksystemen, ihre Spuren im Urbanismus zu hinterlassen, und dies mit positiven wie negativen Ergebnissen. Positiv gesehen, erlaubten es kybernetische Modelle, städtische Systeme aus einer neuen Perspektive zu betrachten. Da sich die Kybernetik in erster Linie mit dynamischen Zuständen, Feedback und systemischen Prozessen beschäftigt, lenkte sie die Aufmerksamkeit auf das Zeitliche und Veränderliche und befand sich in vielerlei Hinsicht im Widerspruch zur den Planungstheorien der Moderne, die eine strenge Trennung der Funktionen vertrat. Aber kybernetische Modelle haben auch zu katastrophalem Versagen geführt, insbesondere weil im Modell soziale und politische Implikationen oft ausgespart blieben. Das läßt sich am Beispiel der Reorganisation des New Yorker

Feuerwehrsystems durch die RAND Corporation in den siebziger Jahren zeigen, die arme Gegenden wie die South Bronx unterversorgt ließ, was zu unkontrollierbaren Bränden und sozialen Unruhen führte (Flood 2010). Die Diskrepanz zwischen der Komplexität des Problems und der Unangemessenheit der Mittel ist nirgends so eklatant wie beim vielleicht ambitioniertesten kybernetischen Experiment: beim Projekt *Cybersyn,* das während der Präsidentschaft von Salvador Allende Chiles Nationalwirtschaft steuern sollte (Pickering 2010, 258).

Abgesehen von der oft vernachlässigten sozialpolitischen Dimension ist die Kybernetik nur sehr eingeschränkt als Basis einer guten Planungstheorie geeignet. Sie kann zwar adaptive, komplexe dynamische Systeme simulieren, bietet aber nur wenige Anhaltspunkte für zukünftige Alternativen. Kybernetik ist performativ, nicht darstellungsbezogen: Das bedeutet, sie operiert in einer Black Box, die sich dem jeweils aktuellen Zustand anpaßt, aber sie liefert kein abstrahiertes Bild der Welt im jeweils aktuellen beziehungsweise erwünschten Zustand (Pickering 2010, 19).

In *The Sciences of the Artificial* (1981, dt. *Die Wissenschaften vom Künstlichen,* 1990) schlägt Herbert Simon einen anderen Weg vor und skizziert die Alternative einer formalen „Wissenschaft vom Entwerfen", ein intellektuell robustes, analytisches, teils formalisierbares, teils empirisches und lehrbares Wissen vom Entwurfsprozeß vgl. Simon 1996, 113). Eine derartige Wissenschaft vom Design (im Sinne von Planung zukünftiger Szenarien) könnte zwei Funktionen haben: Erstens könnte sie die Leistung eines bestimmten Planungsentwurfs evaluieren, und zweitens könnte sie bei der Identifizierung alternativer Szenarien helfen. Die Rolle des Designs besteht in der Versöhnung zwischen der „inneren Umgebung" physischer Objekte und der „äußeren Umgebung" ihrer Ziele und Funktionen. „Die Naturwissenschaften beschäftigen sich damit, wie die Dinge sind. [...] Design andererseits interessiert sich dafür, wie die Dinge sein sollten [...]" (Simon 1990, 98).

Über dieses Buch

Das vorliegende Buch beschreibt Modelle, die diese Phänomene einfangen, mit dem Ziel, Städte genauer zu verstehen und zu verbessern. Zwar können wir dank Big Data urbane Systeme nun genauer verstehen, aber bislang denkt man viel zu wenig über die Konsequenzen nach, die dies für die Stadtplanung hat.

Unser Buch präsentiert einen Querschnitt durch die Forschungen am Senseable City Lab des Massachusetts Institute of Technology (MIT). Das Lab – es gehört zum Department of Urban Studies and Planning – ist eine interdisziplinäre Institution, die sich mit der Frage auseinandersetzt, wie Echtzeit-Technologien uns helfen können, ein besseres Verständnis unserer Städte zu entwickeln. Darüber hinaus entwickelt es Möglichkeiten, wie diese Technologien unsere Städte verbessern können. Die Autorinnen und Autoren der einzelnen Beiträge forschen entweder am Senseable City Lab oder haben dort geforscht oder arbeiten regelmäßig mit dem Lab zusammen. Sie kommen aus den verschiedensten Disziplinen: Architektur, Stadtplanung, Soziologie, Politikwissenschaften, Mathematik, Computerwissenschaften oder Visualisierung.

Die einzelnen Beiträge beschäftigen sich mit der Entstehung stadtbezogener Daten, mit ihrer Darstellung und Analyse und beschreiben, welche Relevanz sie für die Stadtplanung haben. Darum haben wir das Buch in drei Teile gegliedert. Der erste Teil enthält Fallstudien, die den Ursprung stadtbezogener Daten beschreiben: wie Daten erzeugt und gesammelt werden und welche Lücken und Einseitigkeiten sie aufweisen. Der zweite Teil konzentriert sich auf Fragen der Darstellung, sei es in Form visueller oder mathematischer Modelle. Der dritte Teil hinterfragt, welche Bedeutung all dies für die Stadtplanung hat.

In seinem einleitenden Beitrag erklärt *Fabien Girardin* den Begriff des digitalen Fußabdrucks, also jener Daten, die Menschen beim Gebrauch digitaler Dienste zurücklassen. Girardin unterscheidet zwischen passiven Fußabdrücken, die entstehen, ohne daß sich die Nutzer dessen bewußt wären, und aktiven Fußabdrücken, die die User bewußt erzeugen und teilen. Er beschreibt, wie man mit Hilfe von Daten, die Nutzer von Fotosharing-Webseiten erzeugen, das Reiseverhalten von Touristen untersuchen kann. Da immer mehr freiwillig auf solche Fotosharing-Seiten hochgeladenen Fotos explizite geographische und zeitliche Informationen *(Geotags)* enthalten, geben solche Webseiten Aufschluß darüber, wie unterschiedliche Gruppen von Menschen reisen und an welchen Interessen und Werten sie sich dabei orientieren.

Michael Szell und *Benedikt Groß* beschäftigen sich mit Daten, die von Stadtverwaltungen gesammelt werden. Der Datensatz, mit dem sie arbeiten, enthält Daten über 170 Millionen Taxifahrten, die in New York während eines Jahres getätigt wurden und die sie von der Stadtregierung aufgrund einer Anfrage nach dem Informationsfreiheitsgesetz erhielten.

Im dritten Beitrag untersucht *Anthony Vanky* das manchmal nicht ganz unge-
trübte Vertrauen der Menschen in stadtbezogene Daten. Derzeit wird nur selten
versucht, die Relevanz stadtbezogener Echtzeit-Daten zu messen und dadurch zu
verstehen, wie sie die Interaktion mit städtischer Infrastruktur beeinflussen. Anhand des Beispiels von Singapur beschreibt Vanky solche Messungen: Er untersucht, ob stadtbezogene Echtzeit-Daten genutzt und geschätzt werden und wie
raumbezogene Informationen die Entscheidungen von Bürgern auf individueller
Ebene beeinflussen.

David Lee diskutiert die Methodologie des Datensammelns beim *Participatory
Sensing* (Burke et al., 2006), das Freiwillige aktiv in die gezielte Sammlung von Da-
ten mittels standortbezogener Dienste einbindet. Anhand des Projekts *Trash | Track*
untersucht er, wie die Erfahrung der Teilnahme an einem solchen Projekt das
Verhalten und die Wahrnehmung der Beteiligten verändert und ob zum Beispiel
die Mithilfe beim Erforschen der Wege des Mülls die Haltung gegenüber Abfall-
management und Recycling verändert.

Im letzten Beitrag dieses ersten Teils bildet *Francisca Rojas* die kulturelle Geographie von New York über aggregierte Mobiltelefon-Daten ab, indem sie den Datensatz mit Zahlen aus dem offiziellen Zensus auf Gültigkeit und Qualität hin untersucht. Ihre Analyse von Telekom-Daten zeichnet nicht nur ein Bild der globalen
Aktivitäten der wirtschaftlichen Zentren New Yorks, sondern auch der Lebens-
wirklichkeiten von Immigranten und migrantischen Arbeitern, die in ständiger
Verbindung mit ihren Heimatländern bleiben.

Der zweite Teil des Bandes ist der Visualisierung und Modellierung gewidmet
und beginnt mit einem Beitrag von *Kristian Kloeckl*. Er dokumentiert eine Initiative,
die an der Entwicklung einer städtischen Echtzeitdaten-Plattform für Singapur
arbeitet, die das Sammeln, Kombinieren und Verteilen vielfältiger Datenströme
aus städtischen Netzwerken erleichtert. „Stadt-Demos" liefern konkrete Beispiele
dafür, wie aussagekräftige visuelle Repräsentationen von Daten den Interessen-
vertretern aus verschiedensten Bereichen neue Möglichkeiten eröffnen und einen
übergreifenden Diskurs über stadtbezogene Fragen ermöglichen.

Die Visualisierungsexperten *Pedro Cruz* und *Penousal Machado* thematisieren in
ihrem Beitrag den Gebrauch von Metaphern und ‚figurativen' Ansätzen bei der
Visualisierung stadtbezogener Daten. Sie konzentrieren sich auf ein Dilemma,
das die Visualisierung räumlicher Information zu einem schwierigen Problem
macht – dem Dilemma zwischen dem räumlichen Charakter städtischer Systeme

und der abstrakten Natur der darzustellenden Daten. Die Autoren untersuchen die Beziehung zwischen den Eigenschaften der darzustellenden Daten und der Darstellungsstrategie und unterscheiden zwischen einer Visualisierung als ‚Fotografie‘ beziehungsweise als ‚Karikatur‘ von Information.

Die Netzwerkwissenschaftler *Philipp Hövel, Filippo Simini, Chaoming Song* und *Albert-László Barabási* beschäftigen sich mit der Frage der Beobachtung, Formalisierung und Vorhersage menschlichen Mobilitätsverhaltens auf der Basis von Telekom-Datensätzen. Datensätze von Mobiltelefonbetreibern umfassen implizite Informationen über die räumliche Bewegung der Mobiltelefonnutzer, wodurch es möglich ist, Fragen wie „Wie vorhersehbar ist unsere tägliche Routine?" zu beantworten. In ihrer mathematischen Analyse entdecken die Autoren, daß Menschen ihre Wege auf erstaunlich regelmäßige Weise zurücklegen, und liefern ein mathematisches Modell für die Beschreibung menschlichen Mobilitätsverhaltens.

Kael Greco erforscht Darstellungsstrategien für stadtbezogene Daten anhand einer in der saudi-arabischen Stadt Riad durchgeführten Mobilitäts-Fallstudie. Der Text nähert sich der Komplexität und Vielschichtigkeit stadtbezogener Daten aus zwei miteinander verknüpften, aber doch antithetischen Perspektiven: Einerseits nutzt er räumliche Daten, um neue Modalitäten, eine Stadt zu sehen, zu entwickeln; andererseits nutzt er die Struktur und die soziale Zusammensetzung der Stadt, um soziale Daten aus einem ganz neuen Blickwinkel zu betrachten und zu verstehen.

Der dritte Teil des Buchs beginnt mit einem Beitrag des Stadtplaners *Andres Sevtsuk,* der dem Plan als traditionellem Darstellungsmedium in der Stadtplanung die Repräsentation der Stadt als Netzwerk gegenüberstellt. Sevtsuk, der im relativ jungen Bereich der *Configurational Studies* arbeitet, zeigt, wie strukturelle Messungen von Netzwerken städtischer Wege (zum Beispiel ‚Betweenness‘ oder ‚Reichweite‘) aussagekräftige Ansätze liefern, um die Attraktivität und Qualität eines Ortes innerhalb eines städtischen Systems zu erklären.

Die Arbeit von *Markus Schläpfer* ist ebenfalls im Bereich der *Scaling Studies* angesiedelt und beschäftigt sich mit der Frage der Polyzentrizität urbaner Strukturen in bezug auf das Reiseverhalten von Touristen und Stadtbewohnern. Auch er verwendet Telekom-Datensätze, um die Zielorte und zeitlichen Rhythmen hunderttausender Menschen in Singapur, Lissabon und Boston zu untersuchen.

Luís M. A. Bettencourt, Physiker und Pionier des jungen Forschungsgebiets der *Scaling Studies,* erklärt, auf wie vielfältige Weise allein die Größenordnung eines städtischen Systems eine ganze Reihe städtischer Eigenschaften und Kennzahlen bestimmt, zum Beispiel die Anzahl der persönlichen Kontakte, die Pro-Kopf-Wirtschaftsleistung oder Innovation, aber auch die Häufigkeit von Verbrechen. Seine mathematische Theorie beschreibt, wie Städte sich im Zuge ihres Wachstums verändern und wie diese Veränderungen das Leben der Stadtbewohner beeinflussen.

Im unter allen Beiträgen größten räumlichen Maßstab untersucht schließlich *Stanislav Sobolevsky* die Verzweigungen menschlicher Kommunikation und deren Bedeutung für die Definition regionaler Grenzen. Anhand von Beispielen aus Großbritannien, Frankreich und Belgien zeigt der Autor, wie Manuel Castells' Konzept des „Raums der Ströme" (Castells 2004) im geographischen Raum mittels Mobiltelefondaten kartiert werden kann.

Wie können diese Methoden zu einer neuen Stadtplanungspraxis für Städte führen? Koolhaas schließt: „Sollte es einen ‚neuen Urbanismus' geben, so würde er nicht auf der Zwillingsphantasie von Ordnung und Omnipotenz beruhen; er wäre vielmehr von Unbestimmtheiten geprägt: er würde sich nicht mit der Organisation mehr oder weniger permanenter Objekte auseinandersetzen, sondern mit der Irrigation von Territorien mit Potential; […] er wäre nicht mehr von der Stadt besessen, sondern von der Manipulation der Infrastrukturen für die endlosen Intensivierungen und Diversifikationen, Abkürzungen und Umverteilungen – die Wiedererfindung des psychologischen Raumes." (Koolhaas 1996, 41)

Rechen- und datengestützte Modelle sind sehr wirkungsvoll, wenn es gilt, Unbestimmtheiten einzubeziehen, Potentiale zu fördern und subjektive und unsichtbare Eigenschaften einzufangen, die normalerweise mit einem psychologischen Raum assoziiert werden. Daten erlauben es uns, die hochdynamische Natur von Städten, ihres sozialen Lebens und ihrer Infrastrukturnetzwerke in einer bislang ungekannten Detailgenauigkeit zu modellieren.

Privatsphäre und Überwachung

Sie glauben, wie übrigens alle hier, daß unsere Organisation seit vielen Jahren das größte Dokumentationszentrum aufbaut, das je projektiert worden ist, ein Archiv, das alles sammelt und katalogisiert, was man von jedem Menschen, jedem Tier und jeder Sache weiß.
(Italo Calvino 2004, 135)

Privatsphäre und digitale Überwachung sind nach wie vor brennende Fragen, die durch die technische Natur digitaler Systeme bedingt sind: die Möglichkeiten verlustfreier, unverzögerter Übertragung, unbegrenzter Vervielfältigbarkeit und permanenter Speicherbarkeit von Information. Was allerdings in der öffentlichen Diskussion meist als monolithische Fragestellung behandelt wird, ist in Wirklichkeit ein Komplex von miteinander verbundenen Fragestellungen, die getrennt betrachtet werden müssen.

Oft sind Kontroversen um digitale Überwachung unbeabsichtigte Konsequenzen technischer Eigenschaften. 2010 wurde bekannt, daß die beiden größten mobilen Betriebssysteme, jene von Apple und Google, ortsbezogene Informationen ihrer Nutzer speichern und sammeln. In diesem Fall ging es allerdings nicht unmittelbar um Überwachung oder gezieltes Marketing: Beide Betriebssysteme verwenden ein Register bekannter Wifi-Hotspots und Mobilfunkmasten, um die Standorte der Nutzer zu bestimmen. Da die räumliche Verteilung dieser Infrastrukturen jedoch nicht von vornherein bekannt ist und sich oft ändert, sammelten beide Systeme diese Informationen über die Mobiltelefone der Nutzer, indem sie automatisch jeden Hotspot aufzeichneten, auf den ihre User trafen. Die Privatsphäre betreffende Fragen ergeben sich nicht aus diesem ursprünglichen Zweck, sondern aus dessen weitreichenden Konsequenzen: aus der Existenz einer umfangreichen dynamischen Datenbank, die detaillierte Informationen über das räumliche Verhalten eines jeden Nutzers umfaßt.

In den frühen Zeiten digitaler Medien wurde das Thema Privatsphäre in erster Linie in Hinblick auf die Entstehung von Daten diskutiert: Wer darf Daten sammeln? Wer sollte Zugang zu diesen Daten haben? Im letzten Jahrzehnt hat sich diese Diskussion jedoch in eine Diskussion über Kontrolle verschoben. Das bedeutet, daß die Nutzer zugleich Besitzer sämtlicher sie betreffenden Daten sind, diese kontrollieren und sie auch gegen Geld oder Dienstleistungen tauschen können. Die einfachste Form dieser Kontrolle kann durch Opt-in- und Opt-out-Mechanismen erzielt werden. Forschungen über digitale Spuren geben auch Aufschluß darüber, wie die Privatsphäre im Zeitalter von Big Data gewahrt werden kann – welche Mechanismen für den Schutz der Privatsphäre verbessert werden können.

Die Problematik der persönlichen Privatsphäre ist eng mit Fragen der Transparenz von Regierungen verknüpft. Der Schutz der Privatsphäre erfordert Mechanismen, die sicherstellen, daß diese Regeln auch tatsächlich von Unternehmen und Regierungen befolgt werden, was über eine strikte Öffnung regierungsseitiger

Datenquellen geschehen kann. ‚Volle Transparenz für die Regierung, volle Privatsphäre für die Bürger' – das sind oft erhobene Forderungen. In Wirklichkeit jedoch können diese beiden Bereiche nicht scharf voneinander getrennt werden, da öffentliche Verwaltungsdaten trotz Anonymisierung vielfach private Informationen enthalten.

Aber keiner der oben skizzierten Ansätze vermag etwas gegen den *Deep State*, gegen die Geheimhaltungspraktiken von Regierungen, auszurichten. Die beiden Seiten von Big Data – die bürgerrechtliche und die bedrohliche – sind in der aktuellen US-Gesetzgebung nachvollziehbar. Das Land hat einerseits sehr früh und sehr gründlich ein Informationsfreiheitsgesetz im Rahmen des *Freedom of Information Act* (FOIA) implementiert, das verpflichtende Mechanismen festschreibt, nach denen Regierungsdokumente der Öffentlichkeit zugänglich gemacht werden müssen. Zugleich aber unterhält die Regierung ein breites Netzwerk von Agenturen, die unter strengster Geheimhaltung operieren und der Öffentlichkeit keinerlei Rechenschaft schuldig sind.

Will man solche Probleme durch formelle und informelle Maßnahmen unter demokratische Kontrolle bringen, so bedarf es eines Diskurses, der ein hohes Maß an *Data Literacy* voraussetzt, ein differenziertes Wissen über die Natur digitaler Daten. Wir sehen das vorliegende Buch als einen Beitrag zur Entwicklung eines solchen Wissens, denn es gibt Einblick in die Natur und die Methoden datengestützter Technologien.

Letzten Endes gibt es auch eine geschichtliche und kulturelle Dimension der persönlichen Privatsphäre. *Plain Text* ist wahrscheinlich die beständigste und expliziteste Form des digitalen Ausdrucks menschlichen Denkens, der nur minimalen Speicherplatz erfordert. Da Daten kein natürliches Ablaufdatum haben, stellen sie die Frage nach deren Lebenszyklen: Sollten persönliche Daten, inklusive peinlicher Botschaften aus der Jugendzeit, irgendwann gelöscht oder unzugänglich gemacht werden? Auf einer abstrakteren Ebene stellt sich dann die Frage, wie viel kulturell relevante Information über unsere vor allem digital dokumentierte Welt in diesem Fall verloren gehen würde.

Wie Calvinos Geschichte über den Versuch, das Gedächtnis der Welt zu konservieren, zeigt, wäre das ‚totale Archiv' eine unüberwindbare Hürde für jedes menschliche Tun – und führte in seiner Geschichte letzten Endes zum Tode.

Nichtsdestoweniger erweist sich die unter dem Schlagwort ‚Big Data' oft implizierte Annahme einer flächendeckenden, unerschöpflichen Datenverfügbarkeit als

Mythos. Wie sich oft zeigt, sind Daten immer dort am wenigsten verfügbar, wo sie am dringendsten gebraucht werden, zum Beispiel im weiten Land jenseits des ‚digitalen Grabens'. Die Beiträge in diesem Band illustrieren, welch hohen Wert die Spuren haben, die wir in unserem digitalen Alltag hinterlassen, wenn wir unsere Städte, unsere Kulturen und unsere Gesellschaft besser verstehen wollen. Für uns bilden die vielfältigen Daten, die Regierungen, Forschungseinrichtungen und Infrastrukturen zur Verfügung stellen oder Bürger freiwillig bereitstellen, die Basis für einen öffentlichen Diskurs und letztendlich einen wesentlichen Teil des öffentlichen Raums.

Literatur

Börner, Katy, Soma Sanyal, and Alessandro Vespignani. 2007. „Network Science". In *Annual Review of Information Science and Technology* 41 (1): 537–607.

Burke, J., D. Estrin, M. Hansen, A. Parker, N. Ramanathan, S. Reddy, and M. B Srivastava. 2006. „Participatory Sensing". In *World Sensor Web Workshop:* 1–5

Calvino, Italo. 2004. „Das Gedächtnis der Welt". In *Ein General in der Bibliothek und andere Erzählungen,* übersetzt von Burkhart Kroeber, Hanser, München

Manuel Castells. 2004: *Der Aufstieg der Netzwerkgesellschaft,* übersetzt von Reinhart Kößler, Leske & Budrich, Opladen

Flood, Joe. 2010. *The Fires: How a Computer Formula, Big Ideas, and the Best of Intentions Burned Down New York City–and Determined the Future of Cities.* Penguin 2010

Foth, Marcus. 2009. *Handbook of Research on Urban Informatics: The Practice and Promise of the Real-Time City.* Idea Group Inc (IGI)

Rem Koolhaas. 1996. „Was ist eigentlich aus dem Urbanismus geworden?". In *Arch+,* Jg. 29 (Heft 132): 40–41

Kuznetsov, Stacey, and Eric Paulos. 2010. „Rise of the Expert Amateur: DIY Projects, Communities, and Cultures". In *Proceedings of the 6th Nordic Conference on Human-Computer Interaction: Extending Boundaries,* 295–304 http://dl.acm.org/citation.cfm?id=1868950

Lazer, David, Alex Pentland, Lada Adamic, Sinan Aral, Albert-László Barabási, Devon Brewer, Nicholas Christakis, et al. 2009. „Computational Social Science". In *Science* 323 (5915) (February 6): 721–723

Pickering, Andrew. 2010. *The Cybernetic Brain: Sketches of Another Future.* University of Chicago Press

Ryan, Brent D. 2012. *Design after Decline: How America Rebuilds Shrinking Cities.* Philadelphia: University of Pennsylvania Press

Simon, Herbert A. 1990. *Die Wissenschaften vom Künstlichen.* Kammerer & Unverzagt, Berlin

United Nations. 2012. „World Urbanization Prospects: The 2011 Revision". ESA/P/WP/224. New York: United Nations Publications

1 Datenquellen, Datensammlung

Fabien Girardin

Das Auge der Welt

1 Einleitung

Wer eine Stadt besucht, hinterläßt – freiwillig oder unfreiwillig – vielfältige elektronische Spuren: vor ihrem Besuch generieren Touristen Log-Einträge auf Servern, sobald sie digitale Karten oder Reise-Webseiten besuchen; während ihres Besuchs hinterlassen sie Spuren in Wireless-Netzwerken, sobald sie ihr Mobiltelefon benutzen; und nach ihrem Besuch posten sie vielleicht Online-Rezensionen und Fotos. Wir unterscheiden zwei Arten von Fußabdrücken: aktive und passive, in der Literatur werden sie auch als freiwillig bereitgestellte, standortbezogene Daten bezeichnet (Harvey, 2013). Passive Spuren entstehen durch die Interaktion mit der Infrastruktur, beispielsweise mit einem Mobiltelefon-Netzwerk, wodurch standortbezogene Einträge generiert werden, während aktive Fußabdrücke vom User selbst stammen, wenn er diese Daten nach Fotos, Botschaften und Sensormessungen gliedert.

„The World's Eye" (Bild 1.1,) untersucht die aktiven Fußabdrücke, die verraten, wie Menschen reisen und eine Stadt erfahren. Wir nutzten in erster Linie die Programmierschnittstelle (engl. *Application Programming Interface (API)*) von Flickr, einer Plattform, über die Fotos mit anderen Usern geteilt werden können, um Zugang zu öffentlich verfügbaren Fotos zu erhalten. Im Februar 2009 stellte Flickr mit 100 Millionen georeferenzierter Fotos einen neuen Rekord auf (insgesamt befinden sich über drei Milliarden Fotos im Archiv), ein bislang nicht erreichter Fundus an öffentlich zugänglichen Daten, die durch die Interaktionen von Menschen mit dem Web und Mobilgeräten entstanden sind. Wir fingen diese „Augen auf die Welt" ein, um die Mobilität von Besuchern so unterschiedlicher Orte wie Florenz (Girardin et al., 2008), Rom (Girardin et. al., 2008) oder New York (Girardin et al., 2009) zu untersuchen.

Jedesmal, wenn ein User ein Foto mit einem physischen Ort verbindet, teilt Flickr Werte für Länge und Breite sowie ein Genauigkeitsattribut zu, das vom

Zoom-Level auf einer Karte stammt. Wir gehen davon aus, daß usergenerierter Content – im Unterschied zu passiven Fußabdrücken – einen einzigartigen Blick auf das Mobilitätsverhalten von Menschen erlaubt. Tatsächlich kann das Bemühen eines Individuums, ein Foto zu machen, es auszuwählen, es auf eine Sharing-Plattform im Netz hochzuladen und zu georeferenzieren, mehr Aussagekraft besitzen als jede Befragung oder Auswertung von GPS-Log-Einträgen, welche Forscher, die sich für die Aktivitäten von Menschen in Raum und Zeit interessieren, in der Vergangenheit zur Verfügung hatten. Die „bewußte Gewichtung", die Menschen durch die Veröffentlichung ihrer Fotos vornehmen, ist von hoher Aussagekraft: Die Ergebnisse zeigen klar, daß Flickr-User eine Tendenz haben, die Höhepunkte ihrer Besuche einer Stadt zu betonen, während sie die weniger gelungene Ausbeute ihrer Reisen herunterspielen. Dieses „Ich war hier" bringt eine gewisse Subjektivität in die Beziehung zwischen Mensch und Ort (Dourish, 2006).

Wenn man solche Datensätze analysierte, um herausfinden, wer wann welche Teile einer Stadt besucht, könnte man – diesen Schluß legt unsere Untersuchung nahe – maßgeschneiderte Services (oder Werbung) bereitstellen, die Öffnungszeiten von Sehenswürdigkeiten anpassen, existierende Dienstleistungsinfrastrukturen neu zuteilen oder spezielle urbane Strategien evaluieren. Umgekehrt könnten Touristen daraus ersehen, auf welche Weise sie selbst eine Stadt in Besitz nehmen und vielleicht neue Strategien wählen.

2 Von der Vision dynamischer Karten menschlicher Prozesse zur Wirklichkeit

Die geringen Kosten und die leichte Verfügbarkeit von usergeneriertem Content sind nunmehr eine Herausforderung für all jene Bereiche, die von einem genaueren Verständnis des Verhaltens großer oder größerer Gruppen profitieren. Noch vor wenigen Jahren waren vollständig dynamische Zeit-Raum-Diagramme, die aus der Fusion von Daten, die menschliche Aktivität dokumentieren, Zukunftsmusik. Zum Beispiel stellten sich Zook et al. im Jahr 2004 folgendes vor:

„Wenn viele individuelle Diagramme bis auf das Niveau von Städten und Regionen aggregiert werden, dann könnten die daraus resultierenden Visualisierungen zum ersten Mal Geografen wirklich dynamische Karten dynamischer menschlicher Prozesse liefern. Man könnte sie sich als ,Wetterkarten' sozialer Prozesse des 21. Jahrhunderts vorstellen."

Die Präsenz aktiver Fußabdrücke legt nahe, daß wir am Ende des Ephemeren angelangt sind; in gewisser Hinsicht verfügen wir nun über neue Mittel, um die Stadt und die in ihr stattfindenden Prozesse „nachzuspielen". Diese Möglichkeit, Prozesse in einer Stadt auf diese Weise nachzuvollziehen, trifft sich sehr gut mit dem Interesse für Big Data, das lokale Behörden und Stadtplaner jüngst an den Tag legen. Zum Beispiel sind touristische Aktivitäten nur schwer quantifizierbar, weil Touristen bei ihrem Aufenthalt nur minimale greifbare Spuren hinterlassen. In „World's Eye" können wir durch die Analyse und das Mapping dieses usergenerierten Contents die Attraktivität von Freizeitstädten und deren Sehenswürdigkeiten messen. Andererseits sieht man auch, welche Regionen noch nicht durch Fotos erfaßt und daher noch nicht Opfer des touristischen Hypes wurden. Die Fotostapel, die die Intensität der touristischen Aktivitäten reflektieren, machen zudem deutlich, woher Touristen kommen, wo sie sich befinden und was sie während ihres Aufenthalts festhalten und mit anderen teilen wollen.

Um dieses Gebiet zu erforschen, gingen wir in mehreren Schritten vor und begannen mit dem Sammeln digitaler Fußabdrücke. Über die Flickr-API fragten wir die Koordinaten der Fotos, ihre Genauigkeit und den Zeitpunkt ab, zu dem sie aufgenommen worden waren, machten aber die Identifizierungszeichen der User unkenntlich. Da wir uns besonders für das Verhalten von Touristen interessierten, trennte unsere Analyseplattform die Fotografen in zwei Gruppen, in Bewohner und in die Besucher der Stadt, wobei wir uns auf die Daten stützten, die sie im Laufe ihrer Anwesenheit in der Stadt preisgaben. Für die Fallstudie Rom, die sich über drei Jahre erstreckte, sammelten wir einen Datensatz, der 114 501 georeferenzierte Fotos umfaßt, die von 6109 verschiedenen Usern hochgeladen worden waren. Aus dieser Datensammlung extrahierten wir räumlich-zeitliche Charakteristika: saisonale Bewegungen, Nutzungsmuster, räumliche Verteilung, Hauptströme der Besucher (‚Trampelpfade') sowie die wichtigsten Sehenswürdigkeiten der Stadt.

2.1 Präsenz in Raum und Zeit

Um die räumliche Verteilung der User abzubilden, wurden die Daten in einer Matrix gespeichert, die das gesamte erforschte Gebiet umfaßte. Jede Zelle der Matrix enthielt Daten über die Anzahl der geschossenen Fotos und die Anzahl der anwesenden Fotografen. In Rom machte die Analyse der Besuche schnell deutlich, welche

Gebiete die Hauptattraktionen bilden: das Kolosseum und der Hauptbahnhof in der Nähe der Piazza della Repubblica (Girardin et al., 2008). Darüber hinaus liefern Zeitstempel zusätzliche Hinweise auf die unterschiedliche Art der Präsenz bei den Sehenswürdigkeiten. In Rom kann man zudem davon ausgehen, daß das Kolosseum während des Wochenendes vor allem Ziel von Stadtbesichtigungen ist (also von Leuten, die fotografieren), wohingegen die Gegend rund um den Hauptbahnhof während der Woche eher durchreisende Besucher anzieht (etwa Geschäftsreisende).

2.2 Trampelpfade

Wenn man digitale Fußabdrücke genauer untersucht, kann man auch die digitalen ‚Trampelpfade' erkennen, die sich in den Wegen abbilden, die die Menschen beim Besuch einer Stadt oder einer Region zurücklegen. Anhand des Zeitpunkts und des Ortes, an dem die Fotos entstanden, organisierte unsere Analyseplattform die Bilder in chronologischer Reihenfolge, um so die Bewegungen derer zu rekonstruieren, die die Fotos gemacht hatten. Genauer gesagt, konnten wir die aktivsten Gebiete identifizieren, indem wir die Daten räumlich clusterten. Im nächsten Schritt aggregierten wir diese individuellen Pfade, um ‚Trampelpfade' zu generieren, die die sequentiellen Präferenzen der Besucher festhalten. Wir überprüften den Ort, an dem eine User-Aktivität stattfand (wo ein Foto gemacht wurde), um zu bestimmen, ob er in einem Cluster enthalten ist. Im Falle einer Übereinstimmung wird diese Position zur Spur hinzugefügt, die der Fotograf erzeugt hat. Dieser Prozeß produzierte vielfache gerichtete Graphen, die die quantitative Analyse besser unterstützten und es uns ermöglichten, die Anzahl der pro Saison besuchten Orte, die am meisten besuchten und fotografierten Sehenswürdigkeiten sowie die Start- und Endpunkte der Wanderungen der Fotografen fotografierenden Touristen zu bestimmen.

2.3 Sehenswürdigkeiten

Frühere Forschungen haben gezeigt, daß man anhand von räumlich und zeitlich annotiertem Material, das im Web verfügbar ist, semantische Informationen finden kann, die mit „Ort" und „Ereignis" zu tun haben (Rattenbury et al., 2007). In ähnlicher Weise läßt die Analyse der *Tags,* also jene usergenerierten Schlagworte, die mit den Fotos verknüpft sind, darauf schließen, wie Menschen ihre Umgebung wahrnehmen und welche Semantik ihrer Perspektive des urbanen Raums zugrunde liegt. Zum Beispiel ist das Wort „Ruinen" einer jener Tags, der am häufigsten zur Beschreibung von in Rom aufgenommenen Fotos verwendet wird. Wenn man die Verteilung dieses Tags auf 2 866 Fotos abbildet, verweist das Ergebnis auf die ältesten und „verfallensten" Teile der Stadt: Kolosseum und Forum Romanum. Im Jahre 2008 benutzten wir derartige semantische Informationen, um im Rahmen einer Studie über den ökonomischen Impact des Projekts „New York City Waterfalls" des Künstlers Olafur Eliasson herauszufinden, in welchen Gebieten die stärkste fotografische Aktivität zu verzeichnen war.

3 *Fallstudie: Messung der Wirkung eines Ereignisses*

Im Rahmen einer Fallstudie, die im Sommer 2008 rund um das Projekt im öffentlichen Raum „New York City Waterfall" erarbeitet wurde, explorierten wir die Charakteristika von expliziten digitalen Fußabdrücken genauer, um Indikatoren zu definieren, die die Entwicklung der Attraktivität eines städtischen Ortes messen. Ziel der Behörden war es, die Entwicklung der Attraktivität und die Popularität verschiedener Beobachtungspunkte zu vergleichen, von denen aus das Projekt verfolgt werden konnte. Daher maßen wir die räumliche Verteilung von Stadtbewohnern und Besuchern und verglichen die Entwicklung der Präsenz digitaler Fußabdrücke als Beweis für die positive Wirkung der „New York City Waterfalls" auf die Attraktivität des Kaigebiets. Schließlich waren es zwei wesentliche Erkenntnisse, die in den Bericht der Stadt über das Ereignis einflossen: die Entwicklung der Attraktivität, gemessen an der Anwesenheit von fotografierenden Bewohnern und Besuchern der Stadt, und die Entwicklung der Popularität, gemessen an der Zentralität.

3.1 Die Entwicklung der Attraktivität, gemessen an der Anwesenheit Fotografierender

Anhand der relativen Präsenz Fotografierender analysierten wir die Variationen des Attraktivitäts-Indikators basierend auf der Anwesenheit Fotografierender während der Sommer der Jahre 2006, 2007 und 2008 (dem Jahr der Wasserfälle). Das

Ergebnis war eine Zunahme der Attraktivität des Kaigebietes um 8,2 Prozent im Sommer 2007 und 20,7 Prozent im Sommer 2008, verglichen mit derjenigen anderer Sehenswürdigkeiten in New York City, wie Times Square und Central Park, was auf eine mögliche Wirkung des Waterfall-Projekts hinweist.

3.2 Entwicklung der Popularität, gemessen an der Zentralität

Die Zentralität einer Sehenswürdigkeit bestimmt, wie stark sie in die beliebtesten Foto-Pfade eingebunden ist. Unser *Place Rank-Indicator* zeigte, daß die Beobachtungspunkte zwischen 2006 und 2007 15 Prozent an Zentralität einbüßten, während andere Sehenswürdigkeiten ihre Zentralität um 10 Prozent steigern konnten. Allerdings erfuhren die Beobachtungspunkte zwischen 2007 und 2008 eine Steigerung um 56 Prozent, während die anderen Orte um 30 Prozent nachgaben. Im Jahre 2008 schienen die Beobachtungspunkte genauso zentral wie andere Sehenswürdigkeiten zu sein, was darauf hinweist, daß sie ebenso sehr wie andere Sehenswürdigkeiten in diesem Teil der Stadt in die Pfade von Touristen eingebunden sind.

Diese Fallstudie lieferte Hinweise dafür, daß sich dank des Aufkommens von digitalen Fußabdrücken nun die Nutzung von Raum, die Wirkung von Events und die Entwicklung des gebauten Umfelds im Detail evaluieren lassen. Dieser Ansatz könnte nicht nur bessere Grundlagen für Entscheidungen liefern, die die urbane Gestaltung und das Stadtmanagement betreffen, sondern auch lokale Behörden befähigen, der Öffentlichkeit zeitnahe Hinweise zu geben, was die Nutzung von öffentlichem Raum und die Wirkung von Interventionen ins Stadtgefüge betrifft. Die Tatsache, daß unsere Ergebnis in die offizielle Studie über die wirtschaftlichen Auswirkungen des Kunstprojekts für den öffentlichen Raum – „New York Waterfalls" – einflossen, zeigt, daß die von unserer Analyse vorgeschlagenen Indikatoren eine nützliche Ergänzung zu traditionellen Methoden waren.

4 Diskussion

Die ubiquitären Technologien, die uns eine neue Flexibilität bei unseren täglichen Aktivitäten verleihen, sind zugleich auch ein Instrument zur Untersuchung unserer Aktivitäten in Zeit und Raum. Wenn man usergenerierten Content auswertet, um

Mobilität im urbanen Umfeld besser zu verstehen, dann hat dies Auswirkungen, die wir hier besonders herausstreichen wollen.

4.1 Technische Implikationen

Während sich unsere Forschung mit den Indikatoren urbaner Attraktivität beschäftigt, haben andere Forschungsgruppen unter dem Schlagwort *Reality-Mining* einen Ansatz verfolgt, um daraus spezifische Charakteristika urbaner Dynamiken abzuleiten (Kostakos et al., 2008; Ratti et al., 2006). Eine wesentliche Herausforderung bei diesem Ansatz besteht darin, ein klares Verständnis für die Beschränkung und Verzerrung von Daten zu entwickeln. Zum Beispiel kann von der Häufigkeit, mit der ein Ort fotografiert wurde, nicht automatisch auf dessen Attraktivität geschlossen werden. Dies kann als eine Beschränkung in unserer Fallstudie zu den „New York Waterfalls" angesehen werden, die die Dichte des digitalen Fußabdrucks als Indikator für städtische Attraktivität nahm. Daher müssen zukünftige Studien einen Abgleich mit *Ground-Truth-Informationen* vornehmen, die mit bewährten Methoden erhalten wurden.

Manche Analysen schlagen separate Profile für die Georeferenzierung beziehungsweise das *Geo-Taggen* von Fotos vor. Diese Profile könnten auf verschiedenen Merkmalen basieren: Kultur, Nationalität, kurze oder längere Aufenthaltsdauer, Grad der Vertrautheit mit der Stadt, Grad der technischen Expertise, räumlicher Orientierungssinn, Art der Aufgabe, Typus der besuchten Gegenden. Andere Fragen, die berücksichtigt werden müßten, beziehen sich auf Situationen, während derer Besucher mehr oder weniger wahrscheinlich ihre mobile Geräte zur Generierung von Daten verwenden. Antworten auf solche Fragen sollten es uns ermöglichen, die Bedeutung der Daten besser zu interpretieren und ihre potentielle Verwendung in den Sozialwissenschaften und Urban Studies zu explorieren.

4.2 Methodologische Implikationen

Die Möglichkeit, die Stadt „nachzuspielen", zeigt, daß Forscher nunmehr in der Lage sind, neue Wege vorzuschlagen, um eine urbane Gegend zu beschreiben. Dem liegt aber eine wesentliche Annahme zugrunde: daß die Welt aus prozessierbaren

Daten-Bits besteht, die zu Information verarbeitet werden können, die dann gleichsam wie von selbst wertvoll für die Menschen sind. Diese Annahme würde zu etwas führen, was man „datengestützte Stadtplanung" nennen könnte – als ob Stadtplanung von Daten gestützt werden könnte! Selbstverständlich und ohne jeden Zweifel geht das Verstehen einer Stadt weit über das Protokollieren von Statistiken und Ereignissen hinaus. Daher dürfen wir die Entwicklung neuartiger Karten aus bislang nicht sammelbaren und unzugänglichen Daten nicht mit der Möglichkeit verwechseln, ‚intelligente Karten' zu erzeugen. Unsere Arbeit stellt einige kritische Überlegungen zum State-of-the-Art an. Im aktuellen Stadium versuchen wir folgende Fragen zu beantworten: Erstens: Welche Teile der Wirklichkeit offenbaren Daten? Zweitens: Was können wir mit ihnen tun? Drittens: Wie kommuniziert man sie Menschen, um daraus Information zu generieren? (Was noch lange nicht mit ‚intelligent' gleichzusetzen ist.)

Unter Berücksichtigung dieser Vorbehalte scheint die Anwendung unseres Forschungsansatzes zu versprechen, daß wir Wissen über die Anwesenheit und den Strom von Menschen in ausgewählten Räumen und mit speziellen Technologien erlangen können. Dies könnte zu etwas führen, das wir als „menschen- und datenbasierte Stadtplanung" bezeichnen, und könnte sich auf folgende Weise nutzen lassen:

Qualitative Analyse als Basis für quantitative Abfragen: Dieser Ansatz konzentriert sich zuerst auf Menschen und ihre Praktiken, wobei man nicht davon ausgehen darf, daß sich daraus unmittelbar ein rechengestützter Ansatz ergibt. Dieser qualitative Ansatz kann die Grundlage für eine quantitative Analyse bilden, die zusätzliche empirische Hinweise auf spezifische menschliche Verhaltensformen oder -muster liefert. Einige Ansätze in diesem Bereich verfolgen genau diese Perspektive. Williams et al. (2008) etwa argumentieren, daß wir eine Stadt durch eine situierte Analyse individueller Erfahrungen in einer Stadt besser verstehen könnten, als wenn wir eine spezielle urbane Form als Ausgangspunkt für eine Studie städtischer Erfahrung wählen würden.

Qantitatives Data-Mining als Basis für qualitative Untersuchungen: Bei diesem Ansatz helfen quantitative Daten, emergierende und abweichende Verhaltensweisen aufzudecken, wodurch sich vor allem neue Fragestellungen ergeben können. Dieser quantitative Ansatz kann helfen, Phänomene in einer speziellen Situation zu erklären. Bei qualitativen Ansätzen müssen die richtigen Fragen gestellt werden, denn nur so kann man etwas Sinnvolles über eine Situation erfahren. Diesen Ansatz hätte man zum

Beispiel auf die Frage nach der Wirkung von „New York City Waterfalls" anwenden können. Wir benutzten digitale Fußabdrücke, um Variationen in der räumlichen Präsenz und anormale Muster in der zeitlichen Präsenz über eine Zeit von drei Jahren sichtbar zu machen. Zusätzlich zu dieser quantitativen Analyse hätten wir auch eine qualitative Beobachtung in den identifizierten Gegenden machen können, um zu zeigen, wie sich die Attraktivität verändert (Bleiben Leute länger?). Es braucht Forscher und Spezialisten, die ein kohärentes Verständnis für Aktivitätsspuren entwickeln, und zwar sowohl für qualitative (beispielsweise Audio- und Videoaufzeichnungen von Handlungen und Interviews) als auch quantitative (etwa usergenerierter Content) Aktivitätsspuren. Mit sinnvollen Daten über die tatsächliche Nutzung eines bestimmten Raumes können wir neue Arten von *Post-Occupancy Evaluations* durchführen, die in der Praxis von Stadtplanung und Architektur oft übersehen werden (Brand, 1995). Allerdings müssen sowohl die Werkzeuge als auch die Metriken und Interpretationsmethoden zum Großteil erst noch entwickelt werden.

4.3 Gesellschaftliche Implikationen

Ubiquitäre Geoinformationen verliehen Macht (über Menschen und Orte, die in der Lage sind, sie zu erzeugen und zu verarbeiten). Und unter Umständen sogar zu viel Macht, wenn Institutionen und staatliche Stellen in den Besitz von Informationen kommen, die zunehmend personalisiert und räumlich spezifiziert sind. Daher gibt es ethische und Privacy-bezogene Implikationen, mit denen man sich auseinandersetzen muß. Abgesehen von der vom User selbst erzeugten Repräsentation und Nachverfolgbarkeit stellen sich Legitimierungsfragen, was die Forschung über geografisch verankerte digitale Fußabdrücke betrifft, wie sie im „World's Eyes"-Projekt verwendet werden. Unsere Arbeit ist vor allem auch ein Beispiel für die Verlagerung der Privacy-Problematik: Es geht nicht mehr so sehr um groß angelegte Top-down-Überwachung à la Big Brother, sondern immer mehr um ein Bottom-up-Monitoring à la Little Sister. Damit wird aus der Frage, ob man sich aus einer Technologie ausklinken soll, die Frage, ob man sich aus der Gesellschaft ausklinken soll.

Tatsächlich sind die digitalen Fußabdrücke in der heutigen Gesellschaft unvermeidbar geworden – und auch notwendig, wenn wir viele moderne Annehmlichkeiten in Anspruch nehmen wollen. Wir können sie genauso wenig loswerden wie den physischen Schatten, den unser Körper an einem sonnigen Tag wirft (Zook et al., 2004). Das Anwachsen unseres Datenschattens ist ein ambivalenter Prozeß: Auf der einen Seite ist da die mehr oder weniger ausgeprägte persönliche Besorgnis, auf der anderen ein freiwilliges Aufgeben der Privatheit um der Bequemlichkeit willen.

Während uns also ubiquitäre Geoinformationen neue Möglichkeiten an die Hand geben, menschliche Dynamiken abzubilden und zu modellieren, ist sie eine gewaltige Herausforderung für unseren hergebrachten Begriff von Privatheit. Diese Herausforderung besteht darin, die Komplexität und den Reichtum ubiquitärer Geoinformation zu schätzen und zu nutzen, ohne ihnen den Charakter autoritärer Kontrolltechniken zu geben.

Literatur

Brand, S. (1995). *How Buildings Learn: What Happens After They're Built.* Penguin
Dourish, P. (2006). „Re-space-ing place: ‚place‘ and ‚space‘ ten years on.", in *CSCW:* 299–308
Girardin, F., Vaccari, A., Gerber, A., Biderman, A., and Ratti, C. (2009). Quantifying urban attractiveness from the distribution and density of digital footprints. *International Journal of Spatial Data Infrastructure Research,* 4: 175–200
Girardin, F., Calabrese, F., Dal Fiore, F., Ratti, C., and Blat, J. (2008). Digital footprinting: Uncovering tourists with user-generated content. *IEEE Pervasive Computing,* 7(4): 36–43
Girardin, F., Dal Fiore, F., Ratti, C., and Blat, J. (2008). Leveraging explicitly disclosed location information to understand tourist dynamics: A case study. *Journal of Location-Based Services,* 2(1): 41–54
Kostakos, V., Nicolai, T., Yoneki, E., O'Neill, E., Kenn, H., and Crowcroft, J. (2008). Understanding and measuring the urban pervasive infrastructure. *Personal and Ubiquitous Computing*
Rattenbury, T., Good, N., and Naaman, M. (2007). Towards automatic extraction of event and place semantics from flickr tags. In *SIGIR '07: Proceedings of the 30th annual international ACM SIGIR conference on Research and development in information retrieval,* S. 103–110, New York, NY, USA. ACM Press
Ratti, C., Pulselli, R. M., Williams, S., and Frenchman, D. 2006. Mobile landscapes: Using location data from cell-phones for urban analysis. *Environment and Planning B: Planning and Design,* 33(5): 727–748
Williams, A., Robles, E., and Dourish, P. (2008). *Handbook of Research on Urban Informatics: The Practice and Promise of the Real-Time City,* chapter Urbane-ing the City: Examining and Refining the Assumptions Behind Urban Informatics. Hershey, PA: Information Science Reference, IGI Global
Zook, M., Dodge, M., Aoyama, Y., and Townsend, A. (2004). New digital geographies: Information, communication, and place. *Geography and Technology:* 155–176

Michael Szell, Benedikt Groß

Hubcab
Taxi-Fahrgemeinschaften, digital erkundet

1 Big Data und Mobilitätsverhalten

Daten über die Aktivitäten von Menschen können städtische Verkehrssysteme erheblich verbessern. Umfangreiche Daten über menschliche Interaktionen wie Telefongespräche, Kreditkartentransaktionen oder der Gebrauch von sozialen Online-Netzwerken lassen Regelmäßigkeiten erkennen, sind hochgradig vorhersagbar (Song et al. 2002) und ermöglichen es, hinter unserem Alltagsverhalten und unseren Bewegungsmustern versteckte statistische Gesetzmäßigkeiten sichtbar zu machen. Unser Mobilitätsverhalten und auch andere Formen unseres Verhaltens interessieren längst nicht mehr nur die Sozialwissenschaften, sondern auch technische Disziplinen, wo Forscher mit Hintergrundwissen in Computerwissenschaft, Mathematik oder Physik unsere Bewegungsmuster untersuchen, als würden sie Elementarteilchen oder unbelebte Materie studieren. Überraschenderweise kann das aggregierte und statistische Verhalten hochkomplexer Organismen in vielen Situationen in rein mechanistischen Begriffen verstanden und formuliert werden (Ball 2003).

Wie aber läßt sich erklären, daß Terabytes von Daten zur menschlichen Mobilität nun so leicht verfügbar sind? Und mit welchen Konsequenzen für die Planung von Verkehrssystemen? Die leichte Verfügbarkeit verdanken wir technischen wie sozialen Fortschritten: Mobiltelefone haben die Art und Weise revolutioniert, wie wir kommunizieren – wir sind stets erreichbar, aber auch ,ausspähbar'. Telekommunikationsprovider nutzen eine machtvolle Infrastruktur, speichern die Position der nächstgelegenen Basisstation während jedes einzelnen Anrufs, den wir tätigen, oder bei jeder einzelnen SMS, die wir schreiben.

Die Technologie des Global Positioning System (GPS), mit dem jedes moderne mobile Telefon und andere Einrichtungen der mobilen Kommunikation ausgestattet sind, ermöglicht die genaue Verfolgung unserer jeweiligen Standorte. Nicht nur die Routen eines jeden Individuums lassen sich verfolgen; nachvollziehen lassen sich auch die von Menschen, die ein beliebiges städtisches Verkehrsmittel nutzen. In Fahrzeugen installierte GPS-Tracker liefern eindrucksvolle Bilder des Stroms von Millionen von Fahrzeugen (Bild 1.2, Seite 34f) und ermöglichen uns so ein besseres Verständnis des kollektiven menschlichen Verhaltens und der Engpässe in unseren Verkehrssystemen.

Was die gesellschaftlichen Entwicklungen betrifft, so möchten wir die sogenannte *Open-Data-* oder *Open-Government-Initiativen* erwähnen. Der Begriff „Open Data" meint, daß bestimmte Daten für jeden frei verfügbar sein und beliebig verwendet werden können sollten, ohne Restriktionen durch Copyright, Patente oder andere Kontrollmechanismen. Dazu gehören beispielsweise offene Daten aus den öffentlichen Verkehrssystemen von Städten, die die unabhängige Entwicklung von Smartphone-Anwendungen für Echtzeit-Bus- und Zugfahrpläne ermöglicht haben, die *open311-Initiative,* die es Stadtbewohnern erlaubt, direkter mit ihrer Stadt zu interagieren,[1] oder verschiedene Archive, die für Wissenschaftler der unterschiedlichsten Fächern gedacht und im *Open Access Directory, eine Sammlung von frei verfügbaren Datensätzen* aufgelistet sind.[2] Ein ähnliches Projekt ist auch *OpenStreetMap*[3] – ein Wiki-ähnliches Projekt, das kartographische Daten erstellt und abbildet und unter einer offenen Lizenz publiziert. In den Vereinigten Staaten geht die Idee einer ‚transparenten‘ Regierung auf das Jahr 1966 zurück, als Präsident Lyndon B. Johnson ein Bundesgesetz unterzeichnete, den „Freedom of Information Act" (FOIA) – nach zehn Jahren Kongreß-Hearings, die vom Abgeordneten John E. Moss betrieben wurden, um Zugang zu den Beratungen der Exekutive unter der Regierung Eisenhower zu erlangen (Blanton 2002).

In seinem Kampf erhielt Moss Rückendeckung von bekannten Journalisten, die gegen die bürokratischen Hürden und die Geheimnistuerei der damaligen Regierung vorgingen. Moss beschreibt diesen Kampf sehr anschaulich: „Es war verdammt schwer, überhaupt irgendeine Art von Information zu bekommen." (Kennedy 1978) Der FOIA erlaubt die Veröffentlichung von bis dahin nicht ver-

---

1   Open311 ist ein standardisiertes Protokoll für kollaboratives Verfolgen von ortsbezogenen Problemen, insbesondere für den öffentlichen Raum und für öffentliche Dienstleistungen. Siehe http://open311.org   Letzter Zugriff 7. Juli 2013.
2   http://oad.simmons.edu/oadwiki/Data_repositories   Letzter Zugriff 7. Juli 2013.
3   http://www.openstreetmap.org   Letzter Zugriff 7. Juli 2013.

öffentlichten, von der Regierung kontrollierten Dokumenten und legt ein verbindliches Veröffentlichungsprocedere fest. Auch wenn das Gesetz inzwischen novelliert wurde, gelten heute noch dieselben Prinzipien, die Studien wie die weiter unten beschriebene ermöglichen. „Watergate" und andere weitreichende Skandale haben für das Weiterbestehen des FOIA gesorgt und blieben ein Katalysator für die weltweite Open-Information-Bewegung (Blanton 2002).

Abgesehen von solchen wünschenswerten systematischen Initiativen, die sich dafür einsetzen, daß mehr Daten im öffentlichen Interesse verfügbar gemacht werden, stehen Wissenschaftlern Datenquellen oft nur dann zur Verfügung, wenn private Institutionen sie freigeben oder sie ungeplant an die Öffentlichkeit gelangen. Zum Beispiel sind Informationen über Mobiltelefonate in der Regel proprietäre Daten, im Besitz der Telefonunternehmen – und es hängt vom Überzeugungstalent der Wissenschaftler und von der Bereitschaft der Unternehmen ab, im öffentlichen Interesse stehende Daten für Forschungszwecke zugänglich zu machen oder nicht.

Eines der Paradebeispiele für eine ungeplante Veröffentlichung, die sich für die Bereiche der sozialen Netzwerke und des maschinellen Lernens als Segen erwies, ist der *Enron-Corpus,* eine riesige Datenbank mit mehr als 600 000 E-Mails, die von 158 Angestellten der Firma Enron stammen und nach den Ermittlungen im Zuge des skandalumwitterten Zusammenbruchs der Firma im Jahre 2003 öffentlich gemacht wurde.[4]

Eine koordinierte soziale Netzwerkanalyse des Korpus hatte bislang unbekannte Unternehmenspraktiken zu Tage gefördert und Einblick in die Gruppendynamik in großen Organisationen gegeben. Im Mobilitätskontext ist der Fall des Apple-iPhones ein gutes Beispiel für eine ungeplante Veröffentlichung von Daten zur Mobilität: Im April 2011[5] wurde bekannt, daß das iPhone monatelang User getrackt und leicht zugängliche Logs der Bewegungen der Besitzer gespeichert hatte. Die Entdeckung dieser Logs hat zu Initiativen wie *crowdflow.net* geführt, ein Internetdienst, der offene Datenbanken von Wifi- und Mobilfunknetz-werken aufbaut.[6]

---

4 http://www.nytimes.com/2011/03/05/science/05legal.html   Letzter Zugriff 7. Juli 2013.
5 http://radar.oreilly.com/2011/04/apple-location-tracking.html   Letzter Zugriff 7. Juli 2013.
6 Apple hat sein Betriebssystem ein paar Wochen später aktualisiert, wodurch diese Möglichkeit dann nicht mehr gegeben war.

Wie aber können wir diese Menge an Daten für die Verbesserung des städtischen Lebens nutzen? Was das Thema Mobilität betrifft, so interessieren wir uns für das Funktionieren städtischer Verkehrssysteme. Angesichts der schnellen Urbanisierung und der Zunahme des städtischen Verkehrsaufkommens ist das reibungslose Funktio- nieren eines Verkehrssystems in einer Stadt wichtiger denn je. Stausituationen zum Beispiel wirken sich negativ auf die urbane Umgebung aus und haben signifikante Folgen für Wirtschaft und Umwelt, denn CO_2-Emissionen beeinträchtigen die lokale Luftqualität.

Wir wollen uns hier auf städtische Taxisysteme konzentrieren, ein wesentliches Element des städtischen Verkehrs. Trotz deren Bedeutung für den städtischen Verkehr hat sich die Forschung bislang wenig für die Taxis interessiert, deren Unternehmen sich ihrerseits systemischen Veränderungen und Verbesserungen hartnäk- kig widersetzen. So haben im Laufe etlicher Jahrzehnte New Yorker Bürgermeister immer wieder geschworen, das System verbessern zu wollen, und dennoch hat sich die Branche seit 1900 kaum verändert (Li 2006). Eine Verbesserung der Effizienz des Taxivermittlungssystems ist jedoch von zentralem Interesse für Taxiunternehmen, Taxikunden und Stadtplaner – denn nur wenn dynamische Vermittlungsverfahren eingesetzt werden und die Servicequalität und Nachhaltigkeit des städtischen Verkehrs verbessert werden, läßt sich beispielsweise auch der Kraftstoffverbrauch senken.

Im Rahmen eines Forschungsprojekts haben wir einen Datensatz untersucht, der Auskunft gibt über die Positionen aller 13 500 New Yorker Taxis, enthält, die während der 170 Millionen Fahrten aufgezeichnet worden sind, die im Jahre 2011 in der Stadt New York getätigt wurden. Das Taxigewerbe wird in New York von der New York City Taxi and Limousine Commission (TLC) geregelt, die streng limitierte Genehmigungen (sogenannte Medaillons) vergibt und den bekannten gelben Fahrzeugen das exklusive Recht verleiht, Fahrgäste nach Anfrage auf der Straße aufzunehmen.

Seit 2008 müssen alle New Yorker Taxis auf Anordnung der TLC mit einem „Taxi Technology System" (TTS) ausgerüstet sein, das einen GPS-Tracker mit einer Live-Map des Standortes des Taxis umfaßt, den der Fahrgast auf einem Bildschirm am Rücksitz verfolgen kann. Die vom Tracker gesammelten GPS-Daten werden direkt an die TLC übermittelt.

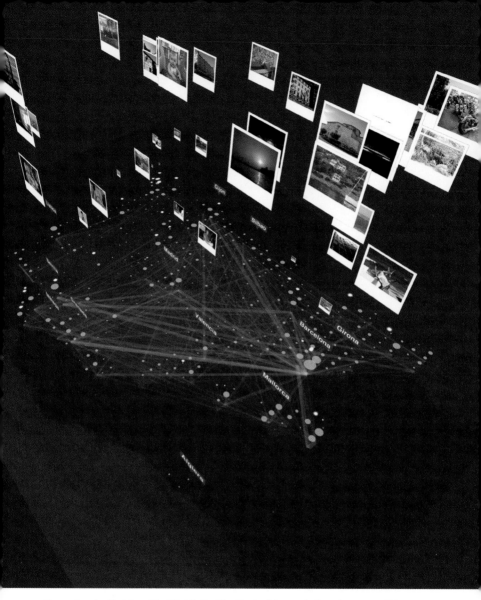

1.1 Screenshot des Projekts „The World's Eye" im Design Museum in Barcelona, 2008. Die Visualisierung zeigt, wie sich Anwesenheit und Bewegung der Touristen entwickeln. Die Fotostapel spiegeln die Intensität der touristischen Aktivität und machen deutlich, woher Touristen kommen, wo sie sich befinden, was für sie interessant genug ist, um festgehalten zu werden, und welche Elemente ihres Besuches sie mit anderen teilen. (vergleiche Seite 19)

1.3 Verschiedene Zoom-Ebenen des Hubcab-Tools. Die hohe räumliche Granularität der Daten erlaubt es, tief hineinzuzoomen und einzelne Taxi-Ein- und -Ausstiege in New York auf Straßenniveau anzuzeigen. (vergleiche Seite 41)

Seite 34f:

1.2 Taxi-Spuren in New York City, Screenshot von Hubcab. Die Straßen von New York sind in 40-Meter-Segmente unterteilt, die gesamte Taxi-Aktivität während des Jahres 2011 ist hier visualisiert. Ein Segment erscheint gelb, wenn es mehr Einstiege aufweist, und blau, wenn es mehr Ausstiege aufweist. Die Dicke der Straßensegmente ist proportional zur Taxiaktivität. Fast alle von Taxi anfahrbare Straßen werden von Taxis auch tatsächlich besucht. Hauptverkehrsadern sind tendenziell gelb, während kleinere Straßen blau sind, was ein schönes Bild eines komplexen Stadtsystems ergibt. (vergleiche Seite 30)

Die Installation von GPS-Trackern war umstritten – begleitet von gelegentlichen, sich über Jahre hinziehenden Streiks und Anzeigen seitens der Taxifahrer gegen die TLC. Bei einer Sammelklage wurde die Installation als „gegen die Verfassung verstoßender, unbefugter Eingriff in ihre Privatsphäre" bezeichnet, nachdem eine bestimmte Anzahl von Medaillon-Lizenzen von der TLC zurückgezogen wurde, weil Kunden angeblich auf der Basis der gesammelten Daten zu viel berechnet worden war – was „gegen die Verfassung verstößt", wie die Kläger behaupteten.[7] Ungeachtet dessen war die TLC in diesem Streit erfolgreich, und nun kann jeder über eine FOIA-Anfrage von der TLC die vollständigen, anonymisierten Datensätze über die Taxistandorte erhalten.

New York ist nicht die einzige Stadt, wo Taxipositionsdaten frei erhältlich sind. Bei der Singapur-MIT Alliance for Research and Technology (SMART) hat das größte Taxiunternehmen des Stadtstaates ausgewählten Partnern Zugang zu Daten von 16 000 der 26 000 Taxis gewährt, und zwar für Studien, die die Lebensqualität innerhalb der Stadt verbessern sollen. Ähnliche Studien gibt es für Schanghai, San Francisco und Wien, und weitere Studien sind in den nächsten Jahren zu erwarten. Wir konzentrierten uns zunächst auf die New Yorker Taxiflotte. Hier lag das Material in hoher Auflösung und für ein ganzes Jahr vor, aber unsere Resultate können, ohne an Gültigkeit zu verlieren, auf Taxiflotten in beliebigen urbanen Zonen angewendet werden.

Bei der Analyse der Daten aus New York bemerkt man sofort, daß das Taxisystem als ganzes äußerst ineffizient ist. Das gilt auch für andere Städte. Ineffizienz läßt sich anhand der Gesamtlänge oder der Zeit von Leerfahrten quantifizieren, das heißt anhand von Fahrten ohne Kunden. Leerfahrten weisen in der Regel bimodale Verteilungen auf: Der erste Höhepunkt entspricht der erwarteten durchschnittlichen Leerfahrt, während der zweite – kleinere – Höhepunkt rund um die Strecke vom Stadtzentrum zum Flughafen zu finden ist. Diese besonderen Zonen rund um Flughäfen oder dicht bewohnte Stadtzentren sind maßgeblich für das Ungleichgewicht zwischen Angebot und Nachfrage verantwortlich. Taxifahrer tendieren dazu, sich dort zu konzentrieren, wo fast immer Kunden zu erwarten sind, also entlang von Hauptstraßen und in anderen hochfrequentierten Gegenden. Aber aufgrund der langsamen Verbreitung von Informationen kommt es beim

---

7 Vergleiche Fall 1:12-cv-00784-LAK, Aka und Carniol v. Yaşsky et al.

tatsächlichen Kundenaufkommen zu starken Schwankungen – vor allem bei Flughäfen ist zu manchen Tageszeiten die Schlange leerer Taxis oft sehr lang, wenn viele Fahrer gleichzeitig die Idee haben, zum Flughafen zu fahren. Diese Ineffizienz des Systems führt logischerweise zu schädlichen Effekten wie einem unnötig hohen Niveau an Schadstoffemissionen; die ineffiziente Straßennutzung verstärkt Staus und Engpässe. Daß Flughäfen und ähnliche Gebiete signifikante Probleme im Verkehrssystem schaffen, sollte zu einem Überdenken der Stadtplanung führen, damit solche Gebiete zukünftig auf einer strategisch höheren Ebene angesiedelt werden.

In der Vergangenheit hat man immer wieder versucht, die Taxisysteme zu verbessern, meist in Form selbstorganisierter Initiativen. Das Teilen von Taxifahrten ist in vielen asiatischen Städten ein wohlbekanntes Phänomen: Die Fahrgäste teilen sich die Kosten, verzichten dafür auf ein bißchen Komfort und nehmen längere Fahrtzeiten in Kauf. Jüngst gab es kommerzielle Versuche mit kombiniertem Transport, also mit der Kombination verschiedener Beförderungsoptionen inklusive Taxis, wie im Projekt Moovel von Daimler oder bei Carsharing-Diensten. Hier fehlt es oft an ausreichender Akzeptanz, oder es gibt andere Effizienzprobleme. Zudem wurde eine ganze Reihe von Smartphone-Apps entwickelt, mit deren Hilfe User Taxis aufspüren, anhalten und für eine Fahrt mit einem Klick bezahlen können. Diese Apps werden nun weltweit mit unterschiedlichem Erfolg eingesetzt. Städtische Taxisysteme zeigen allerdings insgesamt keine grundlegenden Veränderungen.

Wir schlagen ein neues System vor, das alte Systeme ersetzen oder parallel zu ihnen funktionieren kann. Dazu verwenden wir die verfügbaren Daten und mathematische Modellierung und entwickeln ein effizienteres System, das weniger Emissionen verursacht und für die Kunden auch kostengünstiger ist als die bestehenden. Die Fahrten im Datensatz von New York umfassen 99 Prozent aller Straßen der Stadt (nicht enthalten sind Stadtteile wie Staten Island, die von Taxis nicht angefahren werden). Jedes Straßensegment enthält ein eindeutiges Set an Zielpunkten (andere Straßensegmente, wo Taxis hinfahren) und Ausgangspunkten (andere Straßensegmente, von wo Taxis herkommen).

Wir haben vor allem bemerkt, daß viele Fahrten kombiniert und daher eingespart werden könnten. In den dicht bewohnten Gebieten von Manhattan gibt es viele Paare von Straßenkreuzungen, wo bis zu zwei Millionen Fahrten in unmittelbarer Nähe des Ausgangs- beziehungsweise des Zielpunkts beginnen oder enden (immer über ein ganzes Jahr gerechnet). Viele dieser Fahrten starten und enden fast zur gleichen Zeit, was sie unnötig machen würde, wenn die Fahrgäste bereit wären, ein Taxi zu teilen. Unser Ansatz konzentriert sich daher auf der Entwicklung eines neuen Vermittlungsalgorithmus, wobei die Grundidee das Teilen von Fahrten ist.

Dieser neue Prozeß beabsichtigt die Gesamtkosten des Dienstes zu minimieren, zugleich aber bestimmte Komfortkriterien beizubehalten. Beispielsweise sollten die Kunden nicht länger als übermäßig lange warten müssen als vorher. Im einfachsten Fall hat ein Taxi Kapazität für zwei Fahrgäste. Wenn zwei Fahrgäste sich am selben Ausgangspunkt befinden und denselben Zielpunkt erreichen wollen und das auch noch zur selben Zeit, dann ist das Taxi in der Lage, beide abzuholen und wieder abzusetzen. Dieser Fall scheint äußerst selten einzutreten, doch ist genau dies, wie unsere Beobachtungen und Berechnungen zeigen, oft der Fall, zumindest in dichten Gebieten wie Manhattan.

Manche Annahmen sind nicht so eng zu sehen: Start- und Zielpunkt müssen sich nicht unbedingt genau decken oder können entlang der Route der längeren Fahrt liegen. Wie dem auch sei, wir zeigen zuerst anhand von Simulationen, daß das aktuelle Taxisystem optimiert werden kann, um die Nachfrage besser zu befriedigen, wenn ein Taxi zwei Fahrgäste aufnimmt. Es ist dann selbstverständlich ein näch- ster Schritt, die Taxi-Kapazität auf willkürlich gewählte höhere Werte auszudehnen. Wenn Modelle, Simulationen und analytische Untersuchungen zeigen, daß eine höhere Kapazität effizienter ist, dann könnten in der Praxis größere Taxis eingesetzt werden, die „Taxi-Limousinen" ähneln, wo Fahrgästen ein eigenes, privates Abteil wie in einem größeren Fahrzeug zur Verfügung steht, ähnlich wie in einem Bus, einem Fahrzeug, das aber individuellen, dynamischen Routen folgt.

Mathematisch gesehen, definiert unser Ansatz ein Fahrten-Sharing-Netzwerk, wo Knoten Fahrten darstellen und die Verbindungen zwischen Knoten bedeuten, daß zwei Fahrten nach bestimmten Regeln und mit Einschränkungen kombiniert werden können. Wenn mehr als zwei Fahrten geteilt werden sollen, wird das Netzwerk wesentlich komplexer, mit Verbindungen mit höherdimensionalen Verbindungen. Der Algorithmus löst dann das sogenannte *Maximum-Matching* – Problem, das sich mit der Aufgabe beschäftigt, eine maximale Anzahl von Elementen einander zuzuordnen. In diesem Fall wird so eine optimale Lösung für die Aufgabe gefunden, Fahrten zu kombinieren.

Exakte Lösungen sind rechengestützt für große Graphen nicht möglich. Aber es gibt Algorithmen, die sich optimalen Lösungen in vernünftiger Laufzeit annähern können. In diesem Prozeß definieren wir einen Verlängerungsparameter, der für die Menge Zeit steht, um die ein Taxikunde bereit ist, seine Fahrt zu verlängern. Weist diese Zeit einen niedrigen Wert, ist die Dienstleistungsqualität höher, da der Kunde weniger lange warten muß. Allerdings können dann nur weniger Fahrten kombiniert werden. Das Umgekehrte gilt für lange Prolongationszeiten.

Ziel der Studie ist zu beurteilen, ob das Teilen von Fahrten möglich ist, ohne daß die Qualität der Dienstleistung substantiell leidet. Erste Ergebnisse, basierend auf Fahrten innerhalb von Manhattan, sind ermutigend: Wenn zwei Fahrten kombiniert werden, können 90 Prozent der Fahrten geteilt werden, sofern die Kunden bereit sind, eine [bis zu] fünf Minuten längere Fahrtzeit in Kauf zu nehmen. Damit könnte man die gesamte Fahrtstrecke – und damit die Umweltbelastung – um mehr als 40 Prozent reduzieren. Wenn drei oder mehr Fahrten geteilt werden sollen, scheint das Potential sogar noch höher zu sein. Bis zu fünf Minuten länger unterwegs zu sein, dafür aber nur die Hälfte zahlen zu müssen, ist offensichtlich ein vernünftiger Deal. Man beachte, daß der Fahrtenteil-Algorithmus so einfach zu sein scheint, daß man ihn in ein Online-Vermittlungssystem implementieren könnte. Hat man ein Taxi angehalten, kann man fast unmittelbar eine Rückmeldung bezüglich der verfügbaren Teil-Möglichkeiten erhalten.

Während also die technischen Details für das Teilen von Taxifahrten im städtischen Kontext algorithmisch lösbar zu sein scheinen, ist es nicht klar, ob die wahrscheinlich schwierigere politische Aufgabe gelöst werden kann, sowohl die Behörden als auch die Nutzer vom neuen System zu überzeugen. Die Kosten für die Ausweitung bestehender Technologien könnten als zu hoch angesehen werden, und vielleicht müßten – über die Kosteneinsparung hinaus – Anreize geschaffen werden, um die Kontaktängste zwischen einander fremden Fahrgästen auszuräumen, etwa durch getrennte, private Abteile innerhalb eines Fahrzeugs.

3 Hubcab – das Instrument

Parallel zu unseren Forschungen haben wir ein ergänzendes Online-Tool entwickelt – Hubcab –, um einer breiteren Öffentlichkeit die Möglichkeit zu geben, die untersuchten Phänomene auf einfache und interessante Art und Weise kennenzulernen. Das Tool ist auf *www.hubcab.org* verfügbar. Es visualisiert den Datensatz der New Yorker Taxifahrten und zeigt alle 170 Millionen Fahrten. So kann die Stadt aus einer ganz neuen Perspektive erfahren werden. Das Tool zeigt einem weltweiten Publikum, welche Möglichkeiten ein so intelligenter und effizienter Vermittlungsalgorithmus bietet.

Besonderes Augenmerk legten wir auf die intuitive Darstellung der Menge und der Richtung der Fahrten. Ein- und Ausstiege sind kohärent und auf dynamische, hierarchisch strukturierte Weise dargestellt. Sie zeigen das Maximum an Information eines einzigen Einstiegs- und Ausstiegspunkts in höheren Zoom-Ebenen. Dieser Ansatz hat den Vorzug, daß potentielle Nutzer gleichzeitig sowohl die Richtung als auch die etwaige Anzahl von Fahrten sehen können. Was die kartographischen Daten betrifft, so verwendeten wir Karten von *openstreetmap.org*. Wir entwickelten ein Skript, um das große Straßennetz von New York in 200 000 Segmente mit einer Länge von 40 Metern aufzuteilen und so eine hohe Auflösung und dementsprechende gute Nutzereffizienz zu erreichen. Die allermeisten dieser Segmente enthalten zumindest einen Einstieg und einen Ausstieg, manche aber auch Tausende (über ein ganzes Jahr gerechnet). Hubcab ermöglicht es, in bisher ungekannter Genauigkeit in die Karten hineinzuzoomen (Bild 1.3, Seite 36). User können zwischen verschiedenen Zeitabschnitten wählen und die vollen Daten oder Daten nach Zeitabschnitten sowie verschiedene, besonders aktive Einstiegs- und Ausstiegs-Zonen zu verschiedenen Tageszeiten anzeigen. Der Radius dieser Zonen kann unmittelbar verändert werden. Alle Fahrten zwischen Ein- und Ausstiegen werden dynamisch ausgewählt; Hubcab ermöglicht, die Ströme zwischen 40 Milliarden (200 000 mal 200 000) Straßensegment-Paaren zu explorieren und zu visualisieren.

Das Hubcab-Tool liefert einen einzigartigen Einblick in das Funktionieren der Stadt aus der zuvor unsichtbaren Perspektive des Taxisystems, und das mit nie dagewesener Granularität. Mit Hubcab kann man genau untersuchen, wie und wann Taxis Kunden aufnehmen beziehungsweise absetzen, und Zonen erkennen, wo sich Ein- und Ausstiege häufen. Vor allem aber wird durch die Visualisierung der Ströme zwischen zwei beliebigen Punkten in der Stadt die Redundanz einer großen Anzahl von Fahrten und das damit verbundene Verbesserungspotential deutlich.

Hubcab weitet die Wahrnehmung des städtischen Raums aus und verändert sie – und damit möglicherweise auch das Verhalten seiner Bewohner und Besucher. Gesellschaftliche und politische Implikationen sind evident, und die Stadtplanung könnte sich durch den Einsatz solcher Tools signifikant verändern. Die visualisierten Daten können dazu dienen, Städte besser zu gestalten oder wo nötig zu erweitern und Prototypen für die Städte der Zukunft zu entwerfen

Bei unserem Ansatz haben wir unter anderen Methoden eingesetzt, bei denen Optimierungsalgorithmen auf Graphen angewandt werden. Welche anderen Arten von Lösungen für dieses Problem wären möglich, abgesehen von einer solchen logischen Optimierung? Frühere Forschungen, die mit Mobiltelefon-Daten arbeiteten, haben gezeigt, daß die spezifische Raumsyntax einen wichtigen Einfluß auf die Geographie menschlicher Aktivitäten haben kann (Reades et al., 2009) und daher auch auf das Funktionieren des öffentlichen Verkehrssystems. Es wäre sinnvoll zu überlegen, städtische Strukturen so neu zu arrangieren, daß sich auch die Landnutzung verschiebt, damit öffentliche Verkehrssysteme in einem integrierten Ansatz verbessert werden können, zum Beispiel über eine effizientere Abstimmung zwischen Wohnregionen und Arbeitsbezirken und den diese verbindenden öffentlichen Verkehrsmitteln. Jedenfalls wird eine systematische Verbesserung nur möglich sein, wenn der Status Quo erfaßt und die so erhaltenen Datensätze einer strengen Analyse unterzogen werden.

Dank

Die Autoren danken ihren Forschungsmitarbeitern Paolo Santi und Giovanni Resta (Institute of Informatics and Telematics of CNR, Pisa, Italien), Steven Strogatz (Department of Mathematics, Cornell University, Ithaca, NY), Stanislav Sobolevsky und Carlo Ratti (Senseable City Lab), den Web-Entwicklern von Hubcab (47nord) sowie der National Science Foundation, der AT&T Foundation, dem SMART Program des MIT, dem MIT CCES Program, Audi Volkswagen, BBVA, Ericsson, Ferrovial, GE und allen Mitgliedern des MIT Senseable City Lab Consortium.

Literatur

Ball, P. 2003. The physical modelling of human social systems. *Complexus 1:* 190–206
Blanton, T. 2002. The world's right to know. *Foreign Policy* 131: 50–58
Kennedy, G. 1978. *Advocates of Openness: The Freedom of Information Movement.* Dissertation, University of Missouri-Columbia
Li, S. 2006. *Multi-attribute taxi logistics optimization.* Dissertation, Massachusetts Institute of Technology
Reades, J., Calabrese, F., and Ratti, C. 2009. Eigenplaces: analysing cities using the space-time structure of the mobile phone network. *Environment and Planning B* 36: 824–836
Song, C., Zehui, Q., Blumm, N. and Barabási, A.-L. 2010. Limits of predictability in human mobility. *Science* 327: 1018–1021

Anthony Vanky

Verfügbarkeit und Relevanz von Daten
Zur Evaluation des Gebrauchs stadtbezogener Echtzeitdaten
in Singapur

Stadtbezogene Echtzeit-Technologien haben Hochkonjunktur.[1] Verkehrsinformationen, Umweltqualität, ja, sogar die auf der Basis von Social Media-Quellen eruierte ‚Gefühlslage' einer Stadt (Golder et al., 2011): All das kann in Echtzeit beobachtet werden. Traditionellerweise werden diese Technologien für Systemoptimierung und -management genutzt, aber inzwischen sind sie immer häufiger der Öffentlichkeit zugänglich. Mobile Endgeräte und persönliche Informationstechnologien können Nutzer über den aktuellen Zustand der Infrastrukturen und Ressourcen informieren, mit denen sie täglich zu tun haben. Diese Daten sind dank persönlicher Kommunikationstechnologien verfügbar und erlauben das individuelle Verhalten als Reaktion auf den aktuellen Zustand der Umgebung zu verändern: Zum Beispiel verläßt eine Person ihre Wohnung zu einem bestimmten Zeitpunkt, um den schlimmsten Verkehr zu meiden, und bestimmt diesen auf der Grundlage von Echtzeitinformationen, und nicht, weil es der Routine folgt. Oder jemand bleibt ein wenig länger im Büro, um während des Pendelns mit dem Bus dem Regen zu entgehen – eine Entscheidung auf der Grundlage von Echtzeitinformationen über das aktuelle Wetter.

Während das Volumen und die Vielfalt von Information zunehmen, wird die Relevanz dieser Daten nur selten gemessen und veröffentlicht. Wie verändern solche Daten die Interaktion mit der städtischen Infrastruktur? Wir registrieren zwar die Anzahl der User, fragen aber nicht, wie sie genutzt werden und welche Qualität diese Nutzung besitzt. Unsere Forschung will solche Messungen beschreiben und fragen: Werden stadtbezogene Echtzeitdaten genutzt und geschätzt? Wie

---

1 Für unsere Forschung definieren wir „stadtbezogene Echtzeit-Technologien" und „Echtzeit-Technologien" als situierte Technologien, die dynamische Daten bereitstellen und Monitoring in Echtzeit oder Fast-Echtzeit leisten. Beispiele sind Staureports, GPS-gestützte Informationen über Ankunftszeiten öffentlicher Verkehrsmittel und Luftgütemessungen. Daten, die in Bezug zu Open Government stehen, werden in der Studie nicht berücksichtigt, da sie nicht in Echtzeit verfügbar gemacht werden.

beeinflußt die Information die individuellen Entscheidungsprozesse der Nutzer? In unserer Fallstudie untersuchen wir diese Fragen anhand eines Ausschnitts der Bevölkerung von Singapur.

Unsere Forschung beschäftigt sich mit der Aktivierung von Daten. Wir wollen das Verhalten der Benutzer untersuchen und uns auf die Wahrnehmungen und Handlungen konzentrieren, die, wenn überhaupt, aus dem Gebrauch der Daten resultieren. Es gibt zwar einige Studien von Echtzeitinformationen, die sich auf bestimmte isolierte Technologiebereiche wie etwa das Verkehrswesen konzentrieren, aber es gibt noch genügend Bedarf, die breiteren Implikationen solcher Daten zu untersuchen, und zwar sowohl hinsichtlich des Zugangs zu den Daten als auch zu deren Verwendung in bezug auf konkrete Handlungen.

Viele Planer sehen in diesen technologischen Diensten eine Möglichkeit, es individuellen Stadtbewohnern und Besuchern leichter zu machen, eine Stadt zu erkunden und sich in ihr mühelos zu bewegen. Menschen können sich von konkreten Informationen statt von ihrer Intuition oder ihrer Erinnerung leiten lassen, um ihre Beziehung mit dem städtischen Umfeld zu verbessern. Zudem können sie Feedbacks zur Leistung des benutzten Dienstes geben. Immer mehr Städte rüsten ihren öffentlichen Verkehr mit Echtzeitdatenanzeigen aus. Energieversorger installieren sogenannte Smart Meter, Meßgeräte, mit denen die Endabnehmer ihren Verbrauch in Echtzeit kontrollieren können. Die Entwickler technologischer Innovationen bringen zunehmend Produkte auf den Markt, die sie den Städten für deren eigene Monitoring- und Evaluierungszwecke verkaufen können. Zwar ist der Einsatz solcher Technologien bereits weit verbreitet, aktuelle Analysen messen jedoch nicht die Erfahrungen der Endnutzer. Studien verlassen sich auf indirekte Messungen, wobei der allgemeine Gebrauch über die Anzahl von Aufrufen, die Softwareapplikationen ans Netzwerk tätigen, oder über die Anzahl der eingereichten Berichte interpretiert wird, ohne daß die Erfahrung der Endnutzer berücksichtigt würde.

Die Annahme, von der man bei dieser Technologie oft ausgeht, folgt dem Mantra ‚Wenn man eine Technologie entwickelt, dann werden sie schon kommen' – je mehr offene Daten und Echtzeitdaten zur Verfügung stehen, desto mehr werden die Menschen sie auch nutzen (Williams et al., 2008). Der Umfang und die Verbreitung dieser Technologien sind ja unbestreitbar. Man erwartet, daß bis Ende dieses Jahrzehnts in den Vereinigten Staaten über 108 Milliarden USD in die Implementierung von intelligenten städtischen Technologien investiert werden (Pike Re- search, 2010). Aber wenn wir die Erfahrungen nicht kennen, die die Benutzer dieser Technologien machen, können wir auch nicht verstehen, wie und wo diese Werkzeuge tatsächlich wirksam werden und ob die entsprechenden Investitionen konkrete Auswirkungen auf den städtischen Alltag haben. Durch solche Messungen könnte man aber auch herausfinden, wie diese Daten wirkungsvoll genutzt werden, und man würde erfahren, ob eine Effizienzsteigerung auch wirklich *gewollt* ist.

1 Singapur als Fallstudie

Singapur ist ein einzigartiges Beispiel, anhand dessen man bestimmte Entwicklungen prophezeien kann. Dank bestimmter kultureller und wirtschaftlicher Faktoren ist dieser Staat für diese Studie geradezu prädestiniert. Wir konnten testen, wie Menschen Echtzeitdaten verwenden, und ob sie sie auch wirklich schätzen. Daß Singapur so technikaffin ist, läßt sich durch seine historische Rolle im Handel mit dem Rest der Welt erklären. Der Stadtstaat wurde 1965 eine unabhängige Republik, nachdem ihn das neu gegründete Malaysia, das 1963 aus der Union von Malaya, Sabah, Sarwak und Singapur entstanden war, ausgeschlossen hatte. Nach der Unabhängigkeit zog sich der wichtigste Arbeitgeber – das britische Militär – von der Insel zurück. In der Folge war Singapur in seinem Wirtschaftswachstum von ausländischen Direktinvestitionen und multinationalen Unternehmen abhängig, die billiges Land und billige Arbeitskräfte suchten. So avancierte Singapur wirtschaftlich zu einem der vier asiatischen „Tiger". In der zweiten Hälfte der achtziger Jahre verfügte der Inselstaat nicht nur über einen entwickelten Produktionssektor mit hoher Wertschöpfung, über einen starken Finanzsektor und einen ausgeprägten Handel, er wandelte sich auch vom billigen Hersteller zum starken Dienstleister. Dieser Wandel wurde dadurch erleichtert, daß die Wirtschaftsplaner die Bedeutung von Informationstechnologien als strategischer Entwicklungsrichtung erkannten.

Die Regierung gründete 1981 das National Computer Board (NCB), „um Singapur im Informationszeitalter eine Spitzenposition zu sichern", indem Informationstechnologien flächendeckend zur Stützung der wirtschaftlichen Wettbewerbsfähigkeit und der Lebensqualität eingesetzt wurden" (Transit Watch, 2000). Das NBC veröffentlichte 1986 den ersten nationalen IT-Plan. Dieser bezweckte, die IT-Kompetenz im öffentlichen und privaten Sektor zu entwickeln und zugleich die wirtschaftliche Wettbewerbsfähigkeit des Landes zu steigern. Der nächste, 1992 veröffentlichte Plan – *A Vision of an Intelligent Island: IT2000 Report* – analysierte, wie ein umfassenderer und vernetzterer Einsatz von Informationstechnologien Singapur zu einer der großen Wirtschaftsdrehscheiben der Welt machen könnte: „In unserer Vision wird Singapur, die intelligente Insel, in 15 Jahren zu den ersten Ländern der Welt zählen, die landesweit eine ausgereifte Informationsinfrastruktur besitzen. Singapur wird Computer praktisch überall – in jedem Haus, in jedem Büro, in jeder Schule und in jeder Fabrik – miteinander vernetzen (NCB, 1992)."

Dahinter steckten mehr als simple exportorientierte Wirtschaftspläne: Es ging um Infrastruktur als integralen Bestandteil in der ganzheitlichen Entwicklung des Stadtstaates. Die Regierung schätzt, daß die Ausgaben des öffentlichen Sektors für städtische Informations- und Kommunikationstechnologien (IKT) im Jahr 2013 1,2 Milliarden USD erreichen werden, gegenüber 2008 eine Steigerung von 4,8 Prozent. Dazu kommen weitere 2,6 Milliarden USD als Teil eines größeren technologischen Masterplans (Infocomm Development Agency, 2005).

Eine Begleiterscheinung des Wirtschaftswachstums war der wachsende Druck auf die städtische Infrastruktur, denn Singapur kann im buchstäblichen Sinn nicht leicht wachsen. Ein Großteil der Technologie-Investitionen ging daher in die Echtzeit-Infrastruktur zum Management und zum Betrieb der städtischen Infrastruktur. Zusammen führte dies dazu, Singapur zu einer „Smart City" zu machen (Mahizhnan, 1999).

Während die Regierung sich zur Technologie und zur Verfügbarkeit von Daten bekennt, gibt es bislang keine gezielte Evaluierung über deren Akzeptanz und die Wahrnehmung seitens der Öffentlichkeit. Singapur bietet ein gutes Umfeld, um das Potential von Echtzeitinformation zu testen: Die Bevölkerung ist geübt im Umgang mit Technologie, wodurch man sich um die Verfügbarkeit praktisch einsetzbarer Technologien keine Sorgen machen muß. Die Stadt ist insofern für die Evaluierung der Wahrnehmung von Echtzeitinformationen prädestiniert, als traditionelle Barrieren hinsichtlich deren Akzeptanz und Gebrauch kaum eine Rolle spielen.

Die Anzahl der Mobiltelefone im Besitz der an der Umfrage Teilnehmenden war bereits höher als die Anzahl der Teilnehmer selbst. Das ist im Kontext von Singapur nicht überraschend, da die Zahl der Mobiltelefonverträge pro 100 Personen 2010 bereits 145,24 betrug, und fast sieben von zehn Personen hatten einen Internetzugang (Department of Statistics Singapore, 2011).[2] In unseren Forschungen

---

2   Zum Vergleich haben die Vereinigten Staaten nur 90,78 Mobiltelefonverträge auf 100 Einwohner, Hongkong hat 179,39 Verträge auf 100 Einwohner.

fanden wir auch heraus, daß viele mit „Echtzeitinformation" vertraut waren. Als Teilnehmer gebeten wurden, ihre eigene Vertrautheit mit „Echtzeitinformation" und „Echtzeitdaten" zu evaluieren, gaben 59,6 Prozent an, zumindest ansatzweise damit vertraut zu sein. Als ein Land, das in technischen Sinne seiner Zeit voraus ist, ist Singapur vielleicht repräsentativ für das, was auch in anderen Teilen der Welt kommen wird, sobald urbane Technologien weitere Verbreitung gefunden haben.

2 Methodologie

Eine erste Umfrage erforschte die Wahrnehmung von Daten und die Gründe für deren Gebrauch. Für unsere Studie wählten wir aus der Gesamtbevölkerung Regierungsbeamte aus, wobei ein Auswahlkriterium deren Vertrautheit mit Technologie und ihr beruflich bedingter Zugang zu verschiedenen Formen von Technologie war. Insgesamt wurden 3221 Beamte zur Umfrage eingeladen, also ungefähr 20 Prozent der für die Regierung tätigen Beamten. Darüber hinaus stellten wir eine qualitative Analyse mit Passanten an, um den Einsatz von Echtzeitdaten im Zuge von Entscheidungsfindungsprozessen im jeweiligen Kontext besser zu verstehen. In diesem Teil des Projekts beobachteten wir, wie die Teilnehmer bei einigen Transitstationen Information suchten und nutzten. Diese Forschung zeigte uns, wie sich die Reaktionen aus dem sich mit Mobilität beschäftigenden Teil der Studie in konkreter Aktion niederschlugen.

3 Unterwegs

Es gibt nicht viele andere Echtzeitdaten, die so leicht verfügbar sind wie die zum Thema Mobilität. Insofern nutzen die meisten Befragten laut unserer Umfrage „Echtzeitinformation, um das geeignetste Verkehrsmittel auszuwählen"; über zwei Drittel haben Verkehrs-Echtzeitinformationen abgefragt. Die Menschen suchen zur Zeit vor allem nach Informationen, die es ihnen im Alltag ermöglichen, ihre Teilnahme am Verkehr zu planen, also Informationen über öffentliche Verkehrsmittel, über den Straßenzustand und die Verkehrslage.

Die Gründe dafür, warum Personen Daten suchen und gegebenenfalls auf andere Verkehrsmittel umsteigen, lassen sich in drei allgemeine Kategorien einteilen:

Geld, Zeit und Bequemlichkeit. Die meisten ändern ihre Wegstrecke, um Zeit zu sparen. Oft wurde auch angegeben, daß man einen Weg leichter bewältigen, Besorgungen erleichtern und die ganze Wegstrecke „reibungsloser" machen wolle. Finanzielle Motive waren dagegen weniger ausschlaggebend, was vielleicht auf die relativ niedrigen Tarife der Verkehrsmittel in Singapur zurückzuführen ist. Diese Erkenntnisse wurden auch durch schriftliche Kommentare bestätigt: Die Mehrheit der Teilnehmer gab an, daß sie Echtzeitinformationen nutzen, um ihre Pendelstrecke zu verändern, um Zeit zu sparen oder um schneller ans Ziel zu kommen.

Um eine qualitative Antwort auf Echtzeitdaten-Information zu evaluieren, wurden Personen darum gebeten, ihre Pendlerfahrten nach Bequemlichkeit einzuschätzen, und zwar bevor und nachdem sie Echtzeitdaten-Information für alle möglichen Verkehrsmittel benutzten (Tabelle 1.1). Wenn ein Teilnehmer keine Echtzeitdaten nutzte, sollte er über die emotionale Reaktion spekulieren, damit wir in der Lage waren, die Erwartungshaltung beurteilen zu können. Wie bereits in der Literatur beschrieben, antworten Teilnehmer, daß der Einsatz von Echtzeitdaten ihre Pendlerfahrten angenehmer macht, auch wenn die wahrgenommene Verbesserung bei den öffentlichen Verkehrssystemen (MRT oder Mass Rapid Transit, das Metro-Netz, und LRT oder Light Rail Transit, die Stadtbahn) am geringsten ausfiel. Das ist wahrscheinlich auf die Pünktlichkeit der Züge zurückzuführen; die Intervalle liegen oft bei weniger als fünf Minuten. Was den Fußgängerverkehr betrifft, so war die *erwartete* Verbesserung 100 Prozent höher als die dann tatsächlich wahrgenommene Veränderung. Diese Diskrepanz zwischen Erwartung und Ergebnis könnte zu einem Mißtrauen gegenüber Open-Data-Initiativen führen, auch wenn

Tabelle 1.1: *Vergleich zwischen Nutzern von Echtzeitdaten und Menschen, die sie nicht nutzen: Wie angenehm ist ihre durchschnittliche Reise?*

Gegenstand	Mit Echtzeitdaten			Ohne Echtzeitdaten			Differenz
	$\bar{x}$	n	SD	$\bar{x}$	n	SD	
Zu Fuß	3.0	34	0.70	2.2	20	0.48	−0.8
Öffentlicher Bus	2.4	68	0.78	2.8	23	0.43	0.4
Regionalbahn (MRT / LRT)	2.7	70	0.70	2.4	34	0.51	−0.3
Taxi	2.8	33	0.77	2.5	14	0.51	−0.3
Privatauto	3.2	43	0.83	2.6	24	0.50	−0.6

Noten: 1 = unangenehm; 2 = eher unangenehm; 3 = neutral; 4 = eher angenehm; 5 = angenehm

sie wie geplant funktionieren. Eine Ausnahme betrifft den Gebrauch von Informationen über öffentliche Busse: Wer die Daten zur Zeit der Befragung nicht nutzte, erwartete weniger Verbesserung, als bei Nutzern solcher Dienste festzustellen war. Interessanterweise zeigen uns aber die Daten, daß sich die einmal eingespielten Routinen nicht ständig ändern. Man könnte vermuten, daß die Leute die Wartezeiten eher genießen. Auf die Frage, ob das Sammeln von Echtzeitinformationen zu „einer [absichtlichen Veränderung der] Zeit" führte, „die man mit Warten auf das gewählte Verkehrsmittel verbringt", antworteten 57,5 Prozent „manchmal" und 16,5 Prozent „nie", während 19,7 Prozent „oft" angaben und nur 6,3 Prozent regelmäßig ihre Wartezeiten veränderten. Ähnlich entschieden sich die Teilnehmer nur selten für andere Verkehrsmittel, indem sie zum Beispiel statt der Metro einen Bus oder ein Taxi nahmen. Die Mehrzahl der Befragten gab an, gelegentlich das Verkehrsmittel zu wechseln (65,4 Prozent), 21,3 Prozent wechselten es nie. Von den restlichen Befragten sagten 11,8 Prozent, daß sie oft Verkehrsmittel wechselten, während 1,6 Prozent angaben, es oft wechseln zu wollen.

Diese Erkenntnisse scheinen jedoch früheren Ergebnissen zu widersprechen, denen zufolge die Leute Pendel- und Wartezeiten verringern möchten. Was die Frage des Wechsels der Verkehrsmittel betrifft, könnte ein Grund dafür sein, daß sich die Bevölkerung in erster Linie auf das Bussystem und verläßt und darauf, daß bestimmte Routen im Zentrum von mehreren Buslinien bedient werden. Zum Beispiel wird die Bushaltestelle am People's Park Complex von acht Bussen bedient, die alle entlang der Eu Tong Sen Road fahren. Es gibt daher keinen Grund, nicht mit dem Bus zu fahren, auch wenn die jeweils aktuellen Informationen Pendlern sagen, daß es zu Verzögerungen im Fahrplan kommt.

4 Vermittlung der Botschaft

Was den öffentlichen Verkehr betrifft, so betonen viele Untersuchungen den gemischten Erfolg von Echtzeit-Informationen bei Haltestellen, wenn es darum geht, die wahrgenommene Verläßlichkeit von und Wartezeiten bei öffentlichen Verkehrsmitteln zu beeinflussen (Al-Deek et al., 1988; Boyce, 1988; Dziekan and Kottenhoff, 2007; Dziekan and Vermeulen, 2006). Wenn man versucht, Daten für die breite Öffentlichkeit so nutzbringend wie möglich aufzubereiten, dann stellt sich angesichts der Ko- sten für die Installation und die Implementierung verschiedener

Zugangsmechanismen die Frage, wo Menschen Informationen abfragen. Zugangsszenarien zu entwickeln ist deshalb so schwierig, weil die Leute die Daten in ihrem Entscheidungsprozeß sehr unterschiedlich nutzen.

In Studien zum Energiekonsumverhalten wird darauf hingewiesen, wie wichtig der Ort ist, an dem eine Information wahrgenommen wird, wenn eine Verhaltensänderung erzielt werden soll: Sie muß regelmäßig gesehen werden, um eine Veränderung in unseren spontanen Handlungen hervorzurufen, die mit Ressourcenverbrauch zu tun haben (Darby, 2006). Sowohl die Plazierung wichtiger Informationen als auch der Zugang zu ihnen beeinflußt diese Entscheidungen. Bei Daten zum öffentlichen Verkehr besteht die Schwierigkeit darin, daß ein hoher Prozentsatz der Befragten Daten erst dann heranziehen wollte, wenn bereits feststand, welche Verkehrsmittel sie nutzen würden. Die Daten helfen bei der Entscheidung, ein anderes Verkehrsmittel oder kürzere Wartezeiten zu wählen, was sich mit Aussagen der Teilnehmer an der qualitativen Analyse deckt: Die Daten spielen erst später im Entscheidungsprozeß eine Rolle.

Man darf nicht unterschätzen, welche Bedeutung Smartphones und Tablet-Computer in Singapur und vielen anderen Städten haben. Sowohl in der Untersuchung als auch bei unseren Beobachtungen bestand eine sehr klare Beziehung zwischen Individuen und Geräten (Bild 1.4). Bei jeder beliebigen Bushaltestelle oder in der Metro kann man eine beträchtliche Anzahl von Menschen beobachten, die ihre Geräte benutzen, um mit Freunden zu plaudern, Spiele zu spielen, im Internet zu surfen und so weiter. Ito et al. beschreiben, daß sich auch in Japan, das eine ähnliche Kultur hat, das soziale Leben in öffentlichen Verkehrsmitteln zunehmend über das

1.4 Bei der Haltestelle Harbourfront nutzen Passagiere bei der MRT-Station, aber auch bei der Bushaltestelle ihre mobilen Geräte sowohl als Mittel zur Zerstreuung als auch zum Sammeln von Informationen.

Medium digitaler Dienste abspielt. In einer solchen Umgebung werden in erster Linie die visuellen Funktionen der mobilen Geräte genutzt; Telefongespräche werden immer seltener geführt und gelten generell als rücksichtslos (Ito et al., 2005). Verschiedene Regierungsbehörden geben nun ihre Daten via APIs frei, damit die Öffentlichkeit Zugang zu diesen Daten bekommt und Tools dafür entwickeln kann. Eine Ausnahme bilden die Behörden, die mit dem öffentlichen Verkehr befaßt sind. Im Mai 2011 schloß SBS Services, eines der beiden öffentlichen Busunternehmen, seinen API, so daß Entwickler ihn nicht mehr für ihre Applikationen nutzen konnten (iMerlion, 2012). Dadurch wurden einige unabhängige Applikationen und Dienste unbrauchbar. Was blieb, war die von SBS selbst entwickelte Applikation *Iris*, die Echtzeit-Informationen über die Busse anbot. Sie wird von der Öffentlichkeit stark genutzt, wenn es darum geht, eine Fahrt zu planen oder einen Status abzufragen (Bild 1.4), aber viele empfinden sie als un-ergonomisch in der Benutzung und daher irrelevant. Wenn man bedenkt, daß die Mehrheit der Befragten das Smartphone als Zugangsmedium für Daten aller Art bevorzugt, dann ist eine breitere Diskussion über die Offenheit von Daten und deren Verfügbarkeit über das gesamte Spektrum hinweg und für diverse Nutzergruppen notwendig: Die von den Usern bevorzugte Zugangsmethode sollte in Untersuchungen stärker als bisher berücksichtigt werden.

Echtzeit-Informationen stammen aus unterschiedlichsten Quellen und werden unterschiedlich geteilt – und jede hat ihre Vorzüge und Nachteile. Da im Survey ausschließlich Regierungsbeamte befragt wurden, überrascht es nicht, daß diese großes Vertrauen in Informationen aus Regierungsquellen haben. Wenn es um Mobilität, Umweltqualität und um Sicherheit geht, vertrauten die Befragten darüber hinaus überwiegend Echtzeit-Informationen (Tabelle 1.2). Informationen aus nicht-offiziellen Quellen wie Fernsehen oder Radio wird demgegenüber geringeres Vertrauen entgegengebracht. An dritter Stelle der Vertrauensskala stehen Informationen, die durch Crowdsourcing bereitgestellt werden und in vielen Fällen ziemlich korrekt sein können.

Vertrauen in Information ist notwendig, wenn man seine Gewohnheiten oder intuitiven Handlungen verändern will. Sieht man sich häufig ungenauen Daten ausgesetzt, schwindet das Vertrauen. So kann das Vertrauen der befragen Beamten damit erklärt werden, daß diese Beamten selbst täglich mit Daten aus Regierungsquellen arbeiten und die im Survey verwendeten Daten sich mit jenen decken, zu denen sie beruflich Zugang haben.

Tabelle 1.2: *Wie sehr vertrauen Sie den folgenden Informationsquellen?*

Gegenstand	$\bar{x}$	n	SD
Mobilität			
Offizielle, öffentliche Quelle (Regierung, Verwaltung)	3.19	124	0.46
Nicht-öffentliche Quelle (Privatfernsehen, Privatfirmen)	2.88	124	0.45
Nutzergeneriert	2.56	124	0.59
Umweltqualität			
Offizielle, öffentliche Quelle (Regierung, Verwaltung)	3.22	120	0.48
Nicht-öffentliche Quelle (Privatfernsehen, Privatfirmen)	2.96	120	0.44
Nutzergeneriert	2.49	120	0.57
Sicherheit			
Offizielle, öffentliche Quelle (Regierung, Verwaltung)	3.20	121	0.50
Nicht-öffentliche Quelle (Privatfernsehen, Privatfirmen)	2.96	121	0.46
Nutzergeneriert	2.54	120	0.62

Noten: 1 = mißtraue immer; 2 = mißtraue meistens; 3 = vertraue meistens; 4 = vertraue immer

Die Frage des Vertrauens in Daten wird vor allem dann wichtig, wenn man Verhaltensänderungen bewirken will. Vertrauen ist allerdings schwer zu erringen. Im Unterschied zu den befragten Beamten gaben die im zweiten, qualitativen Teil der Studie befragten Passanten immer wieder an, den zum öffentlichen Verkehr übermittelten Daten zu mißtrauen. Manche sagten, daß es sich dabei nur um „Regierungspropaganda" handle, während andere eine Diskrepanz zwischen den Fahrplanangaben und ihren persönlichen Erfahrungen mit der Pünktlichkeit von Bussen feststellten.

Eine wesentliche Herausforderung, wenn es um die Akzeptanz von Echtzeit-Informationen bei Planungs- und Entscheidungsprozessen geht, besteht gerade darin, daß es sich um Informationen in Echtzeit handelt. Daß Wartezeiten sich verlängern oder aufgrund unvorhersehbarer Verkehrslagen ein paar Minuten lang den gleichen Wert zeigen können, kann verwirrend, ja frustrierend sein und das System als unverläßlich erscheinen lassen. In gewisser Hinsicht wirkt hier das gleiche Mißtrauen, das man auch Wetterhervorsagen entgegenbringt: Wir hören eine Vorhersage, ahnen jedoch, daß sie höchstwahrscheinlich ungenau ist. Die Ironie besteht darin, daß im Zuge unserer qualitativen Forschung viele Personen den Echtzeit-Anzeigen erst vertrauten, nachdem sie diese mit den Angaben im gedruckten Fahrplan verglichen hatten. Der hohe normative Stellenwert des ausgedruckten Fahrplans war vor allem bei älteren Buspassagieren beim People's Park zu beobachten (Bild 1.5). Da Echtzeit-Information in Singapur immer mehr Verbreitung findet, wäre es wichtig, diesen Aspekt in der Vermittlung von Echtzeit-Informationen zu berücksichtigen.

Nur wer Erfahrung mit Daten hat, wird die Qualität und den Wert von Daten auch richtig einschätzen können. Man könnte spekulieren, daß demographische Merkmale, die mit ‚technikaffin' assoziiert werden, also etwa Bildungsniveau oder Alter, Prädiktoren für Vertrauen sind. Aber eine signifikante Korrelation zwischen Vertrauen und Bildung oder Alter konnte nicht gefunden werden.

5 Schlußfolgerungen

Die Herausforderung beim Messen von Wahrnehmungen besteht darin, daß diese sich mit der Zeit verändern. Veränderungen in der Technologie, die wachsende Vertrautheit mit bestimmten Geräten und der sich ständig wandelnde wirtschaftliche und gesellschaftliche Druck auf jeden einzelnen kann bei zukünftigen Studien dieser Art zu drastisch divergierenden Erkenntnissen führen. Unsere Studie bietet aber einen Anhaltspunkt und eine neue Sicht auf Daten im Kontext der aktuellen Lebensrealität von Städtern und unter Berücksichtigung der heute verbreiteten Technologien.

Alles in allem hat in Singapur der Ansatz „Wenn wir es bauen, werden sie schon kommen" in Hinblick auf Daten gut funktioniert – vor allem weil der Stadtstaat über das Kapital verfügt und das Risiko eingehen kann, Tools für Daten über alle

1.5 Ein Mann konsultiert einen gedruckten Fahrplan, um herauszufinden, wann der nächste Bus beim People's Park ankommt, obwohl sich eine digitale Anzeige über dem von ihm konsultierten Fahrplan befindet.

Modalitäten hinweg zu entwickeln. Die vorliegende Studie zeigt aber auch, daß es sowohl effizienter als auch effektiver wäre, spezifische Gewohnheiten und Routinen als Ansatzpunkte für Interventionen zu wählen und sich darauf zu konzentrieren, wie die Breite der in Singapur verfügbaren Echtzeit-Informationen tatsächlich genutzt wird. Der allgemeine Trend geht in Richtung offene Daten, aber wenn Verhaltensänderungen angestrebt werden, wäre ein spezifischer Fokus auf gezielte Interventionen effektiver als das Gießkannenprinzip, das im Moment die Datenverfügbarkeit bestimmt.

Literatur

Al-Deek, H., Martello, M., May, A., Sanders, W. *Potential Benefits of in Vehicle Information Systems in a Real Life Freeway Corridor Under Recurring and Incident Induced Congestion.* University of California, Berkeley: Institute of Transportation Studies, 1988

D, Boyce. „Route guidance systems for improving urban travel demand and location choice." *Transportation Research 22,* Nr. 4 (1988): 275–281

Darby, Sarah. *The Effectiveness Of Feedback On Energy Consumption: A Review For Defra Of The Literature On Metering, Billing And Direct Displays.* Oxford, UK: Environmental Change Institute, University of Oxford, 2006

Department of Statistics Singapore. *Singapore Census of Population 2010: Statistical Release 2 – Households and Housing.* Singapore, 2011

Dziekan, K., Kottenhoff, K. „Dynamic at-stop real-time information displays for public transport: effects on customers." *Transportation Research Part A* 41 (2007): 489–501

Dziekan, K., Vermeulen, A. „Psychological effects of and design preferences for real-time information displays." *Journal of Public Transportation* 9 (2006): 71–89

Golder, Scott, Michael Macy. „Diurnal and Seasonal Mood Vary with Work, Sleep, and Daylength Across Diverse Cultures." *Science* 333, Nr. 6051 (2011): 1878–1881

iMerlion „The full ST interview with SG Buses developer Muh Hon Cheng". *iMerlion.* http://www.imerlion.com/2011/05/full-st-interview-with-sg-buses.html (Letzter Zugriff am 6. August 2012)

Infocomm Development Agency. *Technology and You: Singapore Infocomm Foresight 2015.* Singapore: Government of Singapore, 2005

Ito, Mizuko, Daisuke Okabe, Misa Matsuda. *Personal, portable, pedestrian: mobile phones in Japanese life.* Cambridge, Mass.: MIT Press, 2005

Mahizhnan, Arun. 1999. „Smart cities: the Singapore case." *Cities* 16, Nr. 1: 13–18

NCB. *A Vision of an Intelligent Island: IT2000 Report.* National Computer Board, Singapore. 1992

Pike Research. 2010. „Smart Cities". http://www.pikeresearch.com/research/smart-cities (Letzter Zugriff am 4. August 2012).

Transit Watch - bus station video monitors customer satisfaction evaluation : metropolitan model deployment initiative: Seattle, Washington. Seattle, WA: Battelle Memorial Institute, 2000.

Williams, A., Robles, E., Dourish, P. 2008. „Urbane-ing the City: Examining and Refining the Assumptions Behind Urban Informatics". In Foth (ed.), *Handbook of Research on Urban Informatics: The Practice and Promise of the Real-Time City.* Hershey, PA: Information Science Reference, IGI Global

David Lee

Dem Müll auf der Spur

Sensortechnologien erlauben es, Prozesse im Stadtraum sichtbar zu machen, die üblicherweise unsichtbar sind. Das können kurzfristige, ephemere Prozesse sein, etwa Schwankungen der Luftqualität oder Verkehrsstaus auf Straßen oder langfristigere Prozesse, wie beispielsweise die zunehmende Kriminalität oder der Klimawandel. So kann das Bewußtsein für ein spezielles Problem geschärft und eine bestimmte Reaktion auf seiten der Bürger ausgelöst werden: Es kann zu einem Meinungswandel oder einer Verhaltensänderung kommen, die eine breitere Debatte und positive Handlungen anstoßen können.

In vielen Städten ist der Bau einer neuen Infrastruktur für elektronische Sensoren aus Kostengründen unmöglich. Eine kosteneffiziente Alternative ist *Participatory Sensing:* Viele Freiwillige erfassen selbständig Daten über Sensoren und fügen diese Daten dann zu einem größeren Bild zusammen (Paulos, Honicky, and Hooker 2008). Participatory Sensing richtet sich in erster Linie an Bürgerinitiativen, die den Zustand ihrer Umgebung, wie etwa die Gesundheit von Bäumen in der Stadt, aus wissenschaftlichem oder ökologischem Interesse dokumentieren wollen. Diese Form der Datenerhebung ist oft effektiver und billiger als vergleichbare technische Lösungen.

Participatory Sensing-Ansätze beziehen eine größere Gemeinschaft ein, machen die Datenerfassung mittels Sensoren transparenter und tragen so zu einer Entmystifizierung der eingesetzte Technologie für den Teilnehmer bei (Burke et al., 2006). Von ‚Laien' gesammelte Daten sind zwar für Wissenschaft oder politikorientierte Forschung vermutlich nicht robust genug, eignen sich jedoch sehr wohl für ein Feedback an Dritte (Dutta et al., 2009). Wenn Fußgängern Informationen über Luftverschmutzung zur Verfügung stellen wollen, sollten wir sie auf Straßenniveau messen, wo diese am stärksten ist, nicht auf Höhe von Straßenbeleuchtungen oder Gebäuden.

Man weiß noch nicht viel darüber, welchen Unterschied es in der Wahrnehmung von Daten macht, wenn wir selbst an der Datensammlung beteiligt sind. Wer mithilft, kaum sichtbare Phänomene zu messen (wie etwa die steigenden Ozonwerte in den niedrigen Schichten der Atmosphäre), vertraut den Resultaten solcher Messungen vielleicht mehr, als wenn die Meßergebnisse von Experten geliefert werden. Wer bereits Zeit investiert hat, um ein bestimmtes Problem aufzudecken, dürfte sein Verhalten wahrscheinlich eher ändern. Partizipation könnte aber auch dazu führen, daß wir Daten weniger vertrauen, weil wir durch die Teilnahme an der Datensammlung unmittelbar die praktischen Grenzen oder Unschärfen des Prozesses erkennen. Beides könnte tiefgreifende Auswirkungen auf den Einsatz von Sensoren in der gebauten Umgebung haben.

1 Trash | Track

Trash | Track begann mit einer einfachen Idee: Wir wollten verstehen, wo unser Müll landet, sobald wir ihn einmal aus den Augen verloren haben. Die Technologie macht es möglich, die Bewegung eines jeden beliebigen Objekts zu verfolgen, von seiner Erzeugung bis zur Entsorgung. Die Systeme, die bestimmen, wo unser Müll landet, sind unglaublich komplex, und nur selten versteht man sie wirklich. Müll reist über ein ausgeklügeltes Netzwerk von Umladestationen, Deponien und Wiederaufbereitungsanlagen, per Lastwagen, Zug, Schiff und Flugzeug und wird ständig durch Regulierungen und Märkte in eine neue Richtung dirigiert. Wir wollten verstehen, wie gut diese Infrastruktur funktioniert und welche Konsequenzen eine individuelle Handlung, zum Beispiel das Entsorgen eines Mobiltelefons, nach sich zieht.

Im Oktober 2009 untersuchten wir mittels Fern-Tracking-Sensoren die Bewegung von Müll durch das Müllentsorgungssystem von Seattle. Forscher aus dem Lab reisten nach Seattle, um 2000 GPS-Tracking-Etiketten anzubringen. Jedes dieser Etiketts wurde an einem separaten Müllstück angebracht, das dann irgendwo in der Stadt weggeworfen wurde (Boustani et al., 2011). Wir baten Bewohner von Seattle, sich auf der Trash | Track-Webseite als Freiwillige zu registrieren. Ausgewählte Personen lieferten Müllstücke, halfen Etiketts zu katalogisieren und anzubringen und brachten Müll in den Entsorgungsstrom ein. Bild 1.7 zeigt, wie wir bei Freiwilligen zu Hause arbeiteten, um die Müllstücke vorzubereiten.

Während der nächsten Monate verfolgten wir aus der Ferne den Standort eines jeden mit einem Etikett versehenen Müllstücks. Wir visualisierten dann die Wege mittels Karten, Animationen und Videos und präsentierten sie in öffentlichen Aus-

1.7 Teilnehmer halfen beim Experiment, indem sie geeignete Objekte bereitstellten, die GPS-Sensoren an den Objekten anzubringen und diese daraufhin entsprechend zu entsorgen.

stellungen und Websites. (Bild 1.8, Seite 98f) So konnten sowohl die Freiwilligen als auch das allgemeine Publikum das ‚zweite Leben des Mülls' in Echtzeit mitverfolgen, nachdem er weggeworfen worden war. Aus solchen Karten war klar ersichtlich, daß Müll – vor allem elektronischer und gefährlicher Abfall – weit über die Stadtgrenzen hinweg durch Staaten und über deren Grenzen hinweg reisen kann. Methode und Richtung des Transports können daher zu großen Unterschieden führen, was den Energieverbrauch und die von Müll verursachten Emissionen betrifft.

Wir versuchten, eine Beziehung zwischen den Menschen und der – allgegenwärtigen, letztlich aber unergründlichen – städtischen Infrastruktur herzustellen, indem wir den Müll mit ihnen ‚sprechen' ließen. Die Sichtbarmachung der unsichtbaren Prozesse hinter der Müllbeseitigung könnte das Bewußtsein dafür schärfen, welche Umweltfolgen der Müll hat, den wir alle erzeugen, und uns ermutigen, nachhaltig zu handeln. Diese Information könnte einerseits die Infrastrukturplanung auf städtischer, regionaler, ja, sogar auf internationaler Ebene unterstützen, andererseits aber auch Entscheidungen zur Müllentsorgung auf individueller Ebene beeinflussen.

Während unserer Forschung befragten wir Personen, die als Freiwillige an dem Experiment teilgenommen hatten, um zu messen, wie sie die Echtzeit-Karten, die die Bewegung ihres Mülls zeigten, verstanden und wie sie darauf reagierten. Wir befragten auch Personen, die nicht als Freiwillige involviert waren, um zu sehen, ob sie anders reagiert hätten. Wir wollten wissen: Reagiert man anders auf die Resultate, wenn man selbst als Freiwilliger mitgeholfen hat, die Sensoren anzubringen? Ist es sinnvoll, Stadtbewohner am Verfolgen des Mülls teilnehmen zu lassen, wenn man Trash | Track zur Einstellungs- oder Verhaltensänderung in großem Stil einsetzen will?

2 Methodologie

Insgesamt nahmen an zwei Wochenenden im Oktober 2009 84 Freiwillige am *Trash | Track*-Projekt teil. Nachdem sie die Etiketts angebracht hatten, blieben wir mit ihnen in Kontakt. Sie bildeten die Gruppe A der Studie.

Gruppe B setzte sich aus Personen zusammen, die die *Trash | Track*-Webseite besuchten. Da sie nicht am Projekt beteiligt waren, bevor sie die Daten sahen, fungierten sie als Kontrollgruppe. Sie wurden durch E-Mail-Ankündigungen rekrutiert, die über den Start der Webseite informierten, und zwar über dieselben sozialen Netzwerke, über die wir auch die Freiwilligen fanden.

2.1 Online Werkzeuge zum Verfolgen des Mülls

Drei Monate lang dokumentierten wir die Wege eines jeden Müllstücks in Echtzeit, und zwar in Form von geographischen Koordinaten mit Zeitstempel. Diese rohen Wegstrecken zeigten wir auf einer Online-Karte ein, wobei spezielle Symbole den er- sten und letzten bekannten Standort markierten und eine Linie alle Punkte dazwischen verband. Die Nutzer konnten den Pfad eines jeden Müllstücks individuell verfolgen oder die letzten bekannten Standorte einer Gruppe von Müll-Etiketts sehen. Die User konnten nach Mülltypus filtern oder – im Fall von Freiwilligen, die Müll beigesteuert hatten – nur ihren eigenen Müll verfolgen. Bild 1.9 illustriert die beiden grundlegenden Ansichten des Webinterface. Da die gezeigten Daten in Echtzeit generiert wurden, veränderten sich die Resultate im Laufe der Monate nach der Implementierung.

Wir baten die Teilnehmer der beiden Gruppen, zwei Fragebögen auszufüllen: einen, bevor sie die Webseite mit den Tracking-Resultaten sahen, und einen, nach-

1.9 Ein Beispiel der Webseite, die die Resultate des Trash Track-Experiments der Öffentlichkeit präsentierte. Links der Bewegungspfad eines einzelnen Objekts, rechts eine Gesamtansicht der Destinationen aller verfolgten Objekte. Weiße Markierungen zeigen die Standorte von Müllentsorgungsanlagen.

dem sie die Ergebnisse gesehen hatten. Die Fragen versuchten zu erfassen, wie Personen auf die *Trash | Track*-Daten reagierten. Beide Fragebögen enthielten Fragen nach der *Likert-Skala*[1] über ihre aktuellen Einstellungen und ihre Einschätzung darüber, ob ihre Entscheidungen die Umwelt würden beeinflussen können. Die Teilnehmer wurden zu ihrer Einstellung gegenüber Müllerzeugung und -entsorgung befragt, aber auch dazu, wie oft sie selbst bestimmte nachhaltige Handlungen setzten, zum Beispiel, ob sie wiederverwerteten oder elektronischen Müll bei speziellen Sammelstellen entsorgten.

Wir überprüften zwei Hypothesen:

1. Sowohl vor als auch nach der Beschäftigung mit *Trash | Track*-Datenspuren nehmen Freiwillige und Nicht-Freiwillige unterschiedliche Haltungen gegenüber der Müllentsorgung ein und berichten von diesbezüglichem unterschiedlichen Verhalten.

2. Die Beschäftigung mit *Trash | Track*-Daten führt zu einer Veränderung in Haltungen und im Verhalten. Das Wesen dieser Veränderung unterscheidet sich bei Freiwilligen und Nicht-Freiwilligen.

---

1   Ein in Fragebogen häufig angewandtes Verfahren, um persönliche Einstellungen zu ermitteln

Mit Hilfe eines Tools für Online-Umfragen befragten wir über 200 Besucher der *Trash | Track*-Webseite, noch bevor sie die Datenspuren gesehen hatten, die die Etiketts hinterließen. Einen Monat später kontaktierten wir jeden Teilnehmer mit der Bitte, an einer Folgebefragung teilzunehmen. 70 der ursprünglichen Teilnehmer füllten auch den Folgefragebogen aus. Unter diesen 70 Teilnehmern waren 32 freiwillige Projektteilnehmer aus Seattle, die restlichen 38 waren Besucher der Webseite, die nicht als Freiwillige involviert waren.

Wir verglichen zuerst die durchschnittlichen Antworten zwischen beiden Gruppen. Freiwillige hatten mehr Vertrauen in lokale Entsorgungs- und Recycling-Systeme und wußten, wohin ihr Müll nach der Entsorgung wanderte. Sie waren auch signifikant stärker bestrebt als Nicht-Freiwillige, ihren Müll-Fußabdruck zu reduzieren und Recyclingangebote stärker zu nutzen, nachdem sie die *Trash | Track*-Daten gesehen hatte. Sobald allerdings beide Gruppen die Datenspuren gesehen hatten, schloß sich die Kluft zwischen Nicht-Freiwilligen und Freiwilligen, die zuerst wesentlich genauer zu wissen glaubten, wo gefährliche Abfälle entsorgt werden konnten und wie *Trash | Track* funktionierte.

Geordnete logistische *Regressionsmodelle,*[2] zeigten außerdem, wie freiwilliges Engagement mit einer stärkeren Reaktion auf Fragen der Nachhaltigkeit korrelierte. Freiwillige berücksichtigten eher den Verpackungsmüll, der mit einem gekauften Produkt einhergeht. Sie glaubten auch stärker an die Effizienz von Müllentsorgungs- und Recyclingsystemen.

Dieselben Modelle zeigten auch, daß Menschen im allgemeinen nur auf zwei dieser Fragen anders reagierten, nachdem sie die Datenspuren gesehen hatten: Auf Kontrollfragen zu den verschiedenen Aspekten der *Trash | Track*-Spuren, die sie untersucht hatten, gaben sowohl Freiwillige als auch Nicht-Freiwillige an, nun besser zu verstehen, wohin ihr Müll ging und wie das *Trash | Track*-System funktionierte.

Ein abschließendes Regressionsmodell überprüfte, ob sich die Antworten der Freiwilligen zwischen den beiden Befragungen auf eine Art und Weise veränderten, die sich signifikant von denjenigen Antworten der Nicht-Freiwilligen unterschied.

---

2   Eine Methode der statistischen Analyse, die es erlaubt, die Wahrscheinlichkeit eines bestimmten Resultats zu ermitteln

Dieses Modell verdeutlichte dreierlei: Bei der ersten Befragung gaben die Freiwilligen öfter als Nicht-Freiwillige an, daß sie wußten, wo sich Sammelstellen für Sondermüll befanden. Nicht-Freiwillige gaben öfter an zu wissen, wo sich Sammelstellen für Sondermüll befanden, nachdem sie die Trash | Track-Spuren gesehen hatten. Bei Freiwilligen gab es den gegenteiligen Effekt: Nachdem sie die Trash | Track-Spuren gesehen hatten, war die Wahrscheinlichkeit geringer, daß sie bei der zweiten Befragung angaben zu wissen, wo sich die Sammelstellen für Sondermüll befinden.

4 Abschließende Bemerkungen

Alles in allem zeigt das Modell, daß ein Teil der befragten Personen durch das Informationsfeedback von Trash | Track ein besseres Verständnis in Sachen Müll und Sensing-Technologien entwickelten, ihre Haltungen oder ihr Verhalten gegenüber Müllerzeugung und -entsorgung sich aber nicht signifikant veränderten.

Freiwillige, die an der Ausführung des Projekts beteiligt waren, berichteten, sich öfter ‚nachhaltig‘ zu verhalten. Im Durchschnitt versuchten sie häufiger als Nicht-Freiwillige, ihren Müll zu reduzieren, indem sie Dinge wiederverwendeten, Verpackungen auf ein Minimum beschränkten und recycelten, wenn sie sich nicht zu Hause befanden. Sie waren auch zuversichtlicher, was die Wirksamkeit und ihr eigenes Verständnis von Müllentsorgungssystemen betrifft. Aber diese Wirkungen waren nicht von Dauer. Sobald der Enthusiasmus über die Teilnahme am Projekt und das Mitverfolgen der Resultate verflogen war, waren bei den Freiwilligen in den folgenden Monaten kaum Veränderungen festzustellen. Dies könnte damit begründet sein, daß der Eindruck, den die Teilnahme am Experiment bei den Beteiligten hinterlassen hat, mit der Zeit verblaßt, wenn sich keine neuen Information oder Möglichkeiten der Partizipation auftun.

Bei wissensbasierten Fragen fanden drei signifikante Veränderungen zwischen den Befragungen vor beziehungsweise nach der Beschäftigung mit Trash | Track statt. Sowohl Freiwillige als auch Nicht-Freiwillige gaben an, daß sie signifikante Unterschiede in ihrem Verständnis der Wege, die Müll zurücklegt, der Funktionsweise des Trash | Track-Experiments und der Standorte von Sondermüllsammelstellen konstatieren konnten. Als Experiment zur Sensibilisierung in Sachen Müll konnte Trash | Track in zweierlei Hinsicht einen gewissen Erfolg verbuchen: bei der

Erklärung von Müllströmen und beim Einsatz von Tracking-Technologie zur Sichtbarmachung der Wege, die der Müll zurücklegt.

Die Tatsache, daß Freiwillige und Nicht-Freiwillige ihre Antworten auf letztere Frage „Wo befinden sich Sammelstellen für Sondermüll?" auf unterschiedliche Art und Weise veränderten, weist auf eine weitere, möglicherweise positive Auswirkung der Beschäftigung mit den Spuren hin. Manche erfuhren dadurch Neues über die Entsorgung von Sondermüll. Für andere waren die Spuren ein Beweis dafür, daß das System komplexer und unvorsehbarer ist, als sie zuvor dachten, und sie sahen sich gezwungen, ihr Wissen beziehungsweise Nicht-Wissen über die Praktiken in ihrer Stadt neu zu überdenken.

Angesichts des Problems der *Selbstselektion*[3] und des *Deckeneffekts*[4] bei freiwilligen Befragungen sollten wir uns davor hüten, allzu weitgehende Schlüsse aus dieser Studie zu ziehen. Im Kontext der Müllentsorgung müssen wir diese Effekte noch genauer, das heißt in einer kontrollierteren Umgebung mit einer größeren Bevölkerungsstichprobe untersuchen, um zu verstehen, wie partizipatorisches Sensing einen stadtweiten Verhaltenswandel unterstützen könnte. In den Antworten auf offene Fragen in unserer Umfrage fanden wir jedoch Berichte über Kleinigkeiten, die auf bestimmte Veränderungen in der Haltung und im Verhalten hinwiesen.

„*[Trash | Track]* machte mir Details über die Entsorgung von bestimmtem Müll bewußter. Davor war ich zu faul nachzuschauen, wo ich einen alten Laptop oder eine kaputte Glühbirne hinbringen konnte. Ich wollte solche Dinge nicht einfach wegwerfen, also lagen sie einfach herum. *Trash | Track* motivierte mich, den richtigen Entsorgungsprozeß für solche Gegenstände zu verstehen."

„Wenn ich eine Verbindung zwischen meinem Müll und dem Ort, wo er landet, herstellen kann, dann schafft das ein Gefühl der Verantwortung. Hoffentlich hilft mir das, die Kluft zwischen meinen Entscheidungen als Konsument und dem Wunsch, den Planeten ein wenig sauberer machen, zu schließen."

Wir glauben, daß solche Äußerungen die mögliche Wirkung partizipatorischer Sensing-Projekte reflektieren. Zukünftige Projekte sollten versuchen, dauernde

---

3 Da die Teilnehmer nicht stichprobenartig ermittelt wurden, sondern uns freiwillig kontaktieren, darf angenommen werden, daß ihr Umweltbewußtsein starker ausgeprägt als in der Bevölkerung insgesamt.

4 Bei Teilnehmern, die bereits stark in Umweltfragen engagiert sind, wird man keine weitere Verbesserung ihres Engagements messen können.

Veränderung herbeizuführen. Ein Fokus auf Elektromüll, der sich durch lange und oft schwer vorhersehbare und auch problematische Entsorgungswege auszeichnet, wäre geeignet, das Interesse der Teilnehmer über eine längere Zeitdauer zu bedienen. Glücklicherweise entwickelt sich die Technologie, die das Aufspüren von Müllstandorten ermöglicht; sie wird kostengünstiger und damit in größerem Maßstab einsetzbar, für den Bürger die Stadtbewohner ein genaueres Feedback in Echtzeit. Wie dieses Feedback nachhaltiges Verhalten fördern und soziale Normen transformieren kann, ist weitere sorgfältige Studien wert.

Dank

Wir möchten dem Team und den Freiwilligen von *Trash | Track* in Seattle danken, die uns halfen, das ursprüngliche Experiment durchzuführen. Dank an Qualcomm, Waste Management, Sprint, an die Stadt Seattle (Office of Arts and Culture Affairs, Seattle Public Utilities, The Seattle Public Library) und allen Mitgliedern des SENSEable City Lab Consortium für ihre materielle und technische Unterstützung.

Literatur

Boustani, A., L. Girod, D. Offenhuber, R. Britter, MI Wolf, D. Lee, S. Miles, A. Biderman, and C. Ratti. 2011. „Investigation of the Waste-removal Chain Through Pervasive Computing." *IBM Journal of Research and Development* 55 (1.2): 11–1
Burke, Jeffrey A., D. Estrin, Mark Hansen, Andrew Parker, Nithya Ramanathan, Sasank Reddy, and Mani B. Srivastava. 2006. „Participatory Sensing" http://escholarship.org/uc/item/19h777qd #page Letzter Zugriff 5. Mai 2013.

IP traffic | total
outgoing from new york

12:00

new york time | night | morning | afternoon | evening

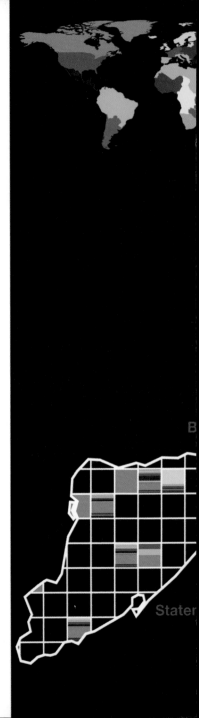

1.10 Proportionale Zusammensetzung der Anrufziele der von New York City ausgehenden internationalen Anrufe, aufgeteilt nach Weltregion. Visualisierung: Aaron Koblin, 2008 (vergleiche Seite 69)

Seite 97:

1.12 Die Echtzeit-Visualisierung „Globe Encounters" zeigt das Volumen der Datenströme zwischen New York und verschiedenen Städten der Welt. Die Stärke des Leuchtens entspricht der Intensität des Internetverkehrs zwischen der jeweiligen Stadt und New York City. Visualisierung: Aaron Koblin (vergleiche Seite 72)

Seite 68:

2.6 Oben: ‚Fotografie' des Verkehrs in Lissabon um 09:00, Stoßzeit. Unten: Entwicklung in der Stadt über den Tag. Verschiedene Bezirke sind beleuchtet, und die Farbe der Verkehrsadern verändert sich. Visualisierung: Pedro Cruz, Penousal Machado (vergleiche Seite 108)

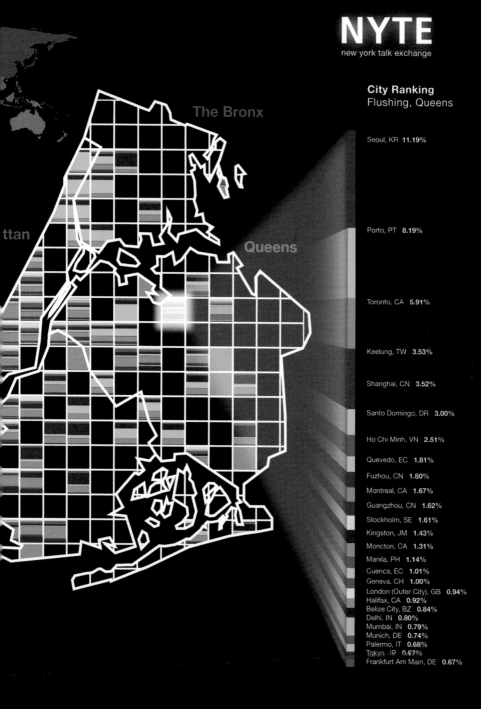

NYTE
new york talk exchange

The Bronx

ttan

Queens

City Ranking
Flushing, Queens

Seoul, KR **11.19%**

Porto, PT **8.19%**

Toronto, CA **5.91%**

Keelung, TW **3.53%**

Shanghai, CN **3.52%**

Santo Domingo, DR **3.00%**

Ho Chi Minh, VN **2.51%**

Quevedo, EC **1.81%**

Fuzhou, CN **1.80%**

Montreal, CA **1.67%**

Guangzhou, CN **1.62%**

Stockholm, SE **1.61%**

Kingston, JM **1.43%**

Moncton, CA **1.31%**

Manila, PH **1.14%**

Cuenca, EC **1.01%**

Geneva, CH **1.00%**

London (Outer City), GB **0.94%**

Halifax, CA **0.92%**

Belize City, BZ **0.84%**

Delhi, IN **0.80%**

Mumbai, IN **0.79%**

Munich, DE **0.74%**

Palermo, IT **0.68%**

Tokyo, JP **0.67%**

Frankfurt Am Main, DE **0.67%**

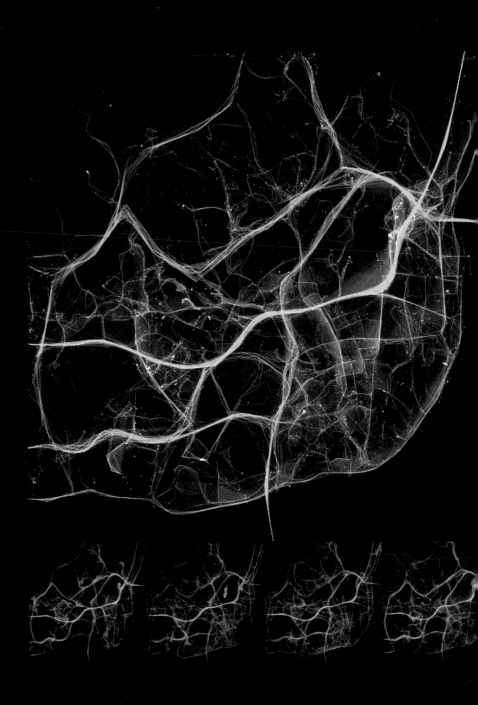

Francisca M. Rojas

New York Talk Exchange
Wie globale Telekommunikationsnetzwerke
städtische Dynamiken spiegeln

Mit welchen Gegenden in der Welt ist New York am engsten über Telekommunikationsnetzwerke verbunden? Welche Stadtteile sind am deutlichsten global orientiert, wenn man als Kriterium internationale Telefongespräche zugrunde legt? Und was könnte der Zweck dieser globalen Telekommunikationsverbindungen sein?

Die vorliegende Studie basiert auf dem Projekt „New York Talk Exchange" des MIT Senseable City Lab, das eine Reihe von Visualisierungen von Telefongesprächen zwischen New York City und der Welt erarbeitete, wobei Daten vom September 2008 (Bild 1.10, Seite 66f) (Rojas et al., 2008) verwendet wurden. In der Studie analysieren wir diese Daten, um besser zu verstehen, wie Telekommunikationsströme sonst unsichtbare globale Dynamiken sichtbar machen können, die in städtisch geprägten Orten wirken.

Eigentlich ist es nicht neu, anhand von Telekommunikationsdaten städtische Dynamiken verstehen zu wollen und Stadtplanung und Politik damit zu unterstützen. Ithiel de Sola Pool hat bereits 1915 bemerkt, daß „Telefonfirmen die Hauptquelle für systematische demographische Informationen über Wachstumstrends und -charakeristika in einer Stadt beziehungsweise in einem Stadtviertel" seien. (1983,42)

Vor fast einem Jahrhundert führte die Verfügbarkeit dieser Daten zum wachsenden Erfolg des Fachgebiets Stadtplanung. In der Mitte der fünfziger Jahre erkannte auch der Geograph Jean Gottman, daß ein solcher Informationsfluß interessant für das Studium von Städten sein kann.

Gottman analysierte in *Megalopolis* (1961) nationale Ferngespräche, die von New York ausgingen und über das Netz von AT&T übertragen wurden. Er argumentierte, daß man, wenn man die Dichte und die Richtung von Informationsverbindungen zwischen Orten verstünde, auch verstehen könne, welche Aktivitäten an diesen Orten stattfinden. „Die Dichte des Stroms von Telefongesprächen ist ein ziemlich guter Maßstab für die Beziehungen, die die wirtschaftlichen Interessen der Region miteinander verbinden. Telefongespräche repräsentieren nicht nui ökonomische und behördliche Beziehungen sondern auch soziale und familiäre Verbindungen." (Gottman, 590). Ein halbes Jahrhundert später ermöglichen es uns die digitalen Spuren, die eine Stadt erzeugt, diesen Ansatz wieder aufzunehmen und solche Beziehungen in globalem Maßstab zu untersuchen.

1 Die Daten

Die in dieser Studie vorgenommenen Analysen beruhen auf drei Arten von Informationsquellen: erstens auf aggregierten Aufzeichnungen von Ferngesprächen, die einer der großen US-amerikanischen Telekommunikationsprovider zur Verfügung stellte; zweitens auf demographischen Daten zu Nachbarschaften, die vom US-Zensus stammen, und drittens auf einer Feldforschung, die aus Leitfadeninterviews und Beobachtungen in ausgewählten Nachbarschaften besteht. Die Anrufdaten umfassen den Ferngesprächsverkehr zwischen Nachbarschaften in New York City und über 200 Ländern in der ganzen Welt.

Die Anzahl der Telefonate und die Summe der Anrufminuten zwischen zwei Orten wurden in Zehn-Minuten-Abschnitte für jeden Tag im September 2008 zusammengefaßt. Dabei wurden Anrufe via Festnetz, Mobiltelefon und Prepaid-Karte berücksichtigt. Innerhalb von New York wurden die Anrufe geographisch lokalisiert und auf der Ebene von Telekom-Vermittlungsstellen aggregiert, wodurch die Stadt in 67 separate Gebiete aufgeteilt wurde. Die demographischen Daten wurden mit den Anrufdaten im selben geographischen Maßstab verknüpft. Wir schätzen, daß die Daten, die in dieser Studie analysiert wurden, ungefähr 25 Prozent des gesamten internationalen Telefonverkehrs der Stadt abbilden.[1] Diesen Wert verwenden wir in den Analysen dieser Studie, um die Anrufdaten zu normieren.

Wir führten 24 Leitfadeninterviews in Upper Manhattan und Central Queens durch, also in zwei Stadtvierteln, die eine hohe Intensität internationaler Ferngespräche aufweisen. Die Interviewfragen versuchen, die Anrufdaten widerzuspie-

---

1   Der Anteil des internationalen Telekommunikationsmarkts in New York, den die in dieser Studie involvierten Telekomprovider halten, ist nicht öffentlich bekannt, aber gemäß dem International Telecommunications Data Report 2007 der Federal Communications Commission and TeleGeography (FCC) generierte dieses Unternehmen im Jahr 2004 mehr als ein Viertel aller in den Vereinigten Staaten verrechneten internationalen Ferngespräche.

geln, indem die Interviewpartner über die Anruffrequenz pro Monat, die Dauer der Gespräche, die Art des Anrufs und die Kosten befragt wurden. Dieser Ansatz erleichtert die Interpretation der quantitativen Analysen und hilft zum Beispiel festzustellen, ob die Berechnung der Anrufminuten pro Kopf plausibel ist, und ob die wöchentlichen Anrufmuster mit der tatsächlichen Erfahrung der Menschen übereinstimmen.

2 Eine duale Geographie des Gesprächs

Frühere Analysen von internationalen Praktiken in ‚Global Cities' legen den Schluß nahe, daß New Yorks Entsprechungen in einer globalisierten Welt seine Geschäftspartner sind: London, Tokio und Frankfurt am Main (Sassen 2013, 2002; Derudder 2008). Einige Studien über Global Cities beschäftigen sich mit der Frage, wie Informations- und Kommunikationstechnologien (IKT) transnationale Praktiken unter Migranten fördern, wobei vor allem billige Telefonate als ‚sozialer Kitt' fungieren, der Einwanderer mit ihrem jeweiligen Ursprungsland verbindet (Levitt 2004; Vertovec 2009). Man würde annehmen, daß eine Analyse der Anrufdestinationen aus einer der emblematischsten Wirtschafts- und Einwandererstädte der Welt ergeben würde, daß die Telekommunikationsströme aus New York die Stadt sowohl mit ihren weltweiten Geschäftspartnern als auch mit den Ursprungsländern von Einwanderern verbinden würden.

Wenn man New Yorks internationale Ferngespräche nach ihren internationalen Destinationen untersucht, dann rangieren unter den ersten zehn Ferngespräch-Partnern sieben Länder, aus denen Einwanderer nach New York kommen, während nur drei wichtige Geschäftspartner sind. Tabelle 1.3 zeigt den Anteil des Anrufvolumens nach Land, die Anzahl der nicht in New York geborenen Bewohner der Stadt sowie die US-Handelspartner.[2] Die Dominikanische Republik und Mexiko liegen an erster und zweiter Stelle und sind auch jene Länder, aus denen die meisten Einwanderer in New York stammen. Dagegen sind die drei Länder, die die intensivsten Handelsbeziehungen mit der Stadt unterhalten, das Vereinigte Königreich,

---

2   Die hier präsentierten Analysen nehmen die Minuten der abgehenden Anrufe und nicht die Anzahl der Anrufe zur Standardbasis. Auf diesem Protokoll basieren die Messungen und Analysen der FCC.

Tabelle 1.3: Vergleich der ersten zehn Destinationen für Anrufe aus New York City, nach ihrem prozentualen Anteil an allen internationalen Anrufminuten (September 2008) sowie der entsprechende Prozentsatz aller in den USA getätigten internationalen Anrufe, Prozentsatz der im Ausland Geborenen nach Ursprungsland (2006–2008), der US-Handelspartner (2007) und Pro-Kopf-BIP (2007)

Rang	Land	Kontinent	Anruf Desti-nation NYC	Anruf Desti-nation USA	NYC im Ausland geboren	USA Import Partner	USA Export Partner	Pro-Kopf-BIP	Type of Link
1	Dominikanische Republik	Mittelamerika/ Karibik	11.7	2.3	13.1	0.2	0.5	4,179	M
2	Mexiko	Nordamerika	9.1	17.8	6.4	10.8	12.0	9,516	M/T
3	Großbritannien	Europa	7.5	4.0	1.2	2.9	4.4	45,510	T
4	Kanada	Nordamerika	7.0	12.2	0.8	16.1	12.9	43,396	T
5	Guatemala	Mittelamerika/ Karibik	5.5	3.2	0.8	0.2	0.4	2,548	M
6	Ecuador	South America	5.3	0.8	4.9	0.3	0.3	3,432	M
7	Jamaika	Mittelamerika/ Karibik	3.3	1.1	6.3	0.0	0.2	4,565	M
8	Indien	Asien	3.0	10.8	2.7	1.3	1.6	947	M/T
9	Deutschland	Europa	2.5	2.0	0.8	4.9	4.4	40,308	T
10	Philippinen	Asien	2.4	3.5	2.0	0.5	0.7	1,624	M

M = Migrant, T = Handel, M/T = Migrant und Handelspartner. Zusammengestellt von der Autorin aus Daten eines großen US-Telekommunikationsproviders, U.S. Census 2006–2008 American Community Survey (ACS), Federal Communications Commission 2009, IMF Direction of Trade Statistics 2008, International Telecommunications Union Basic Indicators 2007

Kanada und Deutschland, wobei wir die Daten über das Handelsvolumen als Basis heranziehen. Aus unserer Liste ergibt sich jedoch ein dritter Typus von Land: Länder, die sowohl Handelsbeziehungen mit den USA pflegen als auch Migranten nach New York schicken: Mexiko und Indien. Ein Blick auf das Pro-Kopf-Bruttoinlandsprodukt für jedes dieser Länder legt den Schluß nahe, daß mit Ausnahme von Mexiko und Indien wirtschaftlich starke Länder dazu tendieren, Güter mit den USA auszutauschen, während wirtschaftlich schwache Länder dazu neigen, Arbeitskräfte in die USA zu exportieren.

Wenn man das Anrufvolumen per Land untersucht, dann ist das zwar informativ, kann aber die Anziehungskraft verschleiern, die New York auf spezielle Regionen der Welt ausübt. Mißt man das Anrufvolumen nach Weltregion (Bild 1.11, Seite 73, und Bild 1.12, Seite 65), sieht man, daß die Stadt starke Beziehungen zu Mittelamerika und der Karibik unterhält, was auch die intensiven migrantischen Ver-

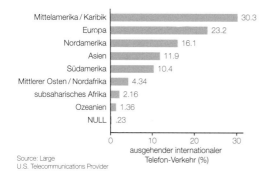

Mittelamerika / Karibik		30.3
Europa		23.2
Nordamerika		16.1
Asien		11.9
Südamerika		10.4
Mittlerer Osten / Nordafrika		4.34
subsaharisches Afrika		2.16
Ozeanien		1.36
NULL		.23

0   10   20   30
ausgehender internationaler
Telefon-Verkehr (%)

Source: Large
U.S. Telecommunications Provider

1.11 Von New York City aus-
gehende internationale Anrufe,
aufgeteilt nach Weltregion

flechtungen der Stadt widerspiegelt.[3] Da sich New York im wesentlichen nach Mittelamerika und in die Karibik (30 Prozent aller internationalen Anrufe) und in geringerem Ausmaß nach Europa (23 Prozent) und Nordamerika (16 Prozent) orientiert, unterscheidet sich die Stadt von den für die USA geltenden nationalen Trends, was die regionale Sogwirkung via Telekommunikation betrifft. Internationale Anrufe von den USA insgesamt gehen im allgemeinen nach Nordamerika (29 Prozent), Asien (20 Prozent) und Europa (15 Prozent) (FCC 2008). Diese Zahlen decken sich auch mit den Zahlen zu den wichtigsten Handelspartnern des Landes (International Monetary Fund 2008).

Die Destinationen der von New York ausgehenden Anrufe repräsentieren einen Mix aus Ländern, die Wirtschaftsbeziehungen unterhalten, und Ländern, die Migranten schicken, und machen so die duale Geographie der internationalen Telekommunikationsverbindungen deutlich. Für ihre transnationalen Aktivitäten scheinen die Migranten also Telekommunikation genauso intensiv als Instrument zu nutzen, wie es auch globale Unternehmen tun, denn auch sie generieren ein beträchtliches von New York ausgehendes Anrufvolumen.

3 Migranten und internationale Anrufe

Der Einfluß von Migranten auf das Volumen der von New York ausgehenden internationalen Ferngespräche kann weiter untersucht werden, wenn man analysiert,

---

3   Mexiko gehört nicht zu Zentralamerika und der Karibik, sondern wird Nordamerika augerechnet.

Tabelle 1.4: OLS-Regressionskoeffizienten für Destinationen internationaler Anrufminuten (September 2008) für im Ausland Geborene nach Ursprungsland für jeden Bezirk New Yorks.

Bezirk	Bronx	Brooklyn	Manhattan	Queens	Staten Island
Koeff.	0.831*	0.964*	1.026*	0.984*	0.840*
	(0.093)	(0.099)	(0.090)	(0.107)	(0.157)
Konstante	1.106	0.134	2.675	0.230	0.802
R-squared	0.55	0.59	0.67	0.56	0.32
N	67	68	69	69	62

Ziffern in Klammern sind Standardfehler.
*p < 0.001.
Quelle: Analyse der Autorin der Daten eines großen US-Telekommunikationsproviders, U.S. Census 2006-2008 American Community Survey

ob die Konzentration von besonderen, im Ausland Geborenen in den fünf Bezirken der Stadt dem Volumen von Anrufen in verschiedene Länder entsprechen.[4] In unserer Analyse verwenden wir eine einfache Regression nach Bezirken (Bronx, Brooklyn, Manhattan, Queens, Staten Island), wobei wir eine Regression der Destinationsländer der Anrufe aus einem Bezirk gegen das Ursprungsland der zugewanderten Bevölkerung des jeweiligen Bezirks durchführen. Dieses statistische Regressionsmodell transformiert die beiden Variablen logarithmisch, um die Verteilungen zu normalisieren und ihre Beziehung zu linearisieren.

Das Regressionsmodell paßt am genauesten in Manhattan, wo das statistische Modell der im Ausland geborenen Bevölkerung 67 Prozent der Variabilität des internationalen Anrufvolumens korrekt vorhersagt. Wir haben herausgefunden, daß im Durchschnitt zehn Prozent mehr Gesprächsminuten pro Monat von Manhattan in das betreffende Land zu erwarten sind, wenn die in einem bestimmten Land geborene, aber in Manhattan lebende Bevölkerung einen Zuwachs von zehn Prozent verzeichnet. Diese Interpretation gilt auch für Brooklyn und Queens. Während diese Resultate fast eine Eins-zu-eins-Entsprechung zwischen der Präsenz im Ausland Geborener und dem Volumen von Anrufen in ihre Ursprungsländer auf Ebene der Bezirke implizieren, können diese Ergebnisse weniger präzise als gewünscht

---

4   Nicht alle 223 der in den Anrufdaten repräsentierten Länder sind in der in Tabelle 1.4 dargestellten Regression enthalten, weil in den Jahren 2006 bis 2008 der American Community Survey nicht für alle Länder Daten enthält, mit denen New Yorks Nachbarschaften via Telefon in Kontakt stehen. Trotzdem sind dort bis zu 69 Länder mit Daten zu Anrufminuten und Daten über die migrantische Bevölkerung nach Bezirk repräsentiert.

sein, wenn sie nicht um das Einkommen nach Ursprungsland bereinigt werden.

Nichtsdestoweniger kann die Tatsache, daß sich die Werte von im Ausland Geborenen und von Gesprächsdestinationen nach Land statistisch decken, die Annahme stützen, daß uns die Kommunikationsströme etwas über die urbanen Dynamiken auf sub-städtischer Ebene sagen können. Es liegt nahe, daß der potentielle Wert solcher Erkenntnisse für die Stadtplanung darin liegt, daß eine Relation zwischen den Ursprungsländern der Migranten und ihren Gesprächsdestinationen hergestellt werden kann.

Wenn man eine Beziehung zwischen Ursprung und Destination von Telekom-Strömen auf Nachbarschaftsebene findet, dann ergibt sich daraus die Möglichkeit, die jahrhundertealte Planungsgewohnheit zu prüfen, Telefondaten als Indikatoren für demographischen Wandel und Wachstum einer Stadt zu verwenden. Während sich das Funktionieren und das Management von urbanen Gebieten zunehmend digitalisiert – GPS-unterstützte Transitsysteme kommunizieren den Standort eines Busses bereits in Echtzeit – und die daraus resultierenden Datensätze über außerordentliche Rechenleistungen leicht analysiert werden können, könnte der Informationsfluß zwischen Stadtfunktion und Stadtmanagement ohne Zeitverlust erfolgen.

Die Abteilung für Bevölkerungsfragen im *New York* (City Department of City Planning) könnte beispielsweise anhand von Daten über Ursprung und Destination internationaler Telefongespräche Schätzungsalgorithmen entwickeln, über die sich in regelmäßigen Abständen die Migrantenströme in und aus der Stadt auf Nachbarschaftsebene voraussagen lassen. Angesichts der Bedeutung der Migration für die Lebendigkeit der Stadt könnte ein solcher Ansatz sowohl die Datenerhebung in der Stadt beschleunigen als auch die Abhängigkeit von den Zahlen des US-Zensus reduzieren, bei dem bekanntermaßen im Ausland Geborene, vor allem Migranten ohne Papiere, vernachlässigt werden, und Informationen auf einer Ebene der räumlichen Aggregation liefern, die unter der Ebene eines Community District liegen.

4 Extrovertierte Nachbarschaften

Um zu bestimmen, welche Stadtgebiete sich am deutlichsten in Richtung Ausland orientieren, also am ‚extrovertiertesten' sind (Massey 1994), gehen wir von der Ebene des Stadtbezirks weiter hinunter auf die Ebene der Nachbarschaft. Extro-

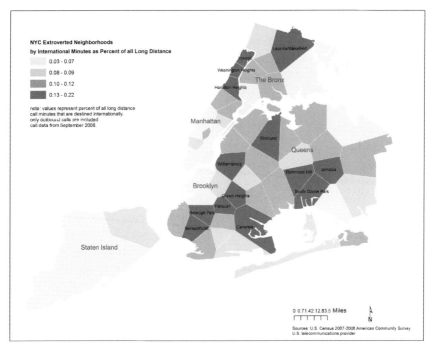

1.13 Die ‚Extrovertiertheit' von New Yorks Stadtteilen als proportionaler Anteil internationaler
Anrufe

vertierte Nachbarschaften weisen das höchste Verhältnis von internationalen Ge-
samt-Gesprächsminuten zu Inlands-(US)-Gesprächsminuten auf. Daher gehört zu
dieser Analyse auch, daß die Ferngesprächsminuten nach Inlands- und internationalen Destinationen aufgeteilt werden, da beide gemeinsam das Gesamtvolumen
der Ferngespräche ergeben. Dann können wir die Raten internationaler Anrufe in
Nachbarschaften in New York City mit dem US-weiten Anteil internationaler Anrufminuten vergleichen, um herauszufinden, ob eine bestimmte Nachbarschaft als
extrovertiert eingestuft werden kann. Nach 2008 erhobenen Daten der U.S. Federal
Communications Commission und der International Telecommunication Union
gingen 12 Prozent aller in den USA getätigter Ferngespräche an eine Destination
im Ausland. Gemessen an diesem Wert lag bei 14 der 64 Vermittlungsstellen, die in
New York City analysiert wurden, der Prozentsatz der abgehenden internationalen
Gesprächen über dem US-Durchschnittswert.

Tabelle 1.5: Ranking der am stärksten extrovertierten Gebiete von New York nach normalisiertem Anrufvolumen für internationale und nationale Anrufe und Typus von Vermittlungsstelle / Nachbarschaft: vorwiegend Geschäfts- oder Wohngegend.

Gewerbegebiete in New York				Wohngegenden in New York			
Nachbarschaft	Bezirk	Internationale Anrufminuten	Nationale Anrufminuten	Nachbarschaft	Bezirk	Internationale Anrufminuten	Nationale Anrufminuten
Chelsea	Manhattan	5.53	4.95	Flushing	Queens	1.18	0.83
Financial District	Manhattan	2.24	2.67	Washington Heights	Manhattan	0.62	0.19
Murray Hill	Manhattan	1.46	2.99	Inwood	Manhattan	0.57	0.16
Times Square	Manhattan	0.93	0.63	Elmhurst	Queens	0.57	0.16
Midtown West	Manhattan	0.72	1.40	Corona	Queens	0.53	0.40
Midtown East	Manhattan	0.49	0.55	Flatbush	Brooklyn	0.50	0.15
Battery Park City	Manhattan	0.38	0.50	Williamsburg	Brooklyn	0.50	0.19
Kips Bay	Manhattan	0.32	0.41	Richmond Hill	Queens	0.49	0.16
Bowling Green	Manhattan	0.28	0.33	Astoria	Queens	0.47	0.28
Clinton	Manhattan	0.20	0.41	Jamaica	Queens	0.47	0.18

Internationale Anrufminuten sind nach Bevölkerung und geschätztem Marktanteil des US-Telekomproviders normalisiert und indiziert nach dem mittleren Pro-Kopf-Anrufvolumen für alle Vermittlungsstellen.

Quelle: Von der Autorin vorgenommene Analyse von Daten eines großen US-Telekommunikationsproviders

Extrovertierte Nachbarschaften sind alle primär Wohngegenden in den äußeren Stadtbezirken (Bild 1.13), „wo die Arbeiter- und Mittelklasse der Stadt wohnt und neue Einwanderer sich niederlassen" (Sanjek 2000, 29). Tatsächlich ist der Prozentsatz im Ausland Geborener in allen Nachbarschaften bis auf eine weit höher als der Stadtdurchschnitt von 34 Prozent. Diese globalen Beziehungen werden deutlich, wenn man durch Gegenden wie Elmhurst in Queens spaziert, eine der extrovertiertesten Nachbarschaften der Stadt. Auf der Whitney Avenue fühlt man sich nach Indonesien versetzt, die Bexter Avenue entführt einen nach Kolumbien, und auf der Roosevelt Avenue leben Indien, Pakistan und Mexiko Seite an Seite, während man einen Querschnitt durch asiatische Küchen entlang des Broadway erleben kann.

Bemerkenswerterweise kann keines der Geschäftszentren der Stadt – weder der Financial District noch Midtown – als extrovertiert eingestuft werden, wenn man sie am Verhältnis von internationalen zu nationalen Telefonaten mißt. Nichtsdestoweniger sind einige der für Businesskunden zuständigen Vermittlungszentren, inklusive jener in Chelsea oder der im Financial District, in absoluten und relativen Zahlen Gegenden, die die meisten internationalen Gesprächsminuten generieren (Tabelle 1.5).

5 Charakteristika von Nachbarschaften

Inwieweit hilft der Kontext, in den eine Nachbarschaft eingebettet ist, die Intensität der internationalen Beziehungen einer Nachbarschaft vorherzusagen? Die wichtigsten Variablen, die die Unterschiede zwischen Nachbarschaften hinsichtlich ihrer Extrovertiertheit via Telekommunikation erklären können, sind der Anteil der im Ausland geborenen Bewohner, der Prozentsatz der Menschen, die eine Fremdsprache sprechen, und das mittlere Haushaltseinkommen. Wenn internationale Gespräche der ‚soziale Kitt' des migrantischen Transnationalismus sind, dann sollten hohe Raten von im Ausland Geborenen und Fremdsprachen Sprechenden als starke Vorzeichen für extrovertierte Anrufgewohnheiten einer Nachbarschaft dienen. Wir haben herausgefunden, daß der Prozentsatz der im Ausland Geborenen in einer Gegend ein signifikanter Prädiktor für den Prozentanteil internationaler Anrufe ist, umgelegt auf die Gesamtheit der Ferngesprächsminuten.

Eine Regressionsanalyse internationaler Anrufe als Prozentsatz aller Ferngespräche, die Haushalte mit mittlerem Einkommen getätigt haben, zeigt eine umgekehrte Relation zwischen Einkommen und dem Prozentsatz der internationalen Anrufe. Tabelle 1.6 zeigt die Koeffizienten für Regressionen, die sogenannte Stellvertreter-Variablen verwenden, um einen Vergleich über alle Einkommenskategorien anzustellen – niedrig (unter USD 38 320), mittel (USD 38 320–71 850) und hoch (über USD 71 850) –, während der Prozentsatz im Ausland Geborener, mithin der Prozentsatz jener, die eine Fremdsprache sprechen, und die Anzahl von Haushalten pro Nachbarschaft konstant blieb. Die ausgelassene Variable repräsentiert die New Yorker Nachbarschaften mit mittlerem Einkommen.

Alle Modelle zeigen, daß Nachbarschaften mit niedrigem Einkommen ein vorausgesagtes Volumen an internationalen Anrufen generieren, das vier Prozent

Tabelle 1.6: OLS-Regressionskoeffizienten bei Verwendung der Methode der kleinsten Quadrate für Regressionen internationaler Anrufminuten als Prozentsatz sämtlicher Ferngespräche für niedrige und hohe mittlere Haushaltseinkommen, Prozent der im Ausland Geborenen, Prozent der Sprecher einer Fremdsprache, Anzahl der Haushalte pro Nachbarschaft in New York City.

Erläuternde Variable	Model 1	Model 2	Model 3	Model 4
Niedriges mittleres HH Einkommen	0.04**	0.04**	0.04**	0.04***
(unter $38,320)	(0.02)	(0.02)	(0.01)	(0.01)
Hohes mittleres HH Einkommen	−0.04*	−0.00	−0.00	−0.00
(über $71,850)	(0.02)	(0.02)	(0.02)	(0.02)
Im Ausland geborene Bevölkerung (%)		0.20***	0.23***	0.22***
		(0.04)	(0.06)	(0.06)
Sprecher einer Fremdsprache(%)			−0.04	−0.04
			(0.05)	(0.05)
Zahl der Haushalte				2.59⁻⁰⁷
				(2.11⁻⁰⁷)
Konstante	0.09**	0.02	0.03	0.02
	(0.01)	(0.02)	(0.02)	(0.02)
R-squared	0.22	0.44	0.44	0.46
N	60	60	60	60

Zahlen in Klammern bezeichnen Standardfehler.
*p<0.05, **p<0.01, ***p<0.001.

Quelle: Von der Autorin vorgenommene Analyse Daten eines großen US- Telekommunikationsproviders, September 2008 und 2007–2008 American Community Survey (ACS)W

höher ist als in Nachbarschaften mit mittlerem Einkommen. In dieser Hinsicht unterscheiden sich Nachbarschaften mit niedrigem Einkommen signifikant von Nachbarschaften mit mittlerem Einkommen. Aber Nachbarschaften mit hohem Einkommen machen nach dieser Vorhersage vier Prozent weniger internationale Anrufe als Gegenden mit mittlerem Einkommen, ein Resultat, das nur in Modell 1 signifikant ist, wo keine Kontrollvariablen in der Regression inkludiert wurden. Diese Regressionsanalyse zeigt auch, daß die Rate der internationalen Gesprächsminuten auf unterschiedliche Weise von der Rate an im Ausland Geborener in einer Nachbarschaft und vom Durchschnittseinkommen einer Gegend beeinflußt wird. Während angesichts der Bedeutung der internationalen Kommunikationstechnologie im Leben von Einwanderern eine positive Beziehung zwischen im Ausland Geborenen und internationalen Anrufen anzunehmen ist – ein Ergebnis, das in dieser Studie auch von Feldforschungsinterviews gestützt wird –, erstaunt trotzdem, eine umgekehrte Relation von Einkommen und internationalen Gesprächen zu finden. Das bedeutet, daß Menschen, die in Nachbarschaften mit den geringsten

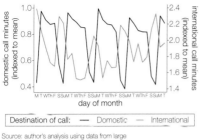

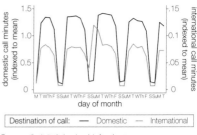

Source: author's analysis using data from large
U.S. telecommunications provider

1.14 Vergleich der nationalen und internationalen Anrufaktivität im Zeitraum September 2008, abgehend vom New Yorker Stadtviertel Elmhurst.

1.15 Vergleich der nationalen und internationalen Anrufaktivität im Zeitraum September 2008, abgehend vom New Yorker Financial District.

wirtschaftlichen Ressourcen leben, sich am intensivsten in transnationalen Praktiken via Telekommunikation engagieren. Während dies zu einem gewissen Teil auf den dramatischen Preisverfall bei internationalen Ferngesprächen zurückzuführen sein kann, zeugt es aber zugleich auch davon, wie vital die globalen Kommunikationsbeziehungen für Einwanderercommunities sind, die die extrovertierten Nachbarschaften stellen. Fast alle verfügen über ein durchschnittliches Haushaltseinkommen, das unter dem städtischen Durchschnittseinkommen von USD 47 900 liegt. Ja, wir können sogar erwarten, daß die mittleren Einkommensschichten noch stärker in diese globale Konversation involviert sind als Nachbarschaften mit höchstem Einkommen, eingeschlossen die Geschäftszentren. Nichtsdestoweniger dominieren, wie Tabelle 5.3 zeigt, die Geschäftszentren die globale Konversation hinsichtlich des absoluten Volumens, aber Betrachtet man die internationalen Ferngespräche hingegen als Anteil an den gesamten Gesprächen, dann zeigt sich, daß einkommensschwache Einwanderergegenden am stärksten vertreten sind.

6 Gesprächsmuster

Was ist der Sinn dieses intensiven, Grenzen überwindenden Engagements via Telekommunikation? Analysiert man die Anrufmuster nach Tag beziehungsweise Tageszeit, kann man auf den Zweck dieser internationalen Telefonate schließen. Vergleicht man in der extrovertiertesten Nachbarschaft von New York City –

Elmhurst in Central Queens – das Tagesvolumen an Ferngesprächen ins Inland mit denen ins Ausland, so zeigt sich, daß es einen verblüffenden Rhythmus nach Wochentagen gibt (Bild 1.14). Das Volumen der Inlandsgespräche (blaue Linie) verzeichnet am Montag und Dienstag ein Hoch und nimmt dann im Lauf der Woche ab. Inlandsgespräche nehmen am Samstag dramatisch ab, eine Tendenz, die sich am Sonntag fortsetzt. Aber der Rhythmus der internationalen Gespräche (rote Linie) zeigt ein umgekehrtes Muster: Die Anrufe nehmen während der Woche ab und erreichen ihren Höhepunkt am Wochenende, was auf den sozialen Zweck der Gespräche schließen läßt. Der Unterschied in Anrufmustern zwischen Wochentagen und Wochenenden legt die Annahme nahe, daß internationale Gespräche aus Immigranten-Nachbarschaften vor allem dazu dienen, die Beziehung zur Familie aufrechtzuerhalten. Im Gegensatz dazu ist das Anrufvolumen im Financial District von Manhattan während der Woche gleichbleibend hoch und während der Wochenenden gleichbleibend niedrig, wobei mehr Inlandsgespräche als internationale Gespräche geführt werden (Bild 1.15).

Ein Vergleich der Anrufmuster nach Tageszeiten unterstützt die Annahme, daß internationale Anrufe aus Einwanderernachbarschaften der sozialen Natur dieses transnationalen Austauschs geschuldet sind. Bild 1.16 legt das nach Stunden für den Monat September aggregierte Anrufmuster in vier Stadtbezirken übereinander: Elmhurst und Washington Heights (durchgehende Linie) sind repräsentativ für die extrovertierten Einwanderernachbarschaften, während der Financial District und Midtwon West (punktierte Linie) die Geschäftsviertel der Stadt widerspiegeln.

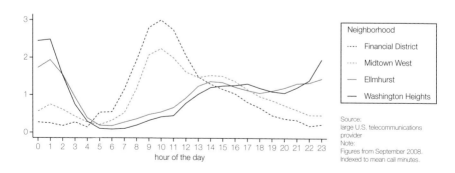

1.16 Tagesverlauf der Anrufaktivität in extrovertierten Wohn- und Geschäftsvierteln

Wie auch in früheren Analysen sind die Zahlen an den Mittelwert für internationale Anrufminuten pro Vermittlungszentrum gekoppelt. Vorwiegend geschäftsorientierte Nachbarschaften generieren das höchste Anrufvolumen während des Tages, wobei die Spitzen zwischen 9 und 12 Uhr am Vormittag liegen, vorwiegend von Einwanderern bewohnte Nachbarschaften erreichen ihre Spitzenwerte spätabends, und zwar durchgängig zwischen 23 und 24 Uhr.

Ein Manager im Callcenter La Nacional in Elmhurst, wo internationale Anrufe von Telefonzellen, den sogenannten *cabinas,* aus getätigt werden, bestätigt die Muster, die die Daten liefern: An Wochenenden ist bei deWn *cabinas* am meisten los, während Dienstag und Mittwoch die schwächsten Tage sind. Interviews stützen diesen Befund: Die Interviewten gaben an, daß die Wochenenden jene Tage waren, an denen sie am meisten telefonierten und am längsten sprachen, weil sie Zeit dazu gehabt hätten, aber auch, weil ihre Gesprächspartner am ehesten zu Hause anzutreffen gewesen seien. Eine wichtige Strategie besteht darin, Festnetznummern im Heimatland anzurufen, da ein populärer internationaler Tarif mit unbeschränkten Gesprächsminuten nur Anrufe ins Festnetz erlaubt. Auch mit Prepaid-Karten sind die Tarife meist erheblich günstiger, wenn man Festnetznummern anruft, als wenn man Mobiltelefone anrufen würde.

Vor allem für Migranten aus der Dominikanischen Republik sind „Sonntage für Kirche, Familie und Entspannen" reserviert, wie eine ältere Dominikanerin meinte, die in New York City in den späten sechziger Jahren ankam. Im allgemeinen wird in Lateinamerika fast ausnahmslos am Sonntag nicht gearbeitet, und die meisten Geschäfte sind geschlossen. Wer am Sonntag seine Familie anruft, hat die Chance, mit einem Anruf die meisten Familienmitglieder zu erreichen. Nach der Kirche kommen die Leute zu Hause für ein langes Mittagessen zusammen. Sonntägliche Anrufe sind also eine Garantie dafür, daß die New Yorker sich mit ihrer Familie im Heimatland kurzschließen können und beide Seiten genügend Zeit haben, um Neuigkeiten auszutauschen und geschäftliche Angelegenheiten zu besprechen.

7 *Zusammenfassung*

Frühere Studien haben bereits gezeigt, daß die Fortschritte in der Informations- und Kommunikationstechnologie in den vergangenen 20 Jahren den Prozeß der

Globalisierung für unternehmerische Zwecke erleichtert haben, vor allem in einem solchen Kommandozentrum wie New York. Die Frage, wie sich die andere Seite der Globalisierung – der Einwanderung – dank der abnehmenden Kosten und der problemlosen Zugänglichkeit dieser Technologien entwickelt hat, muß allerdings noch genauer erforscht werden. Unser Projekt versucht einen ersten Einblick zu geben, wie Migration und Telekommunikation zusammenhängen. Es zeigt, daß Migration tatsächlich ein einflußreicher Faktor ist, der New Yorks globalen „Raum der Ströme" (Castells 1996) formt, und daß das Telefon für die Herausbildung transnationaler Prozesse zu einem Medium geworden ist, das die Erfahrung von Migranten im 21. Jahrhundert prägt.

Die Behauptung, daß eine Analyse immaterieller und unsichtbarer Informationsströme auf globaler Ebene die Praxis der Stadtplanung und Stadtpolitik auf Ebene der Stadt und Nachbarschaften beeinflussen könne, mag gewagt erscheinen. Aber wenn man verstehen will, wie sich urbane Gebiete in den Vereinigten Staaten und in anderen Industrieländern entwickeln, muß man die hybriden transnationalen Erfahrungen migrantischer Gruppen im 21. Jahrhundert verstehen, die überwiegend durch die internationale Kommunikationstechnologie ermöglicht werden. Nicht übersehen werden darf dabei, daß die Stadt New York ihren jahrzehntelangen Bevölkerungsschwund umkehren und in den vergangenen 30 Jahren Dank der Einwanderung sogar ein Wachstum erleben konnte (Stadtplanungsabteilung der Stadt New York, 2004). Man rechnet damit, daß die Stadt in den nächsten Jahrzehnten dank internationaler Migration weiter wachsen wird, und wir können erwarten, daß sich die telekommunikationsgestützten Verbindungen mit den Ursprungsländern noch weiter vertiefen werden.

Dank

Dieser Artikel basiert auf der Dissertation der Autorin (2010) am Department of Urban Studies and Planning des MIT, die durch Forschung in Zusammenarbeit mit dem MIT Senseable City Lab zustande kam und über einen Research Fellowship der AT&T Foundation finanziert wurde. Die Forscher Francesco Calabrese und Jon Reades vom MIT Senseable City Lab entwickelten die in dieser Forschung verwendete Datenbank der aggregierten Anrufaufzeichnungen, und Jon Reades erarbeitete den geospatialen Ansatz, der beim Mapping der Anrufvolumina verwendet wurde. Besonderer Dank gilt Francesco und Jon für ihren Beitrag zu diesem

Projekt und dem Doktoratskomitee der Autorin – den Professoren Frank Levy, Manuel Castells und Carlo Ratti – für ihre Unterstützung.

Literatur

Castells, Manuel. 1996. *The Rise of the Network Society.* Oxford: Blackwell

Derudder, Ben. 2008. Mapping Global Urban Networks: A Decade of Empirical World Cities Research. *Geography Compass* 2(2): 559–575

Federal Communications Commission. 2008. *Trends in Telefone Service.* Washington D.C.: Federal Communications Commission. August

Federal Communications Commission. 2009. *2007 International Telecommunications Data.* Washington D.C.: Federal Communications Commission. June

Gottman, Jean. 1967 (1961). *Megalopolis: the Urbanized Northeastern Seaboard of the United States.* Cambridge, MA: The MIT Press

International Monetary Fund. 2008. *Direction of Trade Statistics.* Washington D.C.: The Fund

Levitt, Peggy and Nina Glick-Schiller. 2004. Transnational perspectives on migration: conceptualizing simultaneity. *International Migration Review* 38 (3): 1002–1039

Massey, Doreen. 1994. Space, *Place and Gender.* Minneapolis: University of Minnesota Press New York City

Department of City Planning. 2004. *The Newest New Yorkers* 2000. New York: Department of City Planning, Population Division

New York City Department of City Planning. 2009. Current Population Estimates. http://www.nyc.gov/html/dcp/html/census/popcur.shtml (letzter Zugriff: 5. Juli 2013)

Pool, Ithiel de Sola. 1983. *Forecasting the Telefone: A Retrospective Technology Assessment.* New Jersey: Ablex Publishing Corporation

Robinson, J. 2002. Global and world cities: a view from off the map. *International Journal of Urban and Regional Research* 26(3): 531–554

Rojas, Francisca M., Clelia Caldesi Valeri, Kristian Kloeckl, and Carlo Ratti, ed. 2008. *NYTE: New York Talk Exchange.* Cambridge, MA: SA+P Press

Sanjek, Roger. 2000. *The Future of Us All: Race and Neighborhood Politics in New York City.* Ithaca, New York: Cornell University Press

Sassen, Saskia 2013 (1991). *The Global City: New York, London, Tokyo.* Princeton, NJ: Princeton University Press

Sassen, Saskia, ed. 2002. *Global Networks, Linked Cities.* New York: Routledge

Vertovec, Steven. 2009. *Transnationalism.* London and New York: Routledge

2 Repräsentationen: analytische Modelle und Visualisierungen

Kristian Kloeckl

LIVE Singapore!
Die Stadt als digitaler öffentlicher Raum

Stellen Sie sich vor, Sie treffen auf der Straße einen Freund. Sie bleiben beide stehen und tauschen Informationen aus – Begrüßung, persönliche Anekdoten, Klagen übers Wetter und so weiter. In der Unterhaltung wählen Sie Ihre Worte aufgrund Ihres Wissens über die angeschnittenen Themen sowie Ihres Wissens über den Hintergrund Ihres Freundes. Wenn er die Stirn runzelt, erkennen Sie, daß er Ihre Ansichten nicht teilt; seine Gesten lassen erkennen, wann er reagieren und antworten will. Sie halten inne und geben ihm die Möglichkeit zu sprechen. Sie bemerken, daß er ungeduldig wird, weil er auf die Uhr schaut. Er sieht, daß Sie seine Ungeduld bemerkt haben, und sagt Ihnen, er sei verabredet. All das passiert in Echtzeit auf der Basis des Austauschs vieler winziger Signale. Wir sind in der Lage, die Dynamik solcher Interaktionen unmittelbar einzufangen zu erkennen, sofern die ausgetauschten Signale wahrnehmbar und deutlich genug sind, um registriert und vom Empfänger verstanden werden zu können. Informationen aus der Umwelt passen wir uns auf ähnlich Weise an. Allerdings ist dies um so schwieriger, je größer die Distanz zum Phänomen ist, das uns interessiert, oder wenn unsere Sinne dessen Signale nicht wahrnehmen können.

Stellen wir uns vor, wir könnten alle möglichen Quellen von Umweltdaten entziffern und unsere Entscheidungen ebenso effektiv auf sie stützen, als würden wir eine Unterhaltung mit unserem Freund führen.

Der städtische Raum ist heute von digitalen Netzwerken und Systemen durchdrungen, die unsere Aktivitäten repräsentierende Informationen generieren. Die meisten digitalen städtischen Systeme erzeugen betriebsbezogene Daten für ihre eigenen Zwecke und teilen diese in der Regel nicht direkt mit anderen Systemen oder der Öffentlichkeit. Das führt dazu, daß es digitale Informationen über unsere Aktivitäten in einer Stadt an vielen verschiedenen Orten gibt, Informationen, die sich in spezifischen technischen Systemen verbergen. Mit dem Projekt *LIVE Singapore!* haben wir eine offene Plattform entwickelt, die große Mengen solcher Echtzeit-Datenquellen sammeln, kombinieren und verteilen kann. Damit möchten wir die Gemeinschaft der Entwickler ermutigen, diese Datenströme zu nutzen, um relevante sinnvolle bürgerschaftliche Instrumente zu entwickeln. *LIVE Singapore!* trägt zweier Tatsachen Rechnung: erstens, daß riesige Menge an Daten als Nebenprodukt des Betriebs städtischer Systeme anfallen, und zweitens, daß diese Daten Informationen enthalten, die jenseits des Ursprungssystems sinnvoll genutzt werden können. Insofern versucht *LIVE Singapore!* nicht, irgendein spezifisches städtisches Problem zu lösen. Vielmehr erforscht die Plattform die Entwicklung neuer digitaler Instrumente, die grundlegend neue Ansätze zur Lösung urbaner Probleme ermöglichen.

1 Singapur: die ideale Echtzeit-Stadt?

Aus vielerlei Gründen bietet Singapur ein ideales Setting, um die Möglichkeiten einer offenen Echtzeitdaten-Plattform zu erkunden und mit dieser zu experimentieren. Singapur ist ein Stadtstaat. Die Stadt umfaßt das gesamte Territorium, und zwar sowohl hinsichtlich der Dynamik als auch der politischen Verwaltung. Die 5 076 700 Einwohner[1] leben auf einem Gebiet von nur 710,2 Quadratkilometern. Sein Territorium ist eine Insel, die mit dem malaysischen Festland nur über zwei Brücken für den motorisierten Verkehr verbunden ist. Alle anderen Passagier- und Frachttransporte werden entweder via See- oder Luftverkehr abgewickelt. Der Flughafen von Changi ist ein wichtiges Drehkreuz in Süostasien. Singapurs Containerhafen ist der zweitgrößte der Welt und zugleich der größte Container-Umschlaghafen der Welt.

Singapur ist eine hochentwickelte Stadt, die über eine fortschrittliche Infrastruktur, über avancierte Netzwerke und eine technisch Bevölkerung verfügt. Die Mobiltelefon- Verbreitung beträgt 144 Prozent (Quelle: IDA - Infocomm Development Agency Singapore). Zudem sind die Bewohner, von Singapur, wenn man das rapide Wirtschafts- und Infrastruktur-Wachstum des Landes seit der Unabhängigkeit im Jahr 1965 bedenkt, an radikale Veränderungen in der Struktur der Stadt gewöhnt: Das erst seit 1987 bestehende U-Bahn-System umfaßt inzwischen vier Linien und 87 Stationen auf einer Länge von 130 Kilometern (Quelle: Land Transport Authority Singapore).

1   Volkszählung 2010

Aus all diesen Gründen bietet Singapur den idealen Kontext für eine experimentelle Echtzeitdaten-Plattform auf Stadtebene und die damit verbundenen Forschungs- und Entwicklungsaspekte. Angesichts dieser besonderen Voraussetzungen besteht das größte Risiko darin, daß nicht alle Daten verallgemeinerbar sind und sich auf andere urbane Kontexte übertragen lassen.

2 Initiativen und Plattformen für offene Daten

LIVE Singapore! wurde von den jüngsten, mit offenen Daten arbeitenden Initiativen inspiriert. Im Mai 2009 startete die US-Regierung die erste sogenannte data.gv-Initiative (data.gov, 2011): Unverfängliche historische Datensätze wurden öffentlich verfügbar gemacht, „damit Datensätze, die von der Bundesregierung erzeugt werden und sich in ihrem Besitz befinden, leicht gefunden, heruntergeladen und genutzt werden können". Diese bürgerbezogenen Daten werden den Stadtbewohnern zurückgegeben, um unter anderen wirtschaftliche, wissenschaftliche und bildungspolitische Innovationen möglich zu machen, um das bürgerliche Engagement zu stärken und um Verwaltungskosten zu senken. Die Initiative wurde in verschiedenen anderen Ländern und Städten (u. a. in Großbritannien, London, San Francisco) wiederholt, und es wurden zahlreiche, auf offenen Datensätzen aufbauende Anwendungen entwickelt, die über solche Plattformen erreichbar sind. Von öffentlichen Daten abgesehen, erlauben es Plattform-Projekte wie Pachube (Pachube 2011) Sensor-Daten über das Internet zu teilen (englisch Data brokerage). Diese Plattformen bilden die Infrastruktur für das „Internet der Dinge", ein Begriff, der für die digitale Identifizierung und Vernetzung physischer Objekte steht.

3 Eine offene Plattform

Das Projekt *LIVE Singapore!* stützt sich auf die oben beschriebenen Initiativen. *LIVE Singapore!* ist eine flexible, skalierbare offene Plattform, die das Sammeln, Kombinieren und Verteilen von Echtzeit-Datenströmen ermöglicht. Das Projekt ermöglicht erlaubt die Entwicklung von Anwendungen, mit deren Hilfe sich Kombinationen aus den über die Plattform verfügbaren Datenströmen nutzen lassen. Wie im Falle der data.gov-Initiativen sind wir vom kreativen Potential von Städten und Städtern überzeugt. Wir lassen Stadtbewohner, Stadtplaner und Unternehmen, Behörden mit Live-Datenströmen arbeiten. Das bildet die Grundlage für ein sich entwickelndes Wirtschaftssegment, das diese Daten für neue Dienstleistungsangebote nutzt.

Unsere früheren Projekte mit aus einer einzigen Quelle stammenden Echtzeit-Daten haben zwar interessante Resultate gezeitigt. Aber es zeigt sich immer deutlicher, daß die Kombination unterschiedlichster Datentypen noch weiter reichende Erkenntnisse liefern kann. Die Daten, die wir in diesem Projekt verwenden, lassen sich in drei Gruppen gliedern: erstens Daten als Nebenprodukt bestehender Netzwerke, zweitens Daten, die mittels Tags oder Sensoren gesammelt werden, und drittens Daten, die Nutzer aktiv teilen.

Die Plattform muß widersprüchlichen Anforderungen gerecht werden. Sie muß Datenkonnektoren bereitstellen, die auf der Provider-Seite wenig Vorbereitung und Standardisierung erfordern, um potentielle Teilnehmer nicht abzuschrecken, und sie muß zugleich den Datenstrom so wechselseitig nutzbar und so kohärent strukturiert wie möglich machen. In diesem Sinne steigert *LIVE Singapore!* die Komplexität urbaner Systeme insofern, als „Komplexität direkt mit Konnektivität verknüpft ist. Wenn sich die Verbindungen oder Querverbindungen vervielfachen, steigt die Komplexität und dementsprechend auch die Information." (Taylor, 2001, S. 139) Dies führt zu weiteren expliziten Anforderungen: leichte Zugänglichkeit und Programmierbarkeit, um eine große und aktive Entwicklercommunity anzusprechen.

4 Sinnvolle Beziehungen zwischen unterschiedlichen Datentypen werden von den Nutzern selbst hergestellt

Konventionell liegt der Wert einer Online-Plattform in den Daten, die sie sammelt, Daten die detaillierte Rückschlüsse auf die Aktivitäten und Neigungen der Nutzer zulassen. *LIVE Singapore!* ist von Grund auf anders: Die Plattform beschäftigt sich mit *Datenströmen* und speichert daher keine Daten. So behält der Datenprovider die vollständige Kontrolle über die zur Verfügung gestellten Daten, was die Probleme rund um Datenbesitz, Privacy und Sicherheit vereinfacht. Die Plattform ist daher so strukturiert, daß Datenströme in einem gemeinsamen Format verfügbar werden, ohne daß sie gespeichert werden. Historische Daten werden vom Provider gespeichert und sind über Konnektoren über die Plattform zu erreichen.

Der wichtigste Wert von *LIVE Singapore!* liegt daher darin, daß Entwickler und User, die Anwendungen entwickeln, die Verbindungen zwischen Echtzeit-Datenströmen verfolgen können. Notwendigerweise führt das zur Frage der mit diesen Verbindungen verknüpften Semantik: Welche Bedeutung hat es, wenn beliebige Datenströme verknüpft werden? Bei unserem Projekt können Nutzer diese Beziehungen herstellen und beschreiben und damit nach und nach ein Wissensmanagement-System aufbauen, das seinerseits die Weiterentwicklung der Plattform mitbestimmt.

5 *Feedback-Schleifen*

Die Aktivitäten, die Menschen in Städten entfalten, erzeugen Daten in vielen technologischen Systemen. Wer ein elektronisches Ticket nutzt, um eine U-Bahn-Station betreten und die U-Bahn an einer anderen Station verlassen zu können, erzeugt eine Datenspur, die Informationen über die Ticket-Nummer enthält, die Start- und Endzeit der Fahrt und die Nummer der Linie. Zusammengenommen liefert dieser Datenstrom Erkenntnisse darüber, wie viele Passagiere zu einer bestimmten Zeit einen bestimmten Zug nutzen, wo Verspätungen die meisten Passagiere betreffen und so weiter. Gibt man diese Informationen den Nutzern zurückgibt, dann können diese mitentscheiden, wie sich das das System effizienter machen läßt.

Der Kybernetik-Pionier Jay Forrester erklärt, wie eine Feedback-Schleife entsteht: „In einem Informations-Feedbacksystem werden Bedingungen in Information verwandelt, die die Grundlage für Entscheidungen bildet, die das Handeln kontrollieren, um die umgebenden Bedingungen zu verändern. Dieser Kreislauf setzt sich kontinuierlich fort. Wir können weder Anfang noch Ende der Kette benennen. Es handelt sich um eine geschlossene Schleife." (Forrester 1961, 61) Es stimmt zwar, daß in einem solchen System „immer die im Moment verfügbare Information über die Vergangenheit als Basis für Entscheidungen über die Zukunft dient" (Forrester, 1961, S. 15), aber wenn man heute wie beschrieben mit Echtzeitdaten arbeitet, dann bewegt sich die Vergangenheit signifikant näher in Richtung Gegenwart. Während Forrester darauf hinweist, daß Verzögerungen in Systemen nicht unbedingt einen negativen Effekt haben müssen, sondern auch stabilisierend wirken können, erhöhen kürzere Verzögerungen die Flexibilität und können helfen, Ressourcen und Energien auf wirksamer zu einzusetzen.

Dies wirft wichtige Fragen auf: Vermindern Echtzeit-Feedbackschleifen die Stabilität des Systems? Oder können sie stattdessen Stabilität herstellen? Hinweise zu diesen Fragen finden wir bei Donella Meadows. Sie betont, daß Wechselbeziehungen zwischen den Elementen eines Systems eine besondere Rolle spielen: Sie „in einem System zu verändern, kann [...] dramatische Veränderungen" zur Folge haben (Meadows, 2010).

6 Systembilder

Beim Umgang mit Echtzeitdaten aus städtischen Systemen und Netzwerken hat das SENSEable City Lab nicht nur stets großen Wert auf die Entwicklung der Software für die Plattform und auf sorgfältige Analysen gelegt, sondern auch die Kommunikation der Erkenntnisse beachtet, die in den gesammelten Daten versteckt sind und im urbanen Kontext verstanden werden müssen. Datenvisualisierungen haben sich dabei als besonders nützlich erwiesen. Meadows beschreibt es treffend: „Wörter und Sätze müssen notwendigerweise eines nach dem anderen in linearer logischer Folge vorgebracht werden. In Systemen geschieht sehr viel zugleich. [...]. Um sie angemessen diskutieren zu können, muß man versuchen, eine Sprache zu finden, die mit den betrachteten Phänomenen einige Eigenschaften gemeinsam hat. Bilder sind für diese Sprache besser geeignet als Worte, weil man alle Teile eines Bildes gleichzeitig betrachten kann." (Meadows, 2010)

Die Tatsache, daß das ganze Bild auf einmal erfaßbar ist, ist auch der Grund dafür, daß in Kontrollräumen, die mit großen Datenmengen hantieren, mit raffinierten diagrammatischen Repräsentationen statt bloß mit numerischer Information gearbeitet wird. Ein weiteres Argument für den Einsatz von Datenvisualisierungen ist die gezielte Nutzung der Wahrnehmungsleistung des Betrachters zum Erkennen von Mustern. Bei der Analyse und beim Filtern von Informationen bringen sie ihr Vorwissen und ihre Erfahrung in den Entscheidungsprozeß ein.

7 LIVE Singapore! - Stadt-Demos

Bei *LIVE Singapore!* geht es in erster Linie darum, Stadtbewohnern stadtbezogene Daten zur Verfügung zu stellen. Wir haben daher in iterativen Schritten Prototypen entwickelt und mit der Stadtöffentlichkeit geteilt, um eine Diskussion über das Potential dieser Daten für die Planung, die Verwaltung und den städtischen Alltag anzuregen. Dazu wurden zwei erste Demonstrationsprojekte entwickelt: die „LIVE Singapore!"-Ausstellung im Singapore Art Museum im April 2011 und das beim Future Urban Mobility Symposium präsentierte Projekt „Visual Exploration of Urban Mobility", im Januar 2012 organisiert von SMART (Singapore MIT Alliance for Research and Technology) an der National University of Singapore. (siehe auch Bild 2.4, Seite 97 und Bild 2.5, Seite 100

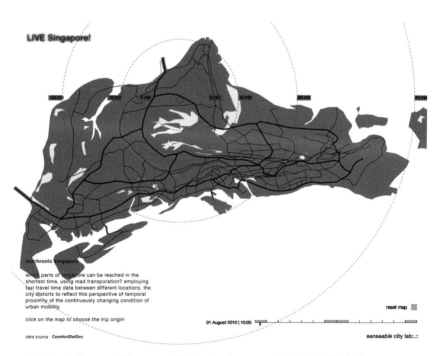

2.1 Isochronic Singapore. Wir nutzten GPS-Ortsbestimmung und Geschwindigkeitsdaten von 16 000 Taxis in Singapur als Indikatoren für die Veränderung der Fahrdauer im Laufe des Tages. In dieser isochronen Karte sind räumliche Distanzen proportional zur Wegezeit und deren zeitlicher Veränderung dargestellt.

7.1 Erste Stadt-Demo: Die Ausstellung „LIVE Singapore!" im Singapore Art Museum

Die Ausstellung „LIVE Singapore!" fand im Kunstmuseum von Singapur statt, das im aus der Mitte des 19. Jahrhunderts stammenden, ursprünglich von der Saint Joseph Institution genutzten Gebäude untergebracht ist. Die Ausstellung umfaßte fünf Projektionen und einen LCD-Schirm, der dynamische, teilweise interaktive Visualisierungen zeigte, die durch die Kombination von Datensätzen und Live-Streams aus verschiedenen städtischen Schlüsselnetzwerken stammten (Flughafen, Taxiflotte, Umweltagentur, Containerhafen, Mobilfunknetzwerk, Stromnetz und Windgeschwindigkeitssensornetzwerk).

7.2 Zweite Stadt-Demo: „Visual Explorations of Urban Mobility"

Nach der Präsentation der Prototypen entwickelten wir in Zusammenarbeit mit der Singapur Land Transport Authority drei interaktive Anwendungen, die Einblick in die Fülle von Informationen geben, die die von der Transportinfrastruktur der Stadt generiert werden. Prototypen dieser Anwendungen wurden als „Visual Explorations Of Urban Mobility" 2012 gezeigt.

Eine der Anwendungen, *Touching Bus Rides,* die im Rahmen des Projekts entwickelt wurde, konzentriert sich auf das öffentliche Busnetzwerk. Wer in Singapur öffentliche Verkehrsmittel nutzen will, muß seine Chipkarte beim Ein- und Aussteigen an den Entwerter halten. Dadurch wird der Fahrpreis je nach Entfernung berechnet. Darüber hinaus erfährt der Betreiber, wann wieviele Fahrgäste einen Bus besteigen beziehungsweise verlassen.

Ein interaktives Multitouch-Interface ermöglicht es den Nutzern, das Busnetz aktiv zu erkunden, und zu sehen, wo die meisten Fahrgäste ein- und aussteigen, wie die bevorzugten Reiserouten durch das Stationsnetz verlaufen und wie sich diese Muster im Lauf eines Tages verändern. User können zwischen verschiedenen Visualisierungsmodi hin- und switchen, um denselben Datensatz aus unterschiedlichen Perspektiven zu betrachten. Die ausgewählte Buslinie, die markierten Bushaltestellen und die jeweils gewählte Zeit bleiben über alle Modi hinweg konsistent, während die Anwendung die verschiedenen Visualisierungen in einer nahtlosen Animation darstellt. Die Anwendung zeigt verschiedene Darstellungen des Busnetzes,

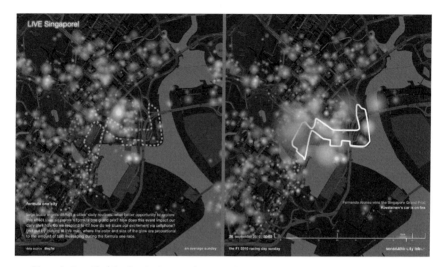

2.2 Formula One City. Großereignisse wie der Formel-1-Grand-Prix von Singapur unterbrechen die tägliche Routine einer Stadt. Wie wirkt sich dieser Event auf den Alltag der Stadt aus? Wie reagieren die Bewohner darauf? Wie teilen sie ihre Eindrücke anderen mit? Auf dieser dynamischen Karte sind Farbe und Größe des ‚Leuchtens' proportional zur Menge der SMS, die während des Formel-1-Rennens verschickt werden. Auf der rechten Seite erkennt man den Tag des Rennens, auf der linken denselben Wochentag während einer Woche ohne Rennen.

wobei Symbole die Ein- und Ausstiegszeit der Fahrgäste bei jeder Haltestelle anzeigen und Vergleiche über die Zeit ermöglichen. Ein Nutzer kann auch eine einzige Buslinie im Singapur-Stadtplan auswählen. Die Zeitleiste dieser Visualisierung zeigt eine graphische Darstellung der Passagierdichte zu verschiedenen Tageszeiten. Der User kann schnell durch die Zeit browsen, die Zeitspanne dynamisch verändern und Intervalle von 30 Minuten bis zu einem ganzen Tag wählen.

7.3   An den Stadt-Demos angestellte Beobachtungen

Die beiden skizzierten Stadt-Demos wollen deutlich machen, welcher Wert in breit verfügbaren Echtzeitdatendaten steckt, die im urbanen Raum im Zuge verschiedenster Abläufe generiert werden. Im Kontext unserer Forschung spielen solche Demos eine vielfältige Rolle: Bei der Entwicklung iterativer Arbeitsprototypen sollen sie unterschiedliche Forschungsbereiche zusammenbringen, die eine gemeinsame Projektvision vermitteln können. Sie sollen es den Stadtbewohnern ermöglichen, mit dem Projekt und den Prototypen zu experimentieren und wertvolles Feedback zur weiteren Entwicklung liefern. Sie sollen einen Meilenstein für externe Partner liefern, die sich dem Projekt anschließen und es so Wirklichkeit werden lassen. Für die Realisierung solcher Stadt-Demos muß man aber auch mit den Betreibern städtischer Systeme die gemeinsame Nutzung von Daten vereinbaren sowie die Koordination und die Zusammenarbeit während des Prozesses mit deren betriebsinternen Abteilungen abstimmen – eine Arbeit, die weit über den Fokus unserer Gruppe hinausgeht. Im Zuge dieses Prozesses ist uns auch bewußt geworden, welche unterschiedlichen Herausforderungen und Chancen die Arbeit mit stadtbezogenen Daten bietet.

8 Datensilos öffnen

Da die Systeme nicht mit der Absicht entworfen worden sind, die generierten Daten auch gemeinsam zu nutzen, muß man sich erst in sie einarbeiten und sie verstehen, um sie nutzen und ihre Daten sinnvoll teilen zu können. Oft ist bereits dieser Schritt insofern eine technologische Herausforderung, als die Daten entweder nicht außerhalb des Systems geteilt werden können oder dies eine beträchtliche Investition erforderte. Eine andere zentrale Frage betrifft die wechselseitige Nutzung der Daten – nicht nur das Teilen von Daten zwischen verschiedenen Organisationen und Systemen sondern auch innerhalb einer einzigen Organisation, die mehrere getrennte Systeme verwendet. Die Kombination von Daten, die von Systemen innerhalb einer einzigen Organisation stammen, ist oft nicht weniger komplex als die Kombination von Daten über institutionelle Grenzen hinweg.

Wenn man Daten zweckentfremden will,[2] muß man sehr genau verstehen, wie und in welchem Kontext sie generiert werden. Wenn zum Beispiel ein Sensor Temperaturmessungen an der Außenseite eines Gebäudes vornimmt, dann ist es wichtig zu wissen, ob er sich in der Nähe eines Lüftungsschachts befindet, der Sonne

---

2 Zum Beispiel dienen die Daten, die von einem elektronischen Ticketing-System im öffentlichen Verkehrsnetz generiert werden, im wesentlichen dazu, einem Fahrgast nach Überprüfung der Gültigkeit seines Tickets Zugang zum Transportsystem zu gewähren.

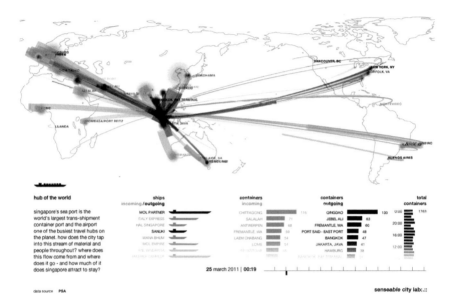

2.3 Hub of the World. Singapur besitzt den weltweit größten Containerumschlaghafen und einen der größten Flughäfen der Welt. Die Visualisierung beschäftigt sich mit Fragen: Wie wirkt sich dieser stetige Strom an Menschen und Gütern, der durch Singapur fließt, auf die Stadt aus? Woher kommen diese Ströme und wohin gehen sie und wieviele enden in Singapur?

ausgesetzt ist oder im Schatten liegt. Projekte wie *LIVE Singapore!* können oft ein Anreiz für Datenprovider sein, sich genauer mit der Entstehung von Daten innerhalb ihrer Organisation auseinanderzusetzen, um das Daten-Potential besser ausschöpfen zu können. Systemdaten werden in der Regel von der jeweiligen IT-Abteilung verwaltet, die oft von der Planungs- und Betriebsabteilung räumlich entfernt ist. Die für die Datenverwaltung Zuständigen neigen dazu, sich aus einer technologischen Perspektive auf einen reibungslosen Betrieb zu konzentrieren. Andererseits haben an Planungs- und Betriebsentscheidungen Beteiligte oft wenig oder gar keinen Zugang zu diesen Daten und den darin enthaltenen Informationen.

2.4 Raining Taxis. Taxis sind ein zentraler Bestandteil der Mobilität in Singapur. Aber was passiert, wenn es regnet (und es regnet oft und heftig in dieser tropischen Stadt)? Dann ein Taxi zu erwischen, ist nicht gerade einfach. Die interaktive Visualisierung, bei der Taxi- und Wetterdaten kombiniert werden, zeigt, wie sich das Verkehrssystem unter solchen Bedingungen verhält, und ermöglicht zu erforschen, wie das System in Zukunft verbessert werden kann, um das Taxi-Angebot und die Taxi-Nachfrage besser aufeinander abzustimmen. (vergleiche Seite 92)

1.8 Visualisierung der Bewegungspfade aller verfolgten Müllobjekte (vergleiche Seite 58)

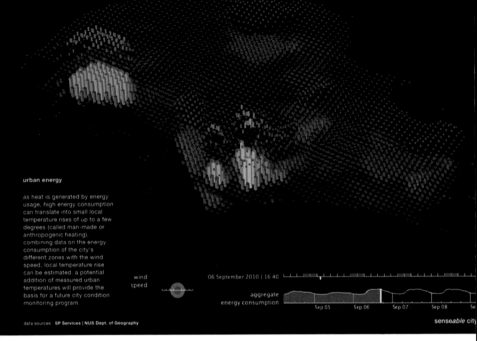

2.5 Urban Heat Islands. Beim Energieverbrauch wird Wärme freigesetzt, die sich in geringen örtlichen Temperaturanstiegen ausdrücken kann (anthropogene Erhitzung). Wenn man Daten zum Energieverbrauch der verschiedenen Stadtgebiete mit Windgeschwindigkeitsdaten kombiniert, läßt sich der anthropogene Anteil des lokalen Temperaturanstiegs schätzen. (vergleiche Seite 92ff)

Die Entwicklung aussagekräftiger visueller Darstellungen von städtischen Systemen ist ein Schlüsselfaktor, wenn es darum geht, die in ihnen verborgenen Informationen ansteuern zu können. Akteure aus unterschiedlichen Disziplinen und mit unterschiedlichen Kompetenzen lassen sich so zusammenbringen, um Diskussion und schöpferisches Denken auf eine neue Ebene zu stellen.

Ein Beispiel dafür ist die aus der ersten der oben beschriebenen Stadt-Demos entstandene *ChangiNow*-Initiative. Als wir die Arbeit mit Daten eines Taxiunternehmens und dem Flughafen begannen, entstand die Idee, die Flughafendaten von Passagier-Ankünften mit Informationen über die Verfügbarkeit von Taxis zu koppeln, um so Angebot und Nachfrage an den Taxiständen besser koordinieren zu können – ein oft vernachlässigtes Beispiel für eine kombinierte Wegeverknüpfung. Ein weiteres Beispiel, die Touch screen-Tische des Projekts *Touching Bus Rides,* brachte verschiedene Akteure zusammen. Das Ergebnis ihrer Diskussionen lieferte Ideen für drei Anwendungen: erstens die Schaffung dynamischer Busspuren, die je nach Anzahl der Buspassagiere bei zäh fließendem Verkehr aktiviert werden; zweitens die Einrichtung dynamischer Expreß-Busspuren, die eine direkte Verbindung zwischen weit voneinander entfernt liegenden Stationen herstellen, sobald das Echtzeit-Nachfragemuster auf einen entsprechenden Bedarf hinweist; und drittens die Schaffung dynamischer Informationstafeln bei Bushaltestellen, die die Wartenden nicht nur über die Ankunftszeit des nächsten Busses, sondern auch über die Anzahl der Fahrgäste im Bus informieren.

Dieser interdisziplinäre Ansatz, mit Daten aus städtischen Systemen zu arbeiten, spiegelt auch die Rolle von Daten als Grenzobjekten: „Sie haben in unterschiedlichen sozialen Welten unterschiedliche Bedeutungen, aber ihre Struktur ist in mehr als nur einer dieser Welten gebräuchlich, so daß sie wiedererkennbar sind und als Mittel der Übersetzung fungieren können." (Star & James, 1989) Beispielsweise könnte man Daten aus einem Telekommunikationsnetzwerk analysieren, um über den Systemstatus, existierende soziale Netzwerke zwischen den Kunden, räumliche Mobilität, ökonomische Aktivität und ähnliches zu informieren. So könnte die transdisziplinäre Arbeit mit stadtbezogenen Daten und interaktiven visuellen Interfaces zur Formulierung neuer Fragen bezüglich der städtischen Dynamik führen – Fragen, die sich nicht nur auf die Lösung von Optimierungsproblemen beschränken. In den vergangenen Jahren wurde in dieser Hinsicht bereits viel substantielle Forschungs- und Entwicklungsarbeit geleistet. Um aber den nächsten Schritt tun zu können, müssen zunächst zwei Probleme gelöst werden: Die Eigentumsrechte an Daten müssen definiert werden, und es muß eine Plattform entwickelt werden, die in der Lage ist, die Konsultation und den Austausch dieser Daten zu erleichtern, damit die öffentliche Dimension einer Stadt auch auf digitaler Ebene erfolgreich neu formuliert werden kann.

Literatur

Forrester, Jay Wright. 1961. *Industrial Dynamics.* Vol. 2. The MIT Press Cambridge, MA
Meadows, Donella H, and Diana Wright. 2010. *Die Grenzen des Denkens: wie wir sie mit System erkennen und überwinden können.* München: Oekom-Verlag
Murty, Rohan, Abhimanyu Gosain, Matthew Tierney, Andrew Brody, Amal Fahad, Josh Bers, and Matt Welsh. 2008. „CitySense: A Vision for an Urban-scale Wireless Networking Testbed." In *Proceedings of the 2008 IEEE International Conference on Technologies for Homeland Security, Waltham, MA*
Paulsen, H., and U. Riegger. 2006. „SensorGIS-Geodaten in Echtzeit." *GIS-Business* 8 (2006): 17–19
Star, Susan Leigh, and James R. Griesemer. 1989. „Institutional Ecology, ‚Translations' and Boundary Objects: Amateurs and Professionals in Berkeley's Museum of Vertebrate Zoology, 1907–39." *Social Studies of Science* 19 (3) (August 1): 387–420.
Taylor, Mark C. 2002. *The Moment of Complexity: Emerging Network Culture.* University of Chicago Press
Zardini, Mirko, and Wolfgang Schivelbusch. 2005. Sense of the City: *An Alternate Approach to Urbanism.* Lars Müller Publishers

Pedro Cruz, Penousal Machado

Stadtportraits und Stadtkarikaturen

1 Einleitung

Stadtdaten erlauben uns zu verstehen, wie Menschen sich selbst auf verschiedenen Ebenen organisieren. Der Diskurs über die Visualisierung von Städten geht von unterschiedlichen Ansätzen aus: vom abstrakteren zum illustrativeren. In diesem Beitrag gehen wir einen weniger abstrakten, puristischen Weg und wählen einen Visualisierungsansatz, den wir „figurativ" nennen. Damit wollen wir uns von der Vorstellung lösen, daß eine Visualisierung Daten immer auf die direkteste und abstrakteste Art und Weise repräsentieren muß.

Der figurative Ansatz dehnt das Konzept von Portraits und Karikaturen ins Reich der Daten aus, indem er visuelle Metaphern verwendet und bewußt visuelle Verzerrungen vornimmt, um bestimmte Aspekte der Daten zu betonen. Dieser Spielraum erlaubt es uns, Repräsentationen zu entwickeln, die sich spielerischer Analogien bedienen, um die komplexe Natur von Städten einem nicht-akademischen Publikum besser vermitteln zu können.

2 Ein figurativer Visualisierungsansatz

Informationsvisualisierung ist ein interdisziplinäres Gebiet, das an der Schnittstelle von Graphikdesign, Mensch-Computer-Interaktion, Computergraphik und *Datamining* angesiedelt ist. Ziel ist es, große Mengen von Daten aufzubereiten, das heißt, Daten in Botschaften zu verwandeln und diese einem breiten Publikum zu vermitteln. Der figurative Ansatz, den wir hier darlegen, verwendet eine Taxonomie von Fotografien, Portraits, Karikaturen und Verzerrungen, um spezielle Visualisierungsansätze zu beschreiben. Das wesentliche Element einer solchen Taxonomie besteht in den verschiedenen Graden von Urheberschaft. Darunter verstehen wir die jeweils unterschiedliche Absicht, mit der eine spezielle Perspektive auf Daten durch ihren Urheber sichtbar gemacht wird. Visualisierungsansätze, die über Mustererkennung in Daten hinausgehen, werden vor allem im akademischen Kontext oft als Verzerrung der Wahrheit gesehen. Ist dies aus einem puristischen Verständnis ein legitimes Argument, so ist ein gewisses Maß an Verzerrung konzeptuell unausweichlich, wie Fernanda Viégas bemerkt: „Traditionelle analytische Visualisierungswerkzeuge versuchten Verzerrungen zu minimieren, da diese einer objektiven Analyse im Weg stehen könnten. Ist es möglich, daß diese Konzentration auf das Minimieren des ‚Standpunktes' in die Irre führt? Einerseits ist es im allgemeinen unmöglich, eine Visualisierung zu schaffen, die vollkommen neutral ist, genauso wie es andererseits unmöglich ist, eine flache Karte der Erdoberfläche zu schaffen, ohne Distanzen zu verzerren (Viégas and Wattenberg, 2007)."

Wenn man berücksichtigt, daß Urheberschaft in der Datenvisualisierung immer in unterschiedlichem Ausmaß vorhanden ist, identifiziert unsere Taxonomie vier wesentliche Methoden der Datenvisualisierung: Fotografie, Portrait, Karikatur und Entstellung. Die Urheberschaft nimmt von der Fotografie zum Portrait, vom Portrait zur Karikatur und von der Karikatur zur Entstellung zu. Aber die Urheberschaft ist nicht das einzige Merkmal, um diese Konzepte zu beschreiben und sie stringent zueinander in Beziehung zu setzen. Der figurative Ansatz geht von der Vorstellung aus, daß die Visualisierung nicht in erster Linie abstrakte Ästhetik sein muß, sondern starke visuelle Metaphern enthalten und in ihrer kommunikativen Sprache bestimmte Datenmerkmale auch übertreiben kann. Da die Informationsvisualisierung Teil des breiter angelegten Feldes der Datenvisualisierung ist, das sowohl wissenschaftliche als auch künstlerische Visualisierung umfaßt, beschreibt diese Taxonomie dieses gesamte Spektrum, indem sie vom Wissenschaftlicheren ausgeht und sich dem Künstlerischeren annähert.

2.1 Datenfotografien

In unserer Taxonomie sind Fotografien die direkteste Reproduktion eines Datensatzes – Modelle, die einer Eins-zu-eins-Abbildung von Daten am nächsten kommen. Dieser Begriff bezieht sich auf Lev Manovichs Konzept der Visualisierung ohne Reduktion beziehungsweise der „direkten Visualisierung" (Manovich, 2010). Statt Daten mittels der Variablen von Jacques Bertin (Position, Größe, Wert, Textur, Farbe, Orientierung und Form) in einer symbolischen Abstraktion abzubilden (Bertin, 1967), wahrt die direkte Visualisierung den Charakter der Daten: Was in einem Datensatz Text ist, bleibt auch im Repräsentationsraum Text, und was ein Bild ist, bleibt ein Bild, was Sprache ist, bleibt Sprache und so weiter. Obwohl auch hier die Urheberschaft nicht fehlt – denn eine Fotografie kann aus unterschiedlichen Blickwinkeln aufgenommen werden –, versucht sie das Subjekt wirklichkeitsgetreu abzubilden und jede einzelne Charakteristik zu erhalten, in diesem Fall eben die Daten.

2.2 Datenportraits

Bei Datenportraits spielen Urheber eine wesentlichere Rolle als bei Fotografien, da sie sich bei der Repräsentation visueller Metaphern bedienen. Visuelle Metaphern sind hier nicht nur dekorative visuelle Elemente (Edward Tufte nennt sie „Chartjunk" (Tufte, 1983)), sondern beziehen sich auf graphische Ausformungen, die eine spezielle semantische Bedeutung haben, was den Datensatz und die Botschaft des Urhebers betrifft. Diese semantischen Metaphern sind insofern eng mit Donna Cox' Visaphern verbunden, als ihre Form der Annäherung an Daten stärker von einer subjektiven Interpretation geprägt ist (Cox, 2006). Eine semantische visuelle Metapher ist ein figurativer Verweis auf bestimmte Charakteristika in den Daten, zusätzlich zu jenen, die direkt abgebildet werden. Solche Verweise sind graphisch elaboriert und schaffen vertrautere, natürlichere und ausdrucksstärkere Artefakte.

2.3 Datenkarikaturen

Wir betrachten Datenkarikaturen als eine Ausweitung von Datenportraits, da auch sie mit semantischen visuellen Metaphern arbeiten. Allerdings weisen sie einige Besonderheiten auf.

Eine Karikatur ist eine figurative Repräsentation eines Subjekts, bei der deren hervorstechendste Merkmale übertrieben werden, um die Wiedererkennbarkeit zu erhöhen (Redman, 1984). Diese bessere Wiedererkennbarkeit ist eine Folge des „Peak-Shift-Effekts". Wenn man auf eine visuelle Repräsentation R trainiert ist, verstärkt sich die Reaktion auf eine ähnliche Repräsentation B, je größer der

Unterschied zu R ist (Ramachandran and W. Hirstein, 1999). Ein solches Referenzmodell R ist ein wesentlicher Teil einer Karikatur, der immer präsent ist, physisch oder als mentales Bild.

Das Konzept der Karikatur im Kontext der Datenvisualisierung unterliegt bestimmten Einschränkungen. Wie wir erläutert haben, hängen Karikaturen von einem mentalen Referenzbild ab. Eine solche Referenz ist jedoch im Bereich der Visualisierung nicht unbedingt gegeben, da selbst die direktesten Visualisierungen bislang nicht visualisierten Daten eine neue Form verleihen. Daher hängt die Anwendung von Karikaturen im Kontext der Visualisierung von der Bekanntheit des Referenzmodells ab, denn nur dann können die Unterschiede zwischen Karikatur und Referenzmodell deutlich werden.

Wie erwähnt, haben Karikaturen mit dem Konzept von Übertreibung und Erkennbarkeit zu tun. Übertreibung im Kontext von Daten bedeutet, daß eine Dimension der Daten überbetont wird. Das kann graphisch auf verschiedene Weise erfolgen, nicht nur indem numerische Differenzen in den Daten verstärkt werden (wie im Fall der Arbeit „Caricaturistic visualization" von Peter Rautek et al. (2006)), was zu Verzerrungen von Form, Position, Größe oder Farbe eines visuellen Elements im Vergleich mit der Referenz führt. Wiedererkennbarkeit bedeutet im Datenkontext, die Absicht einer Karikatur zu verdeutlichen, wobei von Daten abgeleitete Botschaften hervorgehoben werden. Obwohl eine Karikatur nicht unbedingt eine klarere Botschaft transportiert als eine Fotografie oder ein Portrait, denken wir, daß dies bei vielen Visualisierungslösungen der Fall ist. Eine Datenkarikatur ist also ein Visualisierungsmodell, das eine Referenzdarstellung einer Datendimension graphisch verzerrt, um diese oder eine andere abgebildete Dimension zu betonen.

Eine naheliegende Möglichkeit, Datenkarikaturen bei Visualisierungen zu implementieren, besteht in der Verzerrung geographischer Positionen. Dieses Prinzip wird seit dem 19. Jahrhundert in Kartogrammen angewendet. Kartogramme verzerren geographische Karten, um andere Datendimensionen darzustellen. Zum Beispiel wird hier die Größe von Staaten entsprechend ihrer Bevölkerung oder ihres Bruttoinlandprodukts verändert. Dieser Gedanke wurde von Daniel Dorling, dem Erfinder der „Dorling Cartograms", vereinfacht (Dorling, 1996). In seine Karten wird die Form der geographischen Objekte nicht erhalten, sondern meist durch Kreise ersetzt, deren Größe der abgebildeten Dimension entspricht. Obwohl diese Karten geographische Formen stark vereinfachen, sind sie äußerst eindrucksvoll.

Das Karikaturistische solcher Methoden liegt darin, daß sie, verglichen mit einer geographischen Karte, eine bestimmte Datendimension (etwa der Bevölkerung) überbetonen. Die geographische Karte ist das Referenzmodell, das entweder tatsächlich dargestellt oder nur mental rekonstruiert wird.

2.4 Datenentstellung

Wenn solche Verzerrungen in der Repräsentation von Daten ein bestimmtes Maß überschreiten, dann kann das zu einer Entstellung der Daten führen. Bei einer Datenentstellung werden bestimmte Dimensionen so stark überbetont, daß sie falsche Botschaften vermitteln. Sie mindern den Sinngehalt visueller Metaphern und unterminieren die auf Erklärung abzielende Absicht einer Visualisierung, ja, sie können sogar unverständliche Artefakte schaffen. Dennoch verleiht die Übertreibung von Verzerrungen der Urheberschaft größeren Raum und liefert unter Umständen leichter merkbare Artefakte.

3   Figurative Visualisierung von Städten

Die Fallstudien, bei denen wir direkte und figurative Visualisierungsansätze verwenden, beziehen sich auf die Mobilitätssysteme der Städte Lissabon und Singapur. Der Datensatz von Lissabon[1] umfaßt geographische Spuren von Fahrzeugen in der Stadt, wobei einen Monat lang Position und Geschwindigkeit aufgezeichnet wurden. Der Datensatz von Singapur umfaßt Daten über die Entwertung von Bustickets beim Ein- und Ausstieg sowie über den während einer Woche in Singapur dabei gezahlten Ticketpreis.[2]

1   Die Daten wurden vom CityMotion project / MIT Portugal zur Verfügung gestellt. Das Visualisierungsprojekt wurde teilweise unterstützt vom Projekt PTDC/EIA-EIA/108785/2008 COSMO – Collaborative System for Mobility Optimization.
2   Die Daten wurden von der Land Transport Authority in Singapur zur Verfügung gestellt. Die Visualiserung wurde für die Initiative „Live Singapore!" entwickelt und von Kristian Kloeckl am MIT Senseable City Lab und SMART-Singapore   MIT Alliance for Research and Technology supervisiert.

3.1 Eine Fotografie von Lissabon

Aufgrund der räumlichen und zeitlichen Auflösung des Datensatzes von Lissabon konnten wir keine Visualisierung erstellen, die klare Verkehrsmuster für jeden einzelnen Tag ergeben hätte. Daher verdichteten wir die Information in einen einzigen virtuellen Tag, wobei die Daten pro Sekunde gruppiert und als Animation dargestellt wurden. Um das zeitliche Muster des Verkehrs noch deutlicher zu machen, hinterläßt jedes durch einen kleinen weißen Punkt repräsentierte Fahrzeug eine Spur, die in der simulierten Zeit 30 Minuten lang sichtbar bleibt. Diese Spur ist fast transparent und entsprechend der aktuellen Geschwindigkeit des Fahrzeugs eingefärbt. Indem wir eine limitierte Skala reiner Farbtöne benutzen, zeigen Rot und Orange niedrigere Geschwindigkeiten an, reines Grün steht für 50 km/h, Cyantöne stehen für höhere Geschwindigkeiten. Die Spuren tendieren dazu, sich entlang der Hauptverkehrsadern visuell in dickere Linie zu clustern, woraus sich gemischte Farbtöne und Opazitäten ergeben, die Verkehrsdichte beziehungsweise die Durchschnittsgeschwindigkeiten darstellen. Zum Beispiel sind enge Straßen eher dünn und rot, während Schnellstraßen dicker und grün sind. Die Farben der Schnellstraßen, die Lissabon durchqueren, gehen während der Stoßzeiten ins Gelbe über.

Bei der Visualisierung eines Datensatzes versucht man üblicherweise, Probleme im abgebildeten System zu entdecken. Das offensichtlichste Problem im Datensatz zu Lissabon waren die Staubereiche. Um sie betonen, wurde eine weitere visuelle Komponente hinzugefügt, die den Bereich, den ein Fahrzeug innerhalb von 30 Minuten erreicht, mit einer sehr geringen Opazität abbildet. Diese Darstellung betont die Bereiche mit langsamerem Verkehr: Sie sind opaker und stärker orange beziehungsweise rot gefärbt. Solche Bereiche erlauben es, die tagsüber problematischsten Gebiete Lissabons in der Visualisierung zu lokalisieren. Zum Beispiel ist es offenkundig, daß Gebiete im Zentrum tagsüber stärker blockiert bleiben und Außenbezirke früher als das Zentrum aktiv werden (Bild 2.6, Seite 68).

Die Überlagerung halbtransparenter Linien und Formen läßt nur wenig Raum für die visuelle Hervorhebung einzelner Datenwerte, zum Beispiel der momentanen Geschwindigkeit eines bestimmten Fahrzeugs. Als eine direkte Repräsentation oder „Fotografie" von Daten liefert diese Darstellung einen Überblick über die Entwicklung des Verkehrs in Lissabon während eines Tages.

Aufgrund der Detailliertheit des Artefakts mußte es zeitintensiv berechnet und danach zu einer einzigen Animation zusammengefügt werden. Oft ist es allerdings von Interesse, über Echtzeit-Visualisierungen zu verfügen, durch welche problematische Bereiche erkannt werden können, während sie gerade entstehen. Das folgende, in Singapur entstandene Projekt greift diesen Ansatz auf.

3.2 Eine Fotografie von Singapur

Der Datensatz zum Busnetzwerk in Singapur beschreibt zwar Halte bei den Stationen, liefert aber keine Informationen über die Route zwischen den einzelnen Stationen. Trotzdem glauben wir, daß die Darstellung solcher Routen eine interessante Visualisierungsaufgabe ist: Busse nicht bloß bei den Haltestellen, sondern auch ihre Bewegung durch das Netzwerk abzubilden. Um dies zu erreichen, wurden Busse als programmierte Automaten, sogenannte „Agenten" implementiert, die einfach auf Input aus einer simulierten Umgebung reagieren, wobei die Daten diese Umgebung darstellen. So konnten wir auch eine interaktive Visualisierung erstellen, die ohne zeitliche Verzögerung läuft.

Als Agent kennt ein Bus nur seine nächste Haltestelle, seine Ankunftszeit und die aktuelle Simulationszeit. Daten werden in das Simulationsenvironment zum Zeitpunkt der Ausführung eingefüttert, so daß jedes Entwerten eines Tickets dem entsprechenden Bus zugeordnet wird. Jeder Bus verfügt über einen Zwischenspeicher, in dem die nächsten Stops gespeichert sind. Dieser Zwischenspeicher hat die Aufgabe, den nächsten Halt bei Bedarf abzurufen beziehungsweise bereits absolvierte Halte zu entfernen. Man kann verschiedene Ansätze nutzen, um die Bewegung der einzelnen Busse zwischen den Haltestellen zu modellieren. Beim ersten Ansatz wurde eine nicht-lineare Bewegung implementiert, wobei die Zeit, innerhalb welcher der Bus die nächste Haltestelle erreichen mußte, variiert wurde. Wir nannten diesen Ansatz „faule Busse", weil die Agenten ihre Reise langsam begannen und erst dann an Tempo zulegten, wenn die Zeit schon drängte.

Es war nicht nur interessant, die Routen der Busse an sich abzubilden, sondern auch, welche Fahrzeuge am ehesten von Staus betroffen waren. Die Dichte der Bushaltestellen auf der Bildfläche machte es unmöglich, alle zugleich darzustellen. Mithilfe geographischer Bündelung („Clustering") wurden die Stationen ausgewählt, bei denen mehr als eine bestimmte Anzahl von Bussen zur gleichen Zeit hielt. Unser Ansatz für einen solchen Algorithmus war schnell genug, um bei der gesamten verwendeten Datenmenge in Ausführungszeit zu laufen (Ester et al., 1996;

2.7 Resultate des Clustering-Algorithmus mit einem Suchradius von 44 Metern und einem Minimum von fünf Bussen pro Cluster

Finkel and Bentley, 1974). Bild 2.7 zeigt die ersten Ergebnisse dieses Clusterns sowie die Implementierung des Verhaltens der „faulen Busse". Kleine graue Kreuze repräsentieren sämtliche Bushaltestellen. Dreiecke repräsentieren die Busse, wobei das Dreieck die jeweilige Fahrtrichtung anzeigt.

3.3 Eine Karikatur von Lissabon

Um eine Karikatur des Datensatzes von Lissabon zu bauen, mußten wir zuerst dessen Portrait und daher eine semantische visuelle Metapher entwickeln. Wir begreifen Städte als komplexe Systeme, die über eine charakteristische Form mit normalen Aktivitätszyklen und außergewöhnlichen Aktivitätsspitzen verfügen, die wir hervorheben wollten. Aus diesem Grund – aber auch aus ästhetischen Motiven – entschieden wir uns, den Verkehr in Lissabon mittels der Metapher eines an „Kreislaufproblemen" leidenden Organismus zu durchleuchten und als System von Blutgefäßen darzustellen.

Für jede größere Straße in Lissabon generierten wir eine computergestützte Struktur – ein „Skelett", das simulierten, dem Verkehrsaufkommen entsprechenden Federkräften ausgesetzt wurde. Diese Skelette sind untereinander verbunden, wenn Straßen einander kreuzen, und berühren auch andere Nachbarschaften, wenn sie von den Kräften bewegt werden. Dadurch konnte sich die Stadt je nach Verkehr auf den Verkehrsadern verändern. Federn als elastische Körper können mit einem bestimmten Widerstand ihre Form verändern, wenn sie auf eine Kraft reagieren. Wenn Veränderungen von Datenwerten als Kräfte auf diese Federn einwirken, sind wir imstande, sanfte Übergänge zwischen den Formen zu erreichen und auch wieder zur ursprünglichen Konfiguration zurückzufinden. Diese Veränderungen der Form übersetzen die tatsächlich wahrgenommenen Entfernungen innerhalb einer Stadt, was im Gegensatz zur üblichen geographischen Abbildung steht (bei unserer Karikatur das Referenzmodell).

Diese Form der Abbildung ist eine klassische karikaturhafte Visualisierung, die in der Kartographie als Kartogramm bezeichnet wird. Solche Darstellungen sind vor allem in Form von isochronen Darstellungen – also Darstellungen, die auf einen zentralen Punkt bezogene Zeitdistanzen durch Kontourlinien lesbar machen – verbreitet: Dabei werden alle geographischen Distanzen in Funktion der Reisezeit von einem klar definierten Ausgangspunkt an dargestellt. In unserem Fall wollten wir abbilden, wie sich die Reisezeit für jede Verkehrsader entwickelt und wie diese Distanzen die Form der Stadt insgesamt verändern.

Wir haben es hier mit einem relativ komplexen federnbasierten physikalischen System zu tun, in dem jede Feder mit anderen Federn verbunden ist, mit denen sie ein Skelett bildet. Eine einzelne Feder kann also ihre Form nicht frei verändern, da sie von den anderen, mit ihr verbundenen Federn sowie von anderen Datenwerten beeinflußt wird. Wenn so viele oft entgegengesetzte Kräfte auf einen elastischen Körper einwirken, ist das Risiko sehr hoch, daß er reißt: Die Skelette kollabieren in

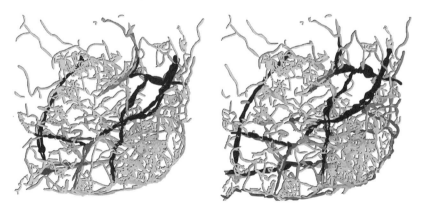

2.8 ‚Blutgefäße' in Lissabon um 07:04 (links) und 08:44 (rechts), genau vor und nach den Morgen-stoß-zeiten. Man sieht, daß die Hauptgefäße von Lissabon zu Beginn der Stoßzeit eine hohe Anzahl von Fahrzeugen transportieren, ohne daß es zu Stauproblemen kommt, denn die Gefäße sind kontrahiert. Um 08:44 nimmt die Durchschnittsgeschwindigkeit in den Hauptverkehrsadern ab, was zu einer Ausdehnung der Gefäße und der ganzen Stadt

Konfigurationen, die unverständliche Bilder der Stadt liefern – sie entstellen die Stadt.

Daher mußten wir durch zeitliche Durchschnittswerte eine zeitweilige Stabilität sicherstellen, um abrupte Variationen abzufangen, so daß das System sich anpassen konnte und Federrisse vermieden wurden. Das System wurde dann folgendermaßen aktiviert: Eine größere Anzahl von Fahrzeugen auf einem Verkehrsweg tendiert dazu, die Verkehrsader dicker zu machen, während höhere Geschwindigkeit dazu tendiert, deren Länge zu verringern (und umgekehrt). Wir wählten dieses Verhalten, um einen Eindruck subjektiv wahrgenommener Distanzen zu vermitteln. Die Stadt schrumpft bei höheren Verkehrsgeschwindigkeiten, und dehnt sich während der Stoßzeiten aus, wenn sie mit Staus kämpft. Die „Gefäße" werden dementsprechend eingefärbt: Niedrige Durchschnittsgeschwindigkeiten verleihen den Straßen eine dunklere Färbung, was die langsamere Zirkulation und stagnierendes Blut anzeigt (Bild 2.8).

Die Visualisierung der Gefäße resultierte in einem Artefakt mit einer einfachen visuellen Metapher: Die Gefäße pulsieren während der Stoßzeiten und betonen diejenigen Straßen, die stärker verstopft sind. Das Schrumpfen und Dehnen der einzelnen Arterien und der gesamten Stadt ist eine Karikatur der wahrgenommenen Entfernungen und Abweichungen von der mittleren Verkehrsgeschwindigkeit.

3.4 Eine Karikatur von Singapur

Eine weitere klassische Technik, die Merkmale der Karikatur aufweist, ist die sogenannte Fisheye-Ansicht, die zum ersten Mal von George Furnas eingeführt und später auf Karten angewandt wurde (Furnas, 1986; Keahey and Robertson, 1996). Diese Technik hebt eine geographische Region hervor, während sie deren Peripherie verzerrt, um andere Teile der Karte auf der Bildebene zu behalten.

Der wesentliche Unterschied zu Kartogrammen besteht in der Funktion der Datenkarikatur: Kartogramme verzerren die geographische Position, um eine gewählte Datendimension zu betonen (zum Beispiel das Bruttoinlandsprodukt), während die Fisheye-Ansicht die geographische Position verzerrt, um eine abgegrenzte Region zu betonen. Visuell verwendet die Fisheye-Ansicht die Metapher eines Vergrößerungsglases.

Unsere Karikatur von Singapur folgt diesem Ansatz. Wir bedienten uns einer Datenlinse, um die Details jeder einzelnen Haltestelle im Straßensystem darstellen

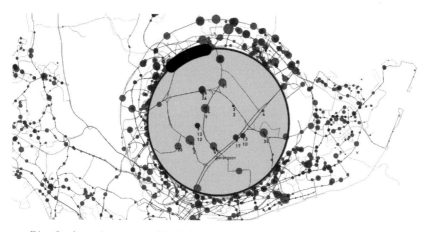

2.9 Diese Implementierung ermöglicht ein interessanteres Browsen im Raum: Man kann die Linse auf eine Ansammlung von Punkten lenken und sehr flüssig deren einzelne Bestandteile entdecken und verstehen.

zu können, ohne den weiteren Kontext zu verlieren. Allerdings genügte die klassische Fisheye-Ansicht nicht den Anforderungen für diese Visualisierung. Daher entwickelten wir einen neuen Typus von Linse, der das Verhalten eines Vergrößerungsglases (also die Projektion der Karte auf eine Hemisphäre über der Ebene) in eine Projektion auf ein sehr abgeflachtes Ellipsoid über der Ebene verwandelt (Bild 2.9).

Die implementierte Datenlinse ist ein interaktives Visualisierungstool, das es Usern ermöglicht, die Aktivitäten im Busnetz von Singapur im Detail zu erforschen. Die Linse kann dazu über das Busnetzwerk der Stadt gezogen werden oder auf ein Set von Busstationen fokussiert bleiben. Die von Usern beeinflußbaren Eigenschaften der Linse (Position, Größe und Vergrößerung) ermöglichen, es Haltestellen zu unterscheiden, die sehr eng beisammen liegen. Außerdem erlaubt die Linse Zugang zu jedem Element im Datensatz, indem verschiedene Arten von Informationsebenen herausgefiltert werden können: die Liniennummer der Busse, die zu einem bestimmten Zeitpunkt an den einzelnen Stationen halten; die Anzahl der Fahrgäste in jedem Bus und der aggregierte Fahrpreis aller Fahrgäste, die bei einer Haltestelle einen Bus besteigen. Die User können schnell zwischen diesen Ebenen hin- und herschalten, um Korrelationen zwischen Buslinie, Haltestelle, Wartezeiten, Fahrgastanzahl und gezahltem Fahrpreis zu erkunden

4 *Bemerkungen*

Datenkarikaturen sprengen die Grenzen der üblichen Informationsvisualisierung, indem sie eine Balance zwischen leidenschaftsloser wissenschaftlicher Visualisierung und avancierter künstlerischer Visualisierung herstellen. Diese Balance wird gewahrt, wenn Datenkarikaturen als ein Gestaltungsinstrument angesehen werden, das eine erklärende Funktion erfüllt, nämlich effektiv und effizient mit einem Publikum zu kommunizieren.

Gemeinsam mit Fotografien, Portraits, Karikaturen und Entstellungen bilden Datenkarikaturen einen figurativen Visualisierungsansatz. Eine Fotografie beschäftigt sich mit einer direkten Abbildung beziehungsweise einer Visualisierung ohne Reduktion. Portraits unterscheiden sich von Fotografien dadurch, daß sie sich starker visueller Metaphern bedienen. Über figurative Verweise auf bestimmte implizite Charakteristika in den Daten produzieren visuelle Metaphern Bedeutung. Diese Verweise werden graphisch ausgearbeitet und resultieren in weniger abstrakten, ausdrucksstarken Artefakten. Eine Datenkarikatur verfolgt ebenfalls die Vorstellung einer semantischen visuellen Metapher, wobei sie diesen Begriff durch Übertreibung ausdehnt, um bestimmte Datenaspekte hervorzuheben. Solche Übertreibungen können in tatsächlichen Entstellungen gipfeln, indem grobe Ungenauigkeiten eingeführt werden – dann handelt es sich um Datenentstellung.

Wir haben den Begriff Karikatur auf die Visualisierung von Städten angewendet. Wir sind überzeugt, daß ein solcher Ansatz einen direkteren Zugang vermitteln kann, weil dabei über Metaphern konkretere Botschaften transportiert werden. Zum Beispiel haben die Bewohner einer Stadt bereits ein mentales Bild von bestimmten Aspekten der Stadt. Wenn wir solche Bilder mit der Repräsentation eines idealen Modells vergleichen, erhalten wir eine Verzerrung, die es sich zu vermitteln lohnt und für die die Karikatur das adäquate Mittel ist. Darüber hinaus können solche Verzerrungen auch eine natürliche Folge von Visualisierungsmodellen sein, die auf die Vereinfachung komplizierter mathematischer Probleme abzielen. Beispielsweise sind in unserer Arbeit Agenten oder physikbasierte Modelle, die sich an Daten anpassen, ein generischer Ansatz, der auch auf andere Städte oder sogar auf andere Datentypen angewandt werden kann. Solche Modelle sind ideal für einen Karikaturen-Ansatz, da sie sich direkt auf eine naturbasierte Ästhetik übertragen lassen, wie sie Judelman zufolge im Visualisierungskontext oft angewandt werden, um Komplexität zu reduzieren. Wie in der Natur, wo Komplexität in unterschiedlichem

Maße existiert, ist der Einsatz von durch die Natur inspirierten Systemen eine nachvollziehbare karikaturhafte Annäherung an Städte. Wir sind daher davon überzeugt, daß Karikaturen eine wichtige Rolle bei der Visualisierung von Information spielen können: Sie können Kommunikation unmittelbarer, effizienter und nachhaltiger gestalten und die Menschen wieder näher an ihre Stadt heranbringen.

Literatur

Bertin, Jacques. 1967. *Sémiologie Graphique: Les Diagrammes, Les Réseaux, Les Cartes, Les Réimpressions Des Éditions De l'Ecole Des Hautes Études en Sciences Sociales,* Paris: Mouton & Gauthier-Villars

Cox, Donna. 2006. „Metaphoric Mappings: The Art of Visualization." *Aesthetic Computing:* 89–114.

Dorling, Daniel. „Area Cartograms: Their Use and Creation." *The Map Reader: Theories of Mapping Practice and Cartographic Representation:* 252–260.

Ester, Martin, Hans-Peter Kriegel, Jörg Sander, and Xiaowei Xu. 1996. „A Density-based Algorithm for Discovering Clusters in Large Spatial Databases with Noise." *Proceedings of the 2nd International Conference on Knowledge Discovery and Data Mining:* 226–231

Finkel, Raphael A., and Jon Louis Bentley. 1974. „Quad Trees a Data Structure for Retrieval on Composite Keys." *Acta Informatica* 4 (1): 1–9.

Furnas, G. W. 1986. „Generalized Fisheye Views." In *ACM SIGCHI Bulletin,* 17: 16–23. ACM.

Judelman, Greg. 2004. „Aesthetics and Inspiration for Visualization Design: Bridging the Gap Between Art and Science." In *Information Visualisation, 2004. IV 2004. Proceedings. Eighth International Conference On:* 245–250. IEEE.

Keahey, T. Alan, and Edward L. Robertson. 1996. „Techniques for Non-linear Magnification Transformations." In *Information Visualization'96, Proceedings IEEE Symposium On,* 38–45. IEEE.

Manovich, Lev. 2010. „Lev Manovich Webpage", What Is Visualization?, http://manovich.net/2010/10/25/new-article-what-is-visualization/ Accessed : January 8 2013

Ramachandran, Vilayanur S., and William Hirstein. 1999. „The Science of Art: A Neurological Theory of Aesthetic Experience." *Journal of Consciousness Studies* 6 (6–7): 6–7.

Rautek, Peter, Ivan Viola, and M. Eduard Groller. 2006. „Caricaturistic Visualization." Visualization and Computer Graphics, IEEE Transactions On 12 (5): 1085–1092.

Redman, Lenn. 1984. *How to Draw Caricatures.* Vol. 1. Contemporary Books.

Tufte, Edward R. 1983. *The visual display of quantitative information.* Cheshire, Conn. (Box 430, Cheshire 06410): Graphics Press.

Viégas, Fernanda B., and Martin Wattenberg. 2007. „Artistic Data Visualization: Beyond Visual Analytics." In *Online Communities and Social Computing:* 182–191. Springer.

Philipp Hövel, Filippo Simini, Chaoming Song, Albert-László Barabási

Computermodelle für das Mobilitätsverhalten aus der Sicht von Mobiltelefondaten

1 Einleitung

In den letzten Jahren sind immer mehr Daten generiert worden, die den Aufschwung der Netzwerkforschung ermöglichten (Albert und Barabási, 2002; Lazer et al., 2009). Die verfügbaren Netzwerke umfassen eine ganze Reihe von Wissensfeldern und Mechanismen, unter anderem Protein-Protein-Interaktion, Nahrungsketten, Informationsfluß, Datenübertragung, Transport und vieles andere. Vor allem soziale Netzwerke können nun genauer studiert werden. Dazu gehören Netzwerke, die soziale Beziehungen in der realen und digitalen Welt, Konsumverhalten und Mobilität abbilden.

Die Analyse dessen, was im allgemeinen als *Big Data* aus sozialen Kontexten bezeichnet wird, erlaubt Rückschlüsse auf das menschliche Verhalten (Barabási, 2005; Eagle und Pentland, 2006; Onnela et al., 2007; Eagle und Pentland, 2009). Um es präziser auszudrücken: Empirische Daten sind eine wesentliche Voraussetzung, wenn es darum geht, Aspekte des täglichen Lebens wie menschliches Mobilitätsverhalten zu verstehen, vorauszusagen und zu modellieren. Ein Typus von Datensätzen, der besonders gut als Stellvertreter für das Studium der Mobilität dient, stammt aus dem Gebrauch von Mobiltelefonen (Gonzalez und Barabási, 2007; Gonzalez et al., 2008; Wang et al., 2011; Bagrow et al., 2011; Bagrow und Lin, 2012).

So bestehen etwa die empirischen Datensätze, die wir in diesem Beitrag heranziehen, aus anonymisierten Kommunikationsdatensätzen (englisch *Call Data Records,* CDRs) von zehn Millionen Kunden einer einzigen Telefongesellschaft. Ein Kommunikationsdatensatz wird jedes Mal dann generiert, wenn ein Nutzer einen Anruf tätigt oder eine SMS sendet. Er enthält die anonymisierte Kennummer der anrufenden beziehungsweise angerufenen Person, die Uhrzeit und das Datum eines Anrufs oder einer SMS sowie den Ort, von dem aus der Anruf erfolgte. Letzterer wird durch die Position der nächsten Mobilfunk-Basisstation geschätzt, über die der Anruf getätigt wird.

Ähnliche Datensätze werden verwendet, um die Geographie von Kommunikationsnetzwerken oder ortsabhängigen Gemeinschaften zu untersuchen (Lambiotte et al., 2008; Blondel et al., 2010; Expert et al., 2011). Ein Beispiel dafür ist die ausgeprägte sprachenabhängige Grenze zwischen den Holländisch beziehungsweise Französisch sprechenden Regionen Belgiens. Diese wird durch *Community Detection* von Mobiltelefon-Kommunikationsnetzwerken deutlich gemacht, eine Methode, die Netzwerkknoten (Nutzer) in Cluster (Gemeinschaften) aufteilt, die viele interne und wenige externe Beziehungen aufweisen, also Beziehungen zwischen diesen beiden Gemeinschaften.

In unserem Beitrag wollen wir die menschliche Mobilität aus der Sicht der Analyse von Mobiltelefondaten betrachten. Wir stellen folgende Fragen: Wie voraussehbar sind wir in unserer täglichen Routine (Song et al., 2010)? Welche mathematischen Gesetze und funktionalen Abhängigkeiten wie zum Beispiel Skalierungsverhalten bestimmen die Fortbewegung der Menschen (Song et al., 2010)? Welche Bestandteile umfassen Modelle, die die beobachteten Muster beschreiben (Simini et al., 2012)?

Um Fragen wie diese beantworten zu können, berücksichtigen wir nicht nur die Mobilitätsaspekte der Daten, die Informationen über den Standort eines einzelnen Nutzers eines Mobiltelefons liefern (wo ist der Ausgangspunkt eines Anrufs?), sondern auch die sozialen Informationsebenen des Datensatzes (wer ruft wen an). Darüber hinaus erstreckt sich unsere Analyse, was die Entfernung betrifft, über mehrere Größenordnungen: von städtischen hin zu regionalen beziehungsweise landesweiten Entfernungen.

2 Die Vorhersagbarkeit menschlichen Mobilitätsverhaltens

Um eine Vorstellung von den in dieser Studie verwendeten Daten zu bekommen, zeigt der linke Teil in Bild 2.10 die von einem einzigen Nutzer während eines einmonatigen Beobachtungszeitraums zurückgelegte Strecke. Dieser spezielle Nutzer besuchte $N = 31$ verschiedene Orte, die von der nächsten Mobilfunk-Basisstation stammen und jedesmal, wenn der Nutzer einen Anruf tätigte, aufgezeichnet wurden (schwarze Punkte). Die grauen Punkte markieren die Position der Basisstatio-

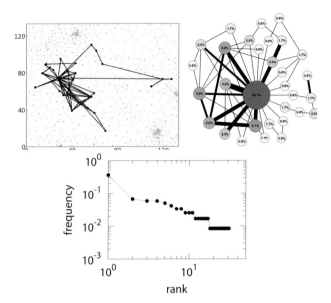

2.10 Links der Bewegungsverlauf eines anonymisierten Mobiltelefonnutzers, der während einer einmonatigen Beobachtungsperiode die nähere Umgebung von N = 31 verschiedenen Basisstationen bei insgesamt L = 119 Anrufen besucht hat. Bei jedem Anruf wird die nächstgelegene Basisstation, über die der Anruf abgewickelt wird, aufgezeichnet, so daß der etwaige Aufenthaltsort des Nutzers bestimmt werden kann (schwarze Punkte). Graue Linien stehen für das Voronoi-Gitter, das das Empfangsgebiet für jede Basisstation annähernd bestimmt. Mitte: Das Mobilitätsnetzwerk desselben Nutzers. Die Größe der Knoten entspricht dem Prozentsatz der Anrufe, die der Nutzer in der Nähe der jeweiligen Basisstation getätigt hat. Die Breite der Kanten ist proportional zur Häufigkeit der beobachteten direkten Bewegung zwischen den jeweiligen Basisstationen. Rechts: der Rang von Position versus Besuchsfrequenz (Zipfsches Gesetz)

nen, die grauen Linien ungefähr das aus einem Voronoi-Gitter[1] abgeleitete Empfangsgebiet. Dabei haben alle Orte der Voronoi-Zelle einer spezifischen Basisstation haben miteinander gemein, daß ihre Distanz zu dieser Basisstation geringer ist als die Distanz zu allen anderen Basisstationen. Diese Art der Ortsbestimmung ist ein Standardverfahren, das auch von Mobilfunkbetreibern angewendet wird, um

---

1 Ein Voronoi-Gitter ist eine räumliche Unterteilung eines Gebiets mit vorgegebenen Punkten, so daß alle Orte innerhalb einer Voronoi-Zelle dem zugehörigen Punkt am nächsten sind.

den Empfangsbereich einer Basisstation zu bestimmen. Die schwarzen Linien stehen für den zurückgelegten Weg, auf dem die Positionen in der chronologischen Reihenfolge der Anrufe miteinander verbunden werden, die der Nutzer getätigt hat. Viele dieser 31 Orte wurden nur ein paar Mal besucht, aber nur sehr wenige Orte wurden vom Nutzer immer wieder besucht. Dieses typische Verhalten kann durch ein *Mobilitätsnetzwerk* abstrakt visualisiert werden, wie es in der mittleren Grafik abgebildet ist. Hier entspricht jeder Netzwerkknoten einer Position; zwei Knoten sind durch eine Verbindung miteinander verbunden, wenn es sich um Orte handelt, von denen aus zwei aufeinanderfolgende Anrufe abgingen. Die Größe des Knotens spiegelt den Prozentsatz der Kommunikationsereignisse, die von der entsprechenden Basisstation ausgingen, das heißt den Prozentsatz aller Anrufe und Textbotschaften, die über diese Basisstation liefen. In dieser Visualisierung kann man leicht ein Zentrum erkennen, das mit einer großen Anzahl von weniger frequentierten Knoten verbunden ist. Wenn man nun die verschiedenen Orte nach ihre Besuchsfrequenz sortiert, ergibt dies ein Potenzgesetz wie in der rechten Grafik abgebildet. Dieses Gesetz ist auch als Zipfsches Gesetz bekannt (Zipf 1946).

Weitere quantitative Erkenntnisse über das Mobilitätsverhalten gibt uns der *Trägheitsradius* (radius of gyration): Diese Größe wird berechnet als die mittlere Distanz aller aufgezeichneten Orte zum Schwerpunkt der gesamten Trajektorie und liefert eine charakteristische Längenskala des zurückgelegten Weges. Mathematisch gesprochen wird der Trägheitsradius r_g für jeden Nutzer, der während L Ereignissen an Orten $\vec{r}_1, ..., \vec{r}_L$ aufgezeichnet wird, definiert als

$$r_g = \sqrt{\frac{1}{L} \sum_{i=1}^{L} (\vec{r}_i - \vec{r}_{cm})^2}$$

mit dem Schwerpunkt $\vec{r}_{cm} = L^{-1} \sum_{i=1}^{L} \vec{r}_i$

Wenn man r_g für alle protokollierten Nutzer berechnet, erhält man eine normierte Verteilung wie in Bild 2.11. Die Kurve hat die Form einer Fat-Tail-Verteilung, also einer Verteilung mit einem langsameren Abfall für große Zahlen im Vergleich zu einem exponentiellen Abklingen. Dies ist ein Hinweis darauf, daß die meisten Wege lokal sind und dabei nur geringe Distanzen zurückgelegt werden. Ebenso zeigen nur wenige Nutzer eine charakteristische Wegdistanz von einigen zehn oder hunderten Kilometern.

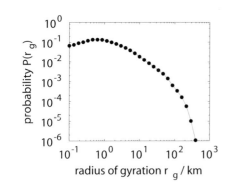

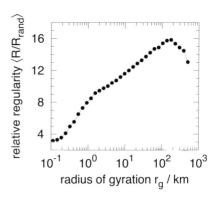

2.11 Normierte Verteilung des Trägheitsradius.
Daten: Februar 2009

2.13 Mittlere relative Regularität R/Rrand vs. Trägheitsradius rg, was darauf hinweist, daß Nutzer mit großem rg eine hohe relative Regelmäßigkeit aufweisen.

Zusätzlich zur Analyse charakteristischer Wegstrecken nutzten wir auch im Datensatz enthaltene zeitliche Informationen, also Informationen darüber, wann ein Anruf getätigt wurde. Dabei geht es um die Frage der Vorhersagbarkeit. Kurz gesagt: Wir aggregieren alle Anrufe, die mehrere Wochen lang für jede der 168 Stunden einer Woche aufgezeichnet wurden, das heißt, wir extrahieren für jeden Nutzer eines Liste von Orten, an denen er oder sie jemanden an Montagen zwischen Mitternacht und 1 Uhr, 1 Uhr und 2 Uhr und so weiter angerufen hat, bis zum Sonntag zwischen 23 Uhr und Mitternacht. Für jede der 168 Listen bestimmen wir dann die primäre Position, also die Basisstation, über die die meisten Anrufe getätigt wurden. Das Verhältnis R_i bezeichnen wir als Regularitätswert, der das Verhältnis des primären Ortes zu allen Orten einer Trajektorie beschreibt. R_i zwischen der Anzahl der Aufzeichnungen bei dieser Basisstation und allen Anrufen

$$R_i = \frac{\textit{number of appearances at primary location}}{\textit{total number of appearances}}$$

liefert ein Maß für die Regularität für jede Stunde Woche, $i = 1, \ldots, 168$.

Ein Beispiel: Wenn ein Nutzer acht Mal an einem Ort und zwei Mal an einem anderen Ort zu einer bestimmten Zeit angetroffen wird, dann erhalten wir einen Regularitätswert $R_i = 8/(8+2) = 0.8$. Bild 2.12 zeigt sowohl die Durchschnittsanzahl

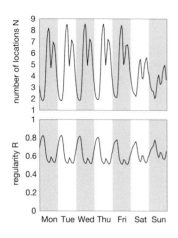

2.12 Regularität der Mobilität: Verhältnis R, um einen Nutzer an seiner häufigsten Position zu finden, und Anzahl der verschiedenen Orte N mit einer Stunden-Auflösung für jeden Wochentag. Daten: Mai 2009 für eine Klasse von Nutzern mit täglich durchschnittlich 12 bis 100 Ereignissen

der Orte N (oben) als auch die mittlere Regularität R (unten) für jede der 168 Wochenstunden. Dabei wird der Durchschnitt über eine Gruppe von Nutzern mit einer täglichen Aktivität zwischen 12 und hundert Anrufen berechnet. Die Kurve bestätigt, was man vielleicht intuitiv erwartet hat: Während der frühen Morgenstunden besteht die größte Regularität an der geringsten Anzahl von Orten, und wenn die Menschen zwischen Zuhause und Arbeitsplatz pendeln, besteht die geringste Regularität an der größten Anzahl von Orten. Dieser Effekt wiederholt sich für jeden Wochentag, ist aber am Wochenende weniger ausgeprägt.

Eine Frage, die den bereits eingeführten Trägheitsradius mit der Regularität verbindet, ist die folgende: Verhalten sich Nutzer mit einer größeren charakteristischen Wegedistanz (größeres r_g) mehr oder weniger regelmäßig? Um der Differenz bei der Gesamtanzahl von Orten Rechnung zu tragen, betrachten wir die relative Regularität R/R_{rand}, wobei $R_{rand} = 1/N$ als Referenzfall dient. Dabei wird angenommen, daß die Nutzer die N aufgezeichneten Orte in einer zufälligen, aber gleichmäßigen Art und Weise besuchen. Man könnte erwarten, daß jene, die keine weiten Wege zurücklegen, ein regelmäßigeres Verhalten zeigen; aber die Evaluierung der Daten zeigt genau den gegenteiligen Trend. Bild 2.13 zeigt den wöchentlichen Durchschnitt (R/R_{rand}) in Abhängigkeit vom Trägheitsradius. Entgegen unserer intuitiven Annahme weisen Nutzer mit einem größeren Trägheitsradius eine größere relative Regularität auf. Mit anderen Worten: Menschen legen ein regelmäßigeres Verhalten an den Tag, wenn sie längere Wege zurücklegen.

Unter Anwendung von Techniken der Informationstheorie und der statistischen Physik ist es auch möglich, die maximale Vorhersagbarkeit des Aufenthaltsortes eines Nutzers zu schätzen.[2] Das Hauptresultat ist ein zweifaches: Erstens hat die Vorhersagbarkeit mit 0.93 einen engen Höhepunkt, was bedeutet, daß in nur 7 Prozent der Zeit die Orte zufällig ausgewählt werden. Und zweitens nimmt die Vorhersagbarkeit bei Nutzern, die einen großen Trägheitsradius zeigen, überraschenderweise nicht drastisch ab, sondern ist bei 0.93 saturiert. Das bedeutet, daß, unabhängig davon, welche Distanz eine Gruppe von Individuen zurücklegt, die Reihe von Orten, die sie besucht, in 93 Prozent der Fälle vorhersagbar ist.

3   Mathematische Funktionalitäten menschlichen Mobilitätsverhaltens

Bis hierher haben wir empirische Belege für die Regularität und die charakteristische Längenskala der von Menschen zurückgelegten Wege diskutiert. Nun wollen wir einfache Modelle vorstellen, die die empirischen Erkenntnisse reproduzieren. Zunächst konzentrieren wir uns auf ein stochastisches Modell individueller Mobilität und dessen Genauigkeit, was den Trägheitsradius betrifft. Danach stellen wir auch ein Modell zur Erklärung von Migrationsmustern vor, das von Grundprinzipien abgeleitet werden kann. Das Modell der individuellen Mobilität stützt sich auf die empirische Beobachtung, daß bei unseren täglichen Wegen viele kurze Distanzen, kurze Wartezeiten und oft besuchte Orte dominieren, während große Wegstrecken und lange Perioden zwischen aufeinanderfolgenden Wegen selten sind (Gonzales et al., 2008). Mathematisch gesprochen, wird die Wahrscheinlichkeitsverteilung $P(\Delta t)$ der Wartezeit Δt zum Beispiel als Fat-Tail-Verteilung $P(\Delta t) \sim |\Delta t|^{-1-\beta}$ formuliert, wobei $0 \leq \beta \leq 1$. Diese Formel spiegelt die Tatsache, daß lange Wartezeiten weniger wahrscheinlich sind als kurze Perioden zwischen den Wegen, in Form einer mathematischen Funktionalität. Die Verteilung der Sprungweiten, welche die durch die Distanz zwischen den besuchten Basisstationen gegebene Statistik der Länge eines Weges beschreiben, hat eine ähnliche Form mit einem Exponenten α. Man könnte versuchen, ein Modell auf der einfachen Annahme zu entwerfen,

---

2   Für Details zu Entropie und Fano-Ungleichung, einer informationstechnischen Abschätzung zwischen Unkenntnis eines Signals (etwa durch Rauschen) und des zugehörigen Fehlers, vergleiche die Literatur (Song et al., 2010) und die dortigen Verweise.

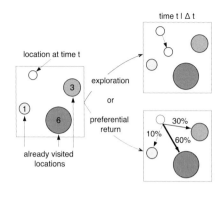

location at time t

exploration

or

preferential return

already visited locations

time t | Δ t

30%

10% 60%

2.14 Schematisches Diagramm des Modells für individuelle Mobilität. Links die Konfiguration zum Zeitpunkt t. Sie verweist auf die jeweils aktuelle und zuvor besuchte Position (hier: N = 4, inklusive die aktuelle Position). Die Größe der Kreise um jeden Ort ist proportional zur Besuchsfrequenz. Zum Zeitpunkt t + Δt (wobei Δt aus einer Fat-Tail-Verteilung ausgewählt ist) kann sich der Nutzer mit einer gewissen Wahrscheinlichkeit von seinem aktuellen Standort entweder an einen neuen Standort begeben, wo die Entfernung wiederum auf einer Fat-Tail-Verteilung basiert (Exploration, oberer Kasten), oder mit Gegenwahrscheinlichkeit an einen bereits besuchten Standort zurückkehren, wobei der Ort, an den er zurückkehrt, mit einer Wahrscheinlichkeit gewählt wird, die gleich der Frequenz seiner früheren Besuche ist (präferentielle Rückkehr, unterer Kasten).

daß diese beiden Erkenntnisse zu einem zeitkontinuierlichen Random Walk, also einer zufälligen Bewegung, führen (Brockmann et al., 2006), aber wie Song et al. (Song et al., 2010) gezeigt haben, erfaßt dies nicht alle Aspekte menschlichen Mobilitätsverhaltens.

Zusätzlich zu dem Skalierungsverhalten für die Auswahl der Wartezeiten und Sprungweiten sollten zwei generische Mechanismen einbezogen werden, die schematisch in Bild 2.14 zu sehen sind. Der erste Mechanismus ist *Exploration*. Nach der Wartezeit Δt begibt sich der Nutzer an einen ihm bislang unbekannten Ort. Sowohl die Wartezeit als auch die Sprungweite sind gemäß der empirisch bestätigten Fat-Tail-Verteilungen mit Exponenten $-1 - \beta$ beziehungsweise $-1 - \alpha$ gewählt. Dieser Fall kommt mit einer Wahrscheinlichkeit $P_{exploration} = \rho N^{-\gamma}$, wobei N wieder die Anzahl der zuvor besuchten Orte bezeichnet. Anders ausgedrückt, wird die Wahrscheinlichkeit, daß eine neue Position erkundet wird, kleiner, wenn man bereits eine große Anzahl von Orten aufgesucht hat. Die Parameter $\rho \in (0,1]$ und $\gamma \geq 0$ können anhand der Daten bestimmt werden. Mit einer Gegenwahrscheinlichkeit von $1 - P_{exploration}$ kehrt der Nutzer an einen bereits besuchten Ort zurück. Als Folge der funktionalen Abhängigkeit von $P_{exploration}$ ist der Nutzer eher geneigt, an einen bekannten Ort zurückzukehren, wenn er bereits viele Orte besucht hat. Außerdem wird die Position, an die ein Nutzer zurückkehrt, aus einer Reihe von besuchten Orten ausgewählt, und zwar mit einer Wahrscheinlichkeit, die proportional zur

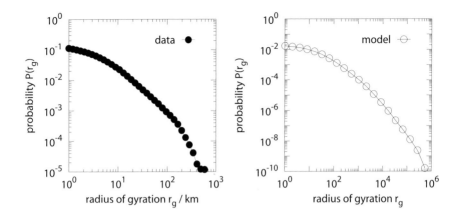

2.15 Normierte Verteilung des Trägheitsradius, abgeleitet von Mobiltelefondaten (links, Beobachtungszeitraum: 1000 Stunden), das Modell individueller Mobilität (rechts, willkürliche räumliche Einheiten). Reproduktion der Bilder 4(a) und 4(c) aus Song et al., 2010.

Besuchsfrequenz ist: Orte, die ein Nutzer häufiger besucht hat, werden also mit höherer Wahrscheinlichkeit ein weiteres Mal besucht. Dies wird mit dem Begriff der „präferentiellen Rückkehr" beschrieben.

Die Gültigkeit dieses Modells kann getestet werden, indem man den Trägheitsradius berechnet, der weiter oben diskutiert wurde (siehe Gleichung 1). Das Resultat ist aus Bild 2.15 ersichtlich. Das linke und rechte Bild zeigen die Daten beziehungsweise Modellvoraussagen. Da sich der Kurvenverlauf und die Skalierungsexponenten decken, stützt dies die in diesem Modell vorgeschlagenen Annahmen.

Um zu zeigen, daß sich das Modell individueller Mobilität mit den vorhandenen Daten deckt, zeigt Bild 2.16 den Fall eines einzigen Nutzers, wie er vom Modell ($\alpha = \beta = 0.6$, $\gamma = 0.2$, $\delta = 0.4$) vorausgesagt wird. Vergleicht man es mit Bild 2.10, kann man bereits durch die visuelle Betrachtung der Wegstrecken und des Mobilitätsnetzwerks auf sehr ähnliche Mobilitätsmerkmale schließen. Das Modell liefert auch eine quantitative Übereinstimmung, wie vom Zipf-Schema illustriert (Grafik rechts oben in Bild 2.16), das das Resultat sowohl der empirischen Daten als auch des Modells zeigt.

Zusätzlich zu den oben präsentierten Ergebnissen reproduziert das individuelle Mobilitätsmodell auch andere Aspekte wie die Wahrscheinlichkeit, mit der ein Nutzer mit einer spezifischen Anzahl von besuchten Orten gefunden wird, oder die eines ‚ultralangsamen' Wachstums des Trägheitsradius im Laufe der Zeit. Hier bezieht sich der Begriff des ultralangsamen Prozesses auf ein Wachstum, das viel langsamer ist als für den Standardreferenzfall eines zeitkontinuierlichen Random-Walk-Modells erwartet (Brockmann et al., 2006). Details finden sich in der Literatur (Song et al., 2010).

4 Universelles Mobilitätsmodell

Zusätzlich zu einem Modell individueller Mobilität mit seinen inhärenten Fluktuationen, die sehr gut die Skalierungseigenschaften menschlichen Mobilitätsverhaltens wiedergeben, kann man auch ein parameterfreies Modell formulieren, um Mobilitäts- und Migrationsmuster zu beschreiben. Es basiert lediglich auf der Bevölkerungsdichte. Daher braucht es keine A-priori-Informationen wie Wartezeiten oder Sprungweitenverteilungen. Dieses Modell wird Radiationsmodell genannt,

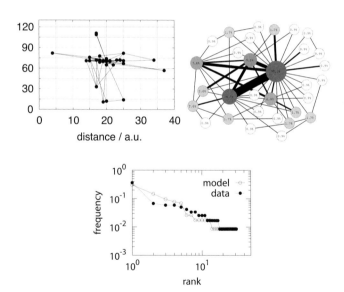

2.16 Links Wegstrecken, wie sie vom Modell individueller Mobilität vorausgesagt werden ($\alpha = \beta = 0.6$, $\gamma = 0.2$, $\delta = 0.4$). Der Modell-User verhält sich ähnlich wie der in Bild 2.10 beschriebene und besucht N = 31 Orte während L = 116 Anrufen. Mitte: Das Mobilitätsnetzwerk desselben Nutzers (Layout wie in Bild 2.10). Links: Rang von Ort vs. Besuchsfrequenz (Zipfsches Gesetz).

weil es sich aus folgenden physikalischen Prozessen ableitet (Simini et al., 2012): Partikel (Pendler), die an der Quelle (Ausgangsort) ‚ausgestoßen' werden, können von der Umwelt mit einer gewissen Wahrscheinlichkeit ‚absorbiert' werden (sie beenden ihre Pendelfahrt an einem Ort in der Umgebung). Die zurückgelegte Wegstrecke (Länge der Pendelstrecke) hängt ab von der Dicke des Materials (Bevölkerungsdichte in der Umgebung).

Das Radiationsmodell will also Pendlerströme schätzen, das heißt die durchschnittliche Anzahl von Pendlern, die pro Zeiteinheit zwischen zwei beliebigen Orten in einem Land pendeln. Es geht von der Bevölkerung m_i und n_j an den Ortspaaren i und j aus. Außerdem berücksichtigt es die zwischen i und j aggregierte Bevölkerung, indem es die Gesamtbevölkerung s_{ij} in einem Kreis mit dem Radius r_{ij} und dem Mittelpunkt i einführt. Das Modell sagt den durchschnittlichen Fluß $<T_{ij}>$ von i nach j mittels folgender Formel voraus:

$$(T_{ij}) = T_i \frac{m_i n_i}{(m_i + s_{ij})(m_i + n_j + s_{ij})} \tag{1}$$

bei welcher $T_i \equiv \sum_{i \neq j} T_{ij}$ die Gesamtanzahl der Personen meint, die am Ort i starten.

Wenn man die Gesamtanzahl N_c der Pendler berücksichtigt, so ist diese Anzahl einfach durch $T_i = m_i N_c / \sum_i m_i$ bestimmt, wobei $\sum_i m_i$ die Bevölkerung des ganzen untersuchten Landes ist. Bild 2.17 zeigt ein schematisches Diagramm des Radiationsmodells. Es beschreibt folgenden Sachverhalt: Ein Individuum an einem bestimmten Ort wird zum nächsten Ort pendeln, der einen größeren Nutzen bietet als sein Heimatort, wobei der Nutzen jedes Ortes (in Bild 2.17 als Zahlen dargestellt) das höchste Angebot seitens lokaler Unternehmen ist, deren Anzahl als proportional zur Bevölkerung an jedem der Orte angenommen wird. Im beschriebenen exemplarischen Fall wird vorausgesagt, daß eine Person in der zentralen Gemeinde (Nutzen 10, schwarzer Bereich) in die Gemeinde mit Nutzen 14 pendeln wird, wie es der Pfeil angibt, weil es die nächstgelegene Gegend ist, die einen höheren Nutzen bietet. Der graue Bereich markiert den entsprechenden Kreis mit Radius r_{ij}, dessen Bevölkerungsdichte ins Modell (1) eingeht. Alle anderen Orte innerhalb dieses Kreises bieten einen geringeren Nutzen als der Heimatort.

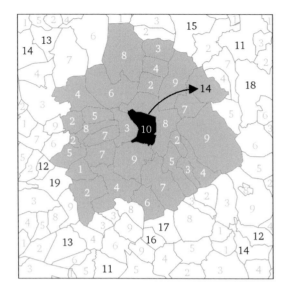

2.17 Schema des Radiations-modells: Die Ziffern in den Gemeinden bezeichnen den jeweiligen Nutzen, der die höchsten Angebote darstellt, die aus jenem Gebiet kamen. Ein Individuum im zentralen Bereich (schwarz) pendelt in die nächst gelegene Gegend mit einem höheren Nutzen (Pfeil).

In der Literatur (Simini et al., 2012) ist gezeigt worden, daß das Radiationsmodell anderen Modellen überlegen ist, die Migrationsmuster voraussagen, zum Beispiel dem weit verbreiteten Gravitationsmodell. Dessen Name rührt von der Analogie zu Newtons Gesetz der Schwerkraft her. Man geht dabei davon aus, daß die Migration zwischen zwei Städten der Schwerkraft ähnelt, wobei die Masse der Objekte, die gegenseitiger Anziehung unterliegen, durch die Bevölkerungsdichte an verschiedenen Orten ersetzt wird. Dementsprechend gibt es mehr Interaktion, beispielsweise Pendlerströme, zwischen nahe gelegenen und bevölkerten Orten. Das Gravitationsmodell bestimmt die Anzahl von Personen, die sich von einem Ort i nach j begeben, wie folgt:

$$T_{ij} = \frac{m_i^\alpha n_j^\beta}{f(r_{ij})}$$

wo in der Regel angenommen wird, daß die Abklingfunktion[3] $f(r_{ij})$ ein Potenzgesetz oder exponentieller Abfall und α sowie β anpaßbare Exponenten sind.

3   mathematische Funktion, die streng monoton abnimmt

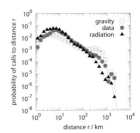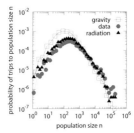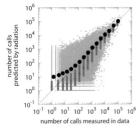

2.18 Links: Wahrscheinlichkeitsverteilung eines Anrufs über eine Distanz r. Mitte: Wahrscheinlichkeitsverteilung eines Anrufs an eine Gemeinde mit einer Bevölkerungsgröße n. Rechts: Vergleich zwischen gemessenen und simulierten Strömen für jedes Gemeindepaar. Daten: Anzahl der Telefongespräche während einer Periode von vier Wochen zwischen Nutzern, die in verschiedenen Gemeinden leben, wobei insgesamt 4 336 217 Nutzer 38 649 153 Anrufe getätigt haben. Die Daten wurden aggregiert, um die Gesamtanzahl der Anrufe zwischen jedem Gemeindepaar zu erhalten. Reproduktion der Bilder 3(g) bis (i) aus Simini et al., 2012.

Dieses Modell unterliegt jedoch einigen Beschränkungen: Es gibt keine strenge Herleitung, die auf einigen wenigen, einfachen Prinzipien beruht; die Wahl der Abklingfunktion ist nicht wohlbegründet; die Parameter der Abklingfunktion müssen aus den empirischen Mobiltelefondaten bestimmt werden; der Grenzfall großer Bevölkerungen ist nicht beschränkt; das Gravitationsmodell vernachlässigt intrinsisch das Gelände zwischen den Orten i und j. All diese Beschränkungen können mit dem Radiationsmodell überwunden werden.

Im allgemeinen kann das Radiationsmodell auf verschiedene Kontexte angewandt werden, beispielsweise auf langfristige Migrationsbewegungen und Transportprozesse, etwa Frachttransporte. Hier konzentrieren wir uns auf seine Vorhersagekraft in bezug auf Mobiltelefondaten. Bild 2.18 illustriert den Vergleich zwischen Daten, Gravitationsmodell und Radiationsmodell. Die linke Grafik zeigt die Verteilung der Wahrscheinlichkeit, daß ein Anruf zwischen zwei Orten stattfindet, in Abhängigkeit der Distanz dieser beiden Orte. Während das Gravitationsmodell Diskrepanzen sowohl für lange als auch für kurze Distanzen besitzt, stimmt das Radiationsmodell besser den empirischen Daten überein. Dasselbe gilt auch für die Wahrscheinlichkeit von Fahrten zu Orten, die eine Bevölkerungsgröße n aufweisen, wie es die Grafik in der Mitte zeigt. Schließlich zeigt die rechte Grafik die Ströme zwischen allen Gemeindepaaren, die in den Daten gemessen wurden, und vergleicht sie mit den vorausgesagten Werten (graue Punkte). Die schwarzen Punkte entsprechen der durchschnittlichen Anzahl von vorausgesagten Anrufen für jedes Paar. Die Symbole des stehen für den 9. und 91. Prozentanteil. Dieses Intervall überschneidet sich für alle Werte mit der Diagonalen, die als dünne schwarze Linie hinzugefügt ist, und belegt die gute Übereinstimmung des Modells mit den empirischen Daten.

5 Zusammenfassung

Wir haben gezeigt, wie Big Data – in unserem Fall Daten von Mobiltelefonen – verwendet werden können, um menschliches Mobilitätsverhalten über mehrere Größenordnungen hinweg zu analysieren. Wir identifizierten Skalierungsverhalten sowie Regularitäten für tägliche Routinen und präsentierten einfache Modelle, die die empirischen Erkenntnisse in einem hohen Maße reproduzieren. Die Universalität des diskutierten Skalierungsverhaltens und die Übertragbarkeit der Modelle lassen den Schluß zu, daß sie in bezug auf menschliches Verhalten und Infrastruktur relevant sind und Vorhersagen für diverse andere Prozesse wie Migration und Transport anwendbar sind.

Dank

Philipp Hövel dankt für die Unterstützung seitens des Deutschen Akademischen Austauschdienstes (DAAD) durch ein Postdoc-Fellowship.

Literatur

Albert, R. und Barabási, A.-L. 2002. Statistical mechanics of complex networks. *Rev. Mod. Phys.* 74(1): 47–97

Bagrow, J. P. und Lin, Y.-R. 2012. Mesoscopic structure and social aspects of human mobility. PLoS ONE 7(5), e37676

Bagrow, J. P., Wang, D.und Barabási, A.-L. 2011. Collective response of human populations to large-scale emergencies. *PLoS ONE* 6(3), e17680

Barabási, A.-L. 2005. The origin of bursts and heavy tails in human dynamics. *Nature* 435: 207

Blondel, V. D., Krings, G.und Thomas I. 2010. Regions and borders of mobile telefony in belgium and in the brussels metropolitan zone. Brussels Studies 42, ISSN 2031–0293: 13

Brockmann, D., Hufnagel, Lund Geisel T. 2006. The scaling laws of human travel. *Nature* 439 (7075): 462–465

Eagle, N. and Pentland A. 2006. Reality mining: sensing complex social systems. Pers. *Ubiquitous Comput.* 10(4): 255–268

Eagle, N. und Pentland A. 2009. Eigenbehaviors: Identifying structure in routine. *Behav. Ecol. Sociobiol.* 63(7): 1057–1066

Expert, P., Evans, T. S., Blondel, V. D.und Lambiotte R. 2011. Uncovering space-independent communities in spatial networks. *PNAS* 108(19): 7663

Gonzalez, M. C. und Barabási A.-L. 2007. From data to models. *Nature Physics* 3: 22

Gonzalez, M. C., Hidalgo, C. A.und Barabási, A.-L. 2008. Understanding individual human mobility patterns. *Nature* 453(7196): 779–782

Lambiotte, R., Blondel, V. D., de Kerchove, C., Huens, E., Prieur, C., Smoreda, Z.und Dooren P. V. 2008. Geographical dispersal of mobile communication networks. *Physica A* 387(21): 5317–5325

Lazer, D., Pentland, A., Adamic, L., Aral, S., Barabási, A.-L., Brewer, D., N. Christakis, N. Contractor, J. Fowler, M. Gutmann, T. Jebara, G. King, Macy, M., Roy, D.und Van Alstyne, M. 2009. Computational social science. *Science* 323: 721–723

Onnela, J. P., Saramäki, J., Hyvönen, J., Szabó, G., Argollo de Menezes, M., Kaski, K., Barabási, A.-L. und Kertész J. 2007. Analysis of a large-scale weighted network of one-to-one human communication. *New J. Phys.* 9: 179

Onnela, J. P., Saramäki, J., Hyvönen, J., Szabó, G., Lazer, D., Kaski, K., Kertész, J.und Barabási, A.-L. 2007. Structure and tie strengths in mobile communication networks. *PNAS* 104(18): 7332–7336

Simini, F., Gonzalez, M. C., Maritan, A.und Barabási A.-L. 2012. A universal model for mobility and migration patterns. *Nature* 484: 96–100.

Song, C., Koren, T., Wang, P.und Barabási, A.-L. 2010. Modelling the scaling properties of human mobility. *Nature Physics* 6: 818–823

Song, C., Qu, Z., Blumm, N.und Barabási, A.-L. 2010. Limits of Predictability in Human Mobility. *Science* 327(5968): 1018–1021

Wang, D., Pedreschi, D., Song, C., Giannotti, F.und Barabási, A.-L. 2011. Human mobility, social ties, and link prediction. ACM SIGKDD International Conference on Knowledge Discovery and Data Mining (KDD)

Zipf, G. K. 1946. The hypothesis: on the intercity movement of persons. *Am. Sociol. Rev.* 11(6): 677–686

Kael Greco

Die Stadt, durch die Datenlinse betrachtet

Anfang 2007 machte eine Gruppe von Google-Earth-Nutzern in San Diego eine seltsame Entdeckung. Als diese Hobby-Magellane durch die gerade erst verfügbaren Satellitenbilder schwenkten, bemerkten sie eine Gruppe von Bauten, die eine unerklärliche Gestalt bildeten. Sie erinnerte an ein nationalsozialistisches Hakenkreuz (Bild 2.19). Dieser Fund verbreitete sich rasend – noch bevor es überhaupt das Konzept des ,Viral-Werdens' gab – und wurde dann von den großen Nachrichtenstationen aufgegriffen. Man entdeckte schnell, daß der Komplex (die Straßen in der Nähe waren zufällig alle nach Orten benannt, die einen Bezug zum Zweiten Weltkrieg hatten) 1967 von der US Navy gebaut worden war. Die Draufsicht auf diese Anlage, die nun jeder sehen kann, der über eine Internetverbindung verfügt, führte zu einem öffentlichen Aufschrei, und der politische Druck führte schließlich dazu, daß ein 600000 USD teures Sanierungsprojekt gestartet wurde, um die inakzeptable Gestalt der Gebäude zu tilgen (Perry, 2007). „Wir wollen nicht mit etwas in Verbindung gebracht werden, das so symbolisch und verhaßt ist wie ein Hakenkreuz", sagte ein Sprecher. Die Navy versicherte, daß die exakte Form und die Ausrichtung dieser Struktur zufällig und lediglich die Konsequenz eines beschämenden Planungsfehlers war. Beabsichtigt oder nicht, es ist klar, daß die Planer des Projekts in den 1960er Jahren nicht voraussehen konnten, daß man das fertige Projekt einmal aus der Vogelperspektive würde sehen können (Perry, 2007).

2.19 Luftaufnahme eines Gebäudekomplexes der U.S. Navy in der Nähe von San Diego.
Source: Image U.S. Geological Survey © 2013 Google.

So grotesk die ganze Episode auch war, sie wirft ein Schlaglicht auf ein besonders folgenreiches Konzept: Neue Sichtweisen auf Orte können unser Verständnis von einem Ort und unsere Beziehung zu ihm von Grund auf verändern. Google hatte stadtbezogene Daten auf so aufgearbeitet und neu kontextualisiert, daß sie buchstäblich einen neuen Blick auf die Stadt erlauben – in diesem Fall enthüllten sie das größte staatlich subventionierte Hakenkreuz der Welt.

Selbstverständlich sind nicht alle stadtbezogenen Datensätze von so intrinsisch *visueller Natur* wie Satellitenbilder. In vielen Fällen braucht man den Kontext urbaner Räumlichkeit, um sie verstehen und operationalisieren zu können. Daten gewinnen an Prominenz und Aussagekraft, wenn sie *durch die Linse der Stadt* gesehen werden. Das Beispiel par excellence für die Macht, die Daten ausüben können – die zum Großteil auf Edward Tuftes ‚Missionstätigkeit' zurückzuführen ist (Tufte 2001), wird aus jener Karte ersichtlich, die John Snow 1854 anläßlich des Ausbruchs der Cholera anfertigte (Bild 2.20).

Mitte des 19. Jahrhunderts waren Stadt und Gesundheit untrennbar miteinander verbunden: Planer und Theoretiker arbeiteten daran, die wachsenden Gesundheitsprobleme zu lösen, die mit der immer dichteren Zusammenballung von Menschen einhergingen. Besondere Bedeutung hatte der Kampf gegen eine Choleraepidemie.

2.20 Karte von Dr. John Snow mit den Anhäufungen der Todesfälle bei der Londoner Cholera-Epidemie 1854. Quelle: wikipedia.org

Die Theorie von der Verbreitung durch Bakterien war seinerzeit noch nicht von der Medizin akzeptiert worden, aber indem Snow auf Cholera zurückzuführende Todesfälle in Soho auf einer Karte verortete, gelang es ihm, die Vorstellung, Cholera würde nicht durch infizierte Luft, sondern durch kontaminiertes Wasser und verseuchte Nahrungsmittel übertragen, anschaulich zu kommunizieren.

1 Daten-Overload und der Fluch der Dimensionalität

Wie der Vormarsch der Technologie sind auch die Praktiken der Visualisierung und des Mapping unauflösbar mit dem Versprechen des Unendlichen verknüpft, oder, wie James Corner es ausdrückt: „Mapping entfaltet sein Potential; es erfindet das Territorium immer wieder neu, jedesmal mit neuen und anderen Konsequenzen." (Corner 213). Dieser Gedanke hat zusammen mit der breiten Akzeptanz des Big-Data-Paradigmas den berauschenden Glauben befördert, daß alles und alles rechengestützt beschrieben, manipuliert, modelliert und simuliert werden könne.

Im Zeitalter von Big Data ist die Quantität König, und jede zusätzliche Dimension bringt uns einer perfekten Repräsentation näher. Jorge Luis Borges' „Del rigor en la ciencia" („Von der Strenge der Wissenschaft"), eine warnende Erzählung über das Ideal des Eins-zu-Eins, ist alles andere als vergessen. Wir sperren uns schon lange nicht mehr gegen die Aussicht, unsere Welt umfassend beschreiben und simulieren zu können, denn Google hat uns schon eindeutig klar gemacht, daß dies unausweichlich ist: Die neue existentielle Furcht lauert auf der brüchigen Linie zwischen Realem und Simuliertem (Beane et al.); nun haben wir Angst davor, nicht mehr sagen zu können, wo die physische Welt endet und die Datenlandschaften beginnen.

Eine ontologische Erklärung der Wirklichkeit ist in diesem Kontext zugegebenermaßen ein wenig unverschämt, aber dieser albernen Progression der Logik liegt die subtile Annahme zugrunde, daß mehr mehr ist – jeder Datumseintrag besitzt zumindest eine kleine Menge deskriptiver Macht. Diese weitverbreitete Auffassung geht davon aus, daß sich wichtige Geschichten überall in den Daten verstecken und die Aufgabe von Analyse und Repräsentation darum einfach darin besteht, diese Geschichten zu *entdecken*. Der Marsch in Richtung Daten-Absolutismus geht also munter weiter, und damit auch die Tendenz, Bedeutung auch dort zu sehen, wo es beim besten Willen keine gibt – also falsche Muster im großen Rauschen der Big Data zu identifizieren oder hinzuinterpretieren.

Was bedeutet das nun alles im Kontext der Stadt? Stadtbezogene Daten sind mächtig und volatil; sie umfassen unzählige Dimensionen in endlich vielen physischen und zeitlichen Maßstäben, und es besteht eine große Kluft zwischen möglichen Beziehungen und umsetzbaren Resultaten. Wir bemühen uns nun, in diesem Gewirr legitime, nachvollziehbare Bedeutungen auszumachen. Das heißt, wir orientieren den Prozeß des Modellierens, Simulierens und der Repräsentation neu, um Wert zu destillieren und zugleich auch die Stichhaltigkeit nicht aus dem Auge zu verlieren. Die folgende Fallstudie illustriert, wie wir dieses delikate Gleichgewicht erreichen wollen.

2 Die Stadt Riad und das UTS-Projekt Vision

Die schnelle wirtschaftliche und demographische Entwicklung Saudi-Arabiens stellt das Königreich vor neue Herausforderungen, bietet aber auch neue Chancen. Eine besondere Problematik bildet das rasante Wachstum der Hauptstadt Riad, wo die Verkehrsinfrastruktur nicht mehr mit der Entwicklung schritthalten kann. Der explodierende Autoverkehr ist eine zusätzliche Belastung für die ohnehin beschränkte Straßenkapazität: Zwischen 1987 und 1995 wuchs die Anzahl der Autofahrten um 9 Prozent pro Jahr.

Das UTS-Projekt hat zum Ziel, ein innovatives, hochdynamisches städtisches Verkehrssystem zu entwickeln, das insbesondere auf die Verkehrsprobleme von Riad zugeschnitten ist. Das Projekt will eine Alternative zu traditionellen intelligenten Verkehrssystemen entwickeln, indem es die digitalen Spuren nutzt, die wir im Alltag hinterlassen, um Modelle für die Mobilitätsanalyse, für Interventionen und Planung zu schaffen, und zwar für Politiker, Planer und Immobilienentwickler genauso wie für die Bürger von Riad.

Das Konzept des Projekts umfaßt sowohl kurzfristige als auch langfristige Elemente. Kurzfristig geht es darum, die Leistung menschlicher Mobilität in der existierenden Infrastruktur zu analysieren und versteckte Schwachpunkte und mögliche Verbesserungsmöglichkeiten im städtischen Verkehrssystem zu identifizieren. In der langfristigen Perspektive beschäftigt sich das Projekt mit Fragen der zukünftigen Stadtentwicklung, vor allem mit übergeordneten Entwicklungen in der Region, um Szenarien für eine bessere Dienstezuteilung und besseres Wachstum entwickeln zu können.

3 Der Mobilitätsdaten-Browser

Der Kernpunkt des Projekts ist die Formulierung eines Mobilitätsdaten-Browsers, einer Plattform, die das Sammeln, Analysieren, Modellieren und Repräsentieren einer Vielzahl stadtbezogener Datensätze und verschiedener Zeitskalen erleichtert. Abgesehen vom spezifischen Schwerpunkt auf Mobilität verfolgt dieses Werkzeug selbst keine übergeordnete Agenda. Wir hoffen vielmehr, daß es Datenströme, die normalerweise als inkongruent wahrgenommen werden, auf neue, kreative Weise kombinieren und so bislang nicht wahrnehmbare oder verdeckte Beziehungen sichtbar machen kann.

3.1 Die Daten

Bevor wir auf die verschiedenen Analysemethoden und Repräsentationsstrategien eingehen, muß darauf hingewiesen werden, von welcher Datenbasis das Projekt ausgeht. Gemeinsam mit Telekom-Unternehmen aus der Region sammelten wir ungefähr einen Monat lang alle Telefonaktivitäten im Land. Das Mobiltelefon ist eine der mächtigsten, aktuell verfügbaren Echtzeit-Sensor-Technologien; die Verbreitung digitaler Geräte erlaubt es uns, extrem hochaufgelöste Spuren menschlicher Aktivität in ganz verschiedenen Dimensionen einzufangen.

Die Mobiltelefon-Verbreitung in Saudi-Arabien liegt bei über 198 Prozent – eine erstaunliche Zahl, die den Schluß nahelegt, daß viele Menschen im Königreich mehr als ein Mobilgerät besitzen. Wir aggregierten fast 100 Millionen täglicher Netzwerkverbindungen, die mehr als 10 000 Basisstationen eindeutig zugeordnet werden konnten. Jeder anonymisierte Kommunikationsdatensatz (*Call Detail Record,* CDR) enthielt präzise Angaben zu Zeit und Dauer der Verbindung, zum Standort des Anrufers, zum Verbindungstypus (Telefonat, SMS, Internet-Anfrage et cetera) und zum Dienstetypus des Nutzers (Vertrag, pre-paid et cetera).

3.2 Auf der Suche nach dem sozialen Puls der Stadt

Wir begannen die Daten räumlich zuzuordnen und eine Reihe von Aktivitätsprofilen auf unterschiedlichen physischen und zeitlichen Skalen zu generieren. Die

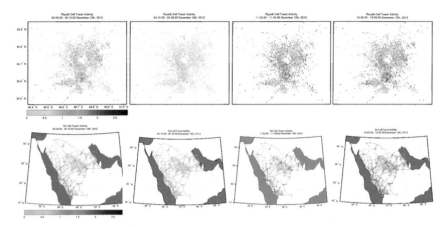

2.21 Aktivitäts-Momentaufnahmen für Riad und Saudi-Arabien

Bilder zeigen Nutzungsmuster von Mobiltelefonen während eines Tages (Bild 2.21, oben) in der gesamten Stadt Riad beziehungsweise (Bild 2.21, unten) in ganz Saudi-Arabien. Die aggregierte Mobilfunkaktivität (Anzahl der Anrufe, SMS und Datenanfragen) für einen Zeitraum von 15 Minuten ist für jede Basisstation in einer Farbe aufgetragen (dunkel bis hell auf einer logarithmischen Skala). Diese statischen Bilder liefern einen sehr guten Eindruck von der Dynamik des sozialen Lebens in der Region (und demonstrieren zudem die Telekommunikations-Datenübertragungsleitungen der Region heraus), aber letzten Endes bieten sie lediglich Annahmen und keine Antworten, da sie am Rhythmus des Lebens vorbeigehen. Wenn man mehr Kontext einbringt – Bilder der Stadt, die Form der Infrastruktur, zeitliche Dimensionalität –, erreicht man eine viel reichere Repräsentation des Rhythmus und des Tempos des Lebens in der Stadt. Die Visualisierung zeigt die Mobilfunkaktivität mittels Farbe, Transparenz und Höhe (wiederum auf einer logarithmischen Skala), über die ganze Ausdehnung der Stadt Riad gerastert. Wir betrachten hier die Mobilfunkstationen nicht als diskrete Punkte in der Stadt, sondern zeigen den Netzwerkverkehr, interpoliert auf ein Hundert-mal-hundert-Gitter. Jeder Gitterzelle entspricht eine Intensität je nach ihrer Entfernung zu den umgebenden Antennen und deren Aktivitätsniveaus, wobei eine Gaußsche Glättungsfunktion verwendet wird. Die zeitliche Aktivität wird auf ähnliche Weise interpoliert, und obwohl es unmöglich ist, es im Druck zu zeigen, ist die Ansicht der finalen Visualisierung eine viel natürlicher – sie zeichnet ein eindringliches Portrait des *sozialen Charakters* der Stadt.

Verwendet man Satellitenbilder als Grundkarte, sieht man sehr gut, wie sich der soziale Rhythmus der Stadt über die gebaute Form legt. Wenn wir unsere Daten auf ihre prinzipielle Plausibilität hin überprüfen, erkennen wir – wie vorausgesagt – sehr niedrige Aktivitätsniveaus während des frühen Morgens, bevor das Zentrum in einer wahren Verkehrsexplosion untergeht, die sich während des restlichen Tages langsam in die äußeren Gebiete ausdehnt. Wir können auch deutlich erkennen, wie sich Subzentren herausbilden, die mit der Dichte der Bautätigkeit korrelieren und wie vom Straßennetzwerk selbst aufgeteilt zu sein scheinen.

Das sich verlagernde Aktivitätsprofil der Stadt verdeutlicht auch ein aussagekräftiges zeitliches Kommunikationsmuster, das typisch ist für Riad. Beobachtet man die Schwankungen in der Aktivitätslandschaft, so zeichnet sich ein einzigartiger

Mobilfunkaktivität

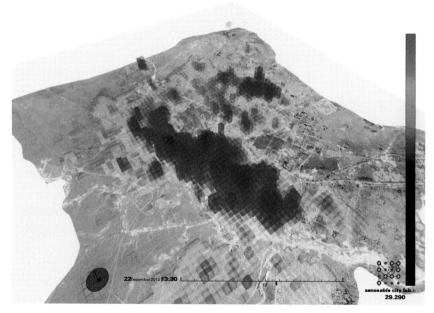

2.22 Durchschnittliche Mobilfunkaktivität im gesamten Stadtgebiet von Riad. Höhe und Farbe stehen für eine in 15-Minuten-Schritten aggregierte Aktivität.

Charakter ab: Wir sehen, daß die Stadt erst zu Mittag richtig lebendig wird und die aggregierte Aktivität ihren Höhepunkt rund um 18:15 Uhr erreicht. Wenn man genau hinsieht, kann man über die Zeitschichten hinweg subtile regionale Abgrenzungen ausmachen: Die Wohngebiete im Südwesten und Nordosten des Zentrums werden vor dem Rest der Stadt aktiv und erfahren während des Tages die stärksten stundenweisen Fluktuationen. Schließlich läßt der zeitliche Dynamismus auch einige besondere Diskontinuitäten während des Tages erkennen – es ist fast so, als ob der Telefonverkehr plötzlich in seltsamen Intervallen halbiert würde (auf dieses Phänomen kommen wir später noch genauer zu sprechen).

3.3 Rückschlüsse auf den Wohn- und Arbeitsort

Wenn wir die Zeitintervalle ausdehnen, um größere Tag-Nacht-Schwankungen zu erfassen, können wir Wohn- und Arbeitsorte in der Stadt unterscheiden – ein methodischer Vorläufer von Rückschlüssen auf die Landnutzung. Wir definieren ‚Wohnort' als jene Basisstation, die während eines Wochentages zu Nachtzeiten am häufigsten besucht wird. ‚Arbeitsort' ist jene Basisstation, die während eines Wochentages tagsüber am häufigsten besucht wird. Dadurch können wir im wesentlichen jene Nutzer herausfiltern, die die meisten nächtlichen Anrufe (60 Prozent) zwischen 22:00 Uhr nachts und 06:00 Uhr früh von einem bestimmten Ort aus tätigen, während die Mehrzahl der Anrufe zwischen 9:00 und 15:00 Uhr von einem anderen Ort aus erfolgt.

Durch diesen Prozeß erhielten wir ungefähr zwei Millionen Paare von während der Woche besuchten Arbeitsorten beziehungsweise Wohnorten; aber damit stellten sich folgende Fragen: Wie können wir diese Erkenntnis praktisch nutzen? Kann uns die Kombination dieser Paare etwas Neues über die Betriebsstruktur der Stadt sagen? Selbstverständlich, denn jede Wohnort-Arbeitsort-Dyade definiert den Start- beziehungsweise Endpunkt eines Pendelweges, so daß dieser Prozeß ein wichtiger Schritt war, um die Pendelbedürfnisse besser zu verstehen. Ist es aber möglich, aus diesen Daten Einzigartiges abzulesen?

Wir begannen, jeden Wohn- beziehungsweise Arbeitsort zu akkumulieren, wobei die Ausdehnung der Stadt die Grenze bildete und wir die Resultate geographisch glätteten. Diese Karten zeigen eine sehr grobkörnige Sicht der Landnutzung in zwei diskreten Dimensionen. Wir entwickelten dann eine zusätzliche Karte, um

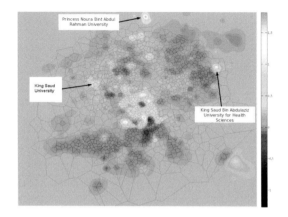

die Extreme zu verdeutlichen, indem wir die Wohnorte von den Arbeitsorten subtrahierten, wie in Bild 2.23 zu sehen ist.

Die Karten machen die Diskrepanz zwischen reinen Wohn- und reinen Arbeitsplatzgebieten deutlich: Man erkennt einige monozentrisch zusammengeballte Arbeitsplatz-Konzentrationen, die der allgemeinen räumlichen Logik der Stadt folgen. An der Peripherie sieht man einige Universitäten, an denen sich Arbeitsplätze konzentrieren. Zum Schluß sehen wir sowohl im Süden als auch im Osten der Stadt große Agglomerationen von Wohngebieten, während kleinere Inseln über die ganze Stadt verstreut sind. Auch diese Erkenntnisse decken sich mit den Ergebnissen unserer subjektiven Erkundung der Landnutzung mittels Google Maps und Diskussionen mit Einheimischen.

3.4 Auf den Spuren mobiler Gemeinschaften

Die Visualisierungen von Wohn- und Arbeitsorten verweisen auf die organisatorische Logik der Stadt. Können empirische Analysen die starken regionalen Cluster bestätigen, die wir in den vorausgegangenen Karten gesehen haben? Wenn ja, wie können wir dann visuell die Bedeutung der ihnen zugrunde liegenden Gemeinschaftsstrukturen erforschen? Wenn wir alle Pendlerbewegungen zwischen Wohn- und Arbeitsplatz als stadtweites Mobilitätsnetzwerk definieren, müßten wir dieses Netzwerk mithilfe eines Algorithmus zur regionalen Abgrenzung in Sub-Gemeinschaften gliedern können.

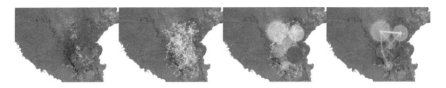

2.24 Prozeß der Mobilitäts-Partitionierung

Dieser Prozeß beginnt mit dem stadtweiten Netzwerk der miteinander verbundenen Mobilfunkbasisstationen, bei dem eine gewichtete direkte Kante zwischen zwei Knoten als kumulativer Strom an Wegen zwischen den Knoten definiert ist. Der Algorithmus nutzt dann ein Modularitätsoptimierungsverfahren, so daß die Sub-Netzwerke so in Cluster aufgeteilt werden, daß die Anzahl der betroffenen Kanten minimiert wird. Jede daraus resultierende Sub-Gemeinschaft repräsentiert ein Gebiet, in dem die meisten Pendler arbeiten und wohnen und arbeiten. Insgesamt konnten wir so 17 separate Gemeinschaften ausmachen (Bild 2.25, sowie Bilder 2.26 und 2.27, Seite 130). Als wir unsere Resultate dann auf die Geographie der Stadt übertrugen, zeigten sich ein paar aufschlußreiche Beziehungen. Am auffälligsten war, daß die Cluster sehr eng mit den Hauptverkehrsadern der Stadt korrelierten. Mobile Gemeinschaften scheinen in hohem Maß auf das Straßennetzwerk angewiesen zu sein, was die Abhängigkeit der Stadt von der Schnellstraßen-Infrastruktur unterstreicht. Diese Resultate stützen auch die verbreitete Annahme, daß Straßen mit starkem Verkehr in vielerlei Hinsicht ein Instrument der Segregation und Kontrolle sind. Optimistischer formuliert: *Gute Straßen sorgen für gute Nachbarn.*

3.5 Vom sozialen Rhythmus zur Direktionalität

Kommunikationsdatensätze können uns Geschichten über Stadtbewohner fast in Echtzeit erzählen. Aus der Perspektive der Stadtplanung ist in diesem Kontext vor allem interessant, daß wir daraus das Mobilitätsmuster eines Individuums ablesen können, das auf einer aggregierten Ebene eine der wichtigsten Komponenten der Stadtanalyse beschreibt, nämlich Quelle-Ziel-Matrixdarstellungen, numerische Repräsentationen der räumlichen Verkehrsverteilung. Die Entwicklung korrekter Quelle-Ziel-Matrizen ist eine entscheidende Komponente für die Optimierung von Verkehrsnetzwerken − nicht nur beim Berechnen der jeweils aktuellen Kapazitätsengpässe sondern auch bei der Prognose des zukünftigen Bedarfs. Konventionell wird eine solche Matrix durch mühsame, alle fünf bis zehn Jahre stattfindende Zensusumfragen erarbeitet. Ein solcher Prozeß ist langwierig und teuer, und wenn er abgeschlossen ist, liefert er nur rudimentäre Momentaufnahmen der Nachfrage nach Verkehr. Manche haben die Einrichtung umfassender Sensornetzwerke vorgeschlagen, um diese Unzulänglichkeiten wettzumachen. Unser Ansatz hingegen will die Ubiquität von Sensoren nutzen, die bereits in unserem Umfeld existieren, nämlich die von Mobiltelefonen. Wenn wir die mobile Aktivität eines jeden Nutzers als Sequenz von Basisstations-Standorten sammeln und filtern, sind wir in der Lage, die Verkehrsnachfrage einer Bevölkerung in bezug auf die Ursprungs- und Zielpunkte einzelner Wege abzuschätzen. Wir haben gezeigt, daß diese angenäherten Ursprungs-Ziel-Ströme eng mit den Zensus-Schätzungen korrelieren (Calabrese et al., 2006). Unser Ansatz erfaßt jedoch zusätzlich auch die Verkehrsnachfrage in hochdynamischen Zeitintervallen, die von saisonalen Schwankungen bis zu stündlichen Fluktuationen reichen. Eine solche hohe zeitliche Auflösung kann unser Verständnis von urbaner Mobilität verändern.

Wir konstruierten zuerst Quelle-Ziel-Matrizen auf einer stündlichen Basis und zeigten sie parallel zur Netzwerkaktivität. Bei der Visualisierung der Ergebnisse

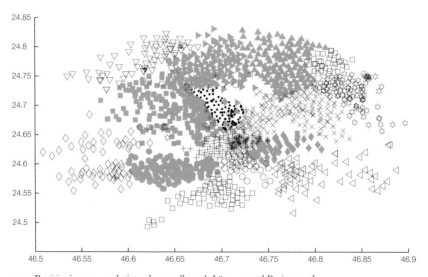

2.25 Partitionierungsergebnisse, dargestellt nach Längen- und Breitengrad

repräsentierten wir jede ‚Reise‘ als Pfeil, der bei der Ursprungsbasisstation seinen Ausgang nimmt und bei der Basisstation endet. Jeder Pfeil umfaßt eine variable Anzahl von Fahrten. Um dies zu illustrieren, veränderten wir Dicke und Höhe je nach Aktivitätsintensität entlang der betreffenden Strecke (auf einer logarithmischen Skala). Um auch die Richtung zu unterstreichen, entwickelten wir ein Farbschema, das die Ursprungsorte in Blau und die Zielorte in Grün zeigt. Die Quelle-/Zielpfeile sind über dieselbe Basisgeographie der Stadt gezeichnet und über das Drahtgitter der oben erwähnten sozialen Interaktion gelegt, um die unsichtbaren Verbindungen zwischen diesen beiden Datensätzen sichtbar zu machen.

Im Rahmen mehrerer Workshops mit Bewohnern und Stadtmitarbeitern stellte sich heraus, daß die so erhaltenen dynamischen Karten frappierend der intuitiven Wahrnehmung ähneln, die Einheimische von den Fahrzeugströmen in der Stadt haben. Die Quelle-Ziel-Ströme entsprechen im allgemeinen sehr gut dem zugrunde liegenden Straßennetzwerk. Vor allem aber zeigen die visualisierten Ergebnisse eine starke Aktivität entlang der Hauptverkehrsadern der Stadt: auf der King Fahd Road und auf den nördlichen beziehungsweise östlichen Ringstraßen. Dies entspricht den subjektiven Einschätzungen, die die lokale Gemeinschaft von den städtischen Pendlermustern hat. Um unsere Ergebnisse zu untermauern, verglichen wir sie mit den besten verfügbaren Messungen der Straßenaktivität vor Ort: Fahrzeugzählungen, die mit pneumatischen Sensoren vorgenommen werden, die an vielen Kreuzungen in der Stadt angebracht sind.

Diese Zählungen wurden als Halbkugeln an der entsprechenden Kreuzung in die Visualisierung eingefügt. Jede Kugel verändert ihre stündlich Form und Farbe je nach dem gemessenen Volumen. Auch hier bilden sich die wesentlichen Teile der Stadt sehr real ab. Allerdings sind im Südosten des Stadtzentrums einige seltsame

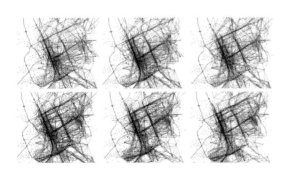

2.28 Quelle-Ziel-Matrizen für Riad von 6 bis 9, 9 bis 12, 12 bis 15, 15 bis 18, 18 bis 21 und 21 bis 24 Uhr

Quelle-Ziel-Aktivitäten erkennbar, zu denen es aber leider keine entsprechenden Fahrzeugmessungen als Vergleich gibt. Dieser Bereich muß in Zukunft noch genauer untersucht werden.

Der letzte Schritt in der Analyse besteht darin, diese städtischen Pendlerströme mittlerer Größenordnung auf die Aktivität auf dem Straßennetzwerk selbst zu übertragen. Indem wir unsere gesammelten Quelle-Ziel-Fahrten probabilistisch in eine *GIS*-Datenbank von Straßensegmenten eintrugen, konnten wir die Auswirkungen quantifizieren, die verschiedene Mobilitätsgemeinschaften auf das aggregierte Verkehrsnetzwerk haben – was das Potential für eine umfassende Echtzeit-Repräsentation für Pendlerbewegungen demonstrierte. Diese Technik kann sowohl überlastete Straßen als auch spezielle Staubereiche, an denen der tägliche Verkehrskollaps der Stadt seinen Anfang nimmt, quantitativ identifizieren. Ähnliche Studien fanden heraus, daß einige wenige Fahrzeuglenker aus wenigen Gemeinschaften für die Staus auf Schlüsselstrecken verantwortlich sein können. Für Boston identifizierten Wang et al. 15 von 750 Befragungsbezirken (2012), die für die Verkehrsmisere verantwortlich sind. Ob dies auch für Riad gilt, müßte noch untersucht werden.

4 Spekulation: Daten mit den Augen der Stadt Riad sehen

Die eben beschriebene Forschungsarbeit nutzte inhärent ‚soziale' Daten, um Muster großräumiger menschlicher Dynamiken innerhalb einer Stadt aufzudecken, woraus sich zeitlich präzise Darstellungen des Pulses von Riad und der sich zyklisch verlagernden Richtung ergaben. Nachdem diese erste Analyse bereits in Arbeit ist, können wir uns nun dem anderen Ende des Kontinuums widmen, das wir in der Einleitung erwähnt haben: Wir wollen versteckte soziale Trends aufdecken, indem wir das Netzwerk menschlicher Interaktion *durch* die Stadt selbst filtern. Es existiert eine ganze Reihe kontextueller Faktoren, die Riad – und das Königreich Saudi-Arabien als ganzes – zum faszinierenden Objekt einer räumlichen Kulturanalyse macht.

Damit sind einige theoretische Fragen verknüpft: Welche relevanten soziokulturellen Faktoren haben wir in unseren Daten erfaßt, die durch die Einbettung in die Stadt aktiviert werden können? Um zu John Snows Cholera-Karte zurückzukommen: Können wir versteckte Facetten des sozialen Lebens erkennen, indem wir unsere Daten auf die Struktur der Stadt übertragen? Was kann uns diese Übertragung über den Charakter und die Zusammensetzung der gebauten Umgebung in Saudi-Arabien sagen? Was nun folgt, beschreibt lediglich eine mögliche Richtung für weitere Studien. Das primäre Ziel besteht darin, Fragen zu identifizieren, deren Beantwortung irgendwo am unscharfen Interface zwischen sozialen und physischen Geographien liegt. Diese kurzen Gedankenexperimente erheben keinen Anspruch auf Vollständigkeit, aber wir skizzieren sie, denn sie können die großen Linien für weitere Forschungen abstecken.

Wenn man mit dem allgemeinen saudi-arabischen Kontext beginnt, kommt man nicht umhin, die Geschlechtertrennung als Ausgangspunkt für eine komparative soziale Analyse zu sehen. Das Land ist bekannt für seine rigiden Geschlechternormen. Saudische Frauen leben ein äußerst beschütztes Leben; im Grunde genommen sind sie massiv in ihrer Bewegungsfreiheit eingeschränkt, was beim Niqab (Schleier) beginnt und der verpflichtenden männlichen Begleitung endet. Kann man über die Stadt selbst herausfinden, wie dies den Alltag bestimmt? Wenn wir unsere anonymisierten CDRs mit demographischen Informationen kombinieren, können wir empirisch ausloten, wie diese Trennung sich im ganzen Land ausdrückt.

Außerdem nimmt Saudi-Arabien für sich auch die zweifelhafte Ehre in Anspruch, daß es das einzige Land der Welt ist, in dem Frauen nicht autofahren dürfen. Da der öffentliche Verkehr kaum Alternativen bietet, bleibt ihnen nichts anderes übrig, als sich entweder auf männliche Verwandte zu verlassen oder Fahrer anzustellen, um sich in ihrer Umgebung überhaupt bewegen zu können. Ist es möglich, diese Einschränkung räumlich zu quantifizieren? Können wir die Geographie der Exklusion rekonstruieren und darstellen? Wie würde eine solche Landschaft ausschauen? Welche Gegenden in der Stadt sind für Frauen am besten beziehungsweise am wenigsten zugänglich, und wie verteilen sie sich über die Stadt? Können wir kulturell verordnete Restriktionen von solchen unterscheiden, die sich aufgrund der Stadtstruktur auch physisch auswirken? Wie manifestiert sich diese Segregation durch das Netzwerk menschlicher Interaktion – gibt es auch hier räumliche Einschränkungen? Und die letzte Frage: Was sind die Konsequenzen für Stadtpolitik, Stadtplanung und Stadtverwaltung?

Ein anderes kulturelles Phänomen, das einzigartig für die arabische Welt ist, sind die täglichen Aufrufe zum Gebet. Wie oben angedeutet, fanden wir ein irritierendes Muster in der Verteilung der mobilen Aktivität, das uns in keinem anderen Land, in keiner anderen Stadt, die wir untersucht hatten, begegnet war: Zu verschiedenen Zeitpunkten während des Tages brach das Aktivitätsniveau in der Stadt einfach für

30 bis 40 Minuten ein, um dann wieder seinem typischen Verlauf zu folgen. Diese ‚Inaktivitätstäler' ergaben sich aus den täglichen Gebeten. Millionen von Moslems im ganzen Land legen fünfmal am Tag ihre Telefone beiseite und wenden sich der heiligen Stadt Mekka zu, um zu beten. Geschäfte schließen im Prinzip für 20 bis 30 Minuten, und die Religionspolizei – die Mutaween – überwacht die Straßen und schickt alle Faulenzer in die nächste Moschee.

Zu unserer Überraschung fingen unsere Aktivitätsverteilungen dieses Verhalten sehr gut ein. Das genaue Timing dieser Gebetsaufrufe hängt von der Position der Sonne ab. Indem wir die CDR-Verteilung nach westlich, zentral und östlich unterschieden, konnten wir die Gebetszeiten über das Land wandern sehen. Daraus ergeben sich weitere spannende Fragen. Wie wir bereits bei der Visualisierung des ‚sozialen Pulses' gesehen haben, ist dieser plötzliche Abfall in der Funkaktivität erkennbar, wenn er auf den physischen Raum übertragen wird. Aber können wir auch die Intensität dieser Störung quantifizieren und abbilden und auf diese Weise zeigen, welche Gegenden am stärksten von diesen Gebetsaufrufen betroffen sind?

Welche Beziehung besteht zwischen dieser Unterbrechung und der räumlichen Organisation von städtischen Umgebungen – wie korreliert unser Intensitätsmessung mit Landnutzungsmustern? Folgt sie der Dichteverteilung der Moscheen? Können wir auf dieser Basis herausfinden und illustrieren, wie sich Unterbrechungen durch Gebetszeiten durch Mobilität ausdrücken? Verkürzen sich die durchschnittlichen Wegezeiten während dieser Gebetsfenster, was anzunehmen naheliegend wäre? Und zu guter Letzt: Kann die Intensität der Unterbrechung Hinweise auf die regionale Religiosität geben? Können wir eine Korrelation zwischen Religiosität und den Merkmalen des Netzwerks menschlicher Interaktion feststellen?

Mit all diesen offenen Fragen werden wir unsere Forschungen weiterführen, wobei der urbane Kontext als Angelpunkt für unsere Suche nach Antworten dient. Indem wir in einem sorgfältigen Aushandlungsprozeß in den räumlichen Rahmen hinein- und herauszoomen, hoffen wir, eine Sammlung von Darstellungen erarbeiten zu können, die einen neuen Blick auf die Stadt und die sozialen Kräfte ermöglichen, die *durch* die Stadt wirken.

Literatur

Beane, Silas R., Zohreh Davoudi, and Martin J. Savage. 2012. „Constraints on the Universe as a Numerical Simulation." *arXiv Preprint arXiv:1210.1847.* http://arxiv.org/abs/1210.1847 Letzter Zugriff 4. Mai 2013

Calabrese, Francesco, Giusy Di Lorenzo, Liang Liu, and Carlo Ratti. 2011. „Estimating Origin-Destination Flows Using Mobile Phone Location Data." *IEEE Pervasive Computing* 10 (4): 36–44.

Corner, James. 1999. The Agency of Mapping: Speculation, Critique and Invention." Mappings. 1st ed. London: Reaktion: 213–52

Perry, Tony. 2007. „Navy to Mask Barracks Shaped Like a Swastika." *Los Angeles Times,* September 26. http://articles.latimes.com/2007/sep/26/local/me-swastika26. (Letzter Zugriff 30. April 2013)

Tufte, Edward. 2001. The Visual Display of Quantitative Information. 2nd ed. Cheshire: Graphics Press: 24

Wang, Pu, Timothy Hunter, Alexandre M. Bayen, Katja Schechtner, and Marta C. González. 2012. „Understanding Road Usage Patterns in Urban Areas." *Scientific Reports* 2.

3 Implikationen für Planung und Stadtentwicklung

Andres Sevtsuk

Netzwerke der gebauten Umgebung

„Städte sind nichts anderes als ein Problem organisierter Komplexität", kommentierte Jane Jacobs das Alltags-Ballett auf der Hudson Street in Manhattan in den 1960er Jahren: „Es gibt viele Variablen, aber sie sind nicht willkürlich zusammengewürfelt, sondern zu einem organischen Ganzen verwoben." Jacobs reagierte damit auf den vorherrschenden Städtebaudiskurs ihrer Zeit, der für sich beanspruchte, durch formale Interventionen Ordnung in das komplexe soziale Leben zu bringen. Als problematisch erachtete sie es jedoch, daß Architekten und Planer die sozialen und ökonomischen Interaktionen in einem dichten urbanen Umfeld nicht gut genug verstanden, wodurch ihre Interventionen von den wirklichen Bedürfnissen eines Ortes getrennt waren. Außerdem war nicht klar, inwiefern die Form der Umgebung eine Rolle für den Erfolg spielte, da die Aktivitäten auf der Hudson Street von vielen kulturellen, historischen und geographischen Faktoren jenseits bloßer Form geprägt waren.

„Wie stark ein Park genutzt wird, hängt zum Teil von seiner Gestaltung ab", bemerkt Jacobs. „Aber auch dieser partielle Einfluß der Gestaltung eines Parks auf dessen Gebrauch hängt wiederum davon ab, wer den Park benutzt und wann. Und dies wiederum hängt davon ab, wie der Rest der Stadt genutzt wird, über den Park hinaus. Darüber hinaus ist der Einfluß, den dies auf den Park hat, nur teilweise dadurch definiert, wie jede Nutzungsform einen Park beeinflußt, unabhängig von anderen Parks […] Egal, wie man dessen Funktion zu beeinflussen versucht, ein Stadtpark verhält sich wie ein Problem organisierter Komplexität (Jacobs 1961, 433)."[1]

Auch 50 Jahre später ist die Beschreibung und Analyse komplexer räumlicher Interaktionen in einer gebauten Umgebung noch eine der zentralen Herausforderungen für die Stadtplanung (Batty 2007). Es wäre naiv zu glauben, daß Stadtplaner nicht genug Interesse oder Willenskraft aufbrächten, sich mit der sozialen Organisation und den unsichtbaren Kräfte auseinanderzusetzen, die Orte in den

---

1   Übersetzt aus der englischsprachigen Originalausgabe (1963) von Ingrid Fischer-Schreiber

heutigen Städten formen. Im Gegenteil: Es gibt genügend Beweise dafür, daß eine eingehende Beschäftigung mit dem Funktionieren vielfältiger heterogener urbaner Umgebungen äußerst populär ist (zum Beispiel Belanger et al., 2001, Rienets, Siegler et al. 2009; Busquets 2006; Sorkin 2009).

Manche Kritiker sind der Meinung, daß Stadtplaner die Interaktionen zwischen sozialen Prozessen und urbanen Formen nicht gut genug verstehen, weil es ihnen an einer fundierten sozialwissenschaftlichen Ausbildung mangele. Einige Stadtsoziologen haben Stadtplaner aufgerufen, auf der Hut zu sein vor dem, was Webber beschreibt als „eine tiefsitzende Doktrin, die Ordnung in einfach abbildbaren Mustern sucht, während sie sich in Wirklichkeit in einer extrem komplexen sozialen Organisation verbirgt" (Webber 1963). Es stimmt zwar, daß die meisten Stadtplaner keine Ausbildung in qualitativen und quantitativen Methoden der Sozialforschung haben, aber es gibt eine Menge Literatur innerhalb und außerhalb des Feldes der Stadtplanung, die Beispiele für gründliche Sozialanalysen enthält und die komplexe Interaktion zwischen der physischen Konfiguration von Raum und dessen Nutzungsmustern darlegt (Gehl 2010; Whyte 1980; Peatti 1968; Gans 1962). Diese Forschungen zeigen, daß das, was Nichteingeweihten als Komplexität erscheinen mag, in der Regel eine Ordnung – oder wie Jacobs es ausdrückt, eine – „organisierte Komplexität" enthält, die nur entdeckt werden müsse.

In diesem Beitrag vertreten wir die Auffassung, daß zwei Bereiche eine besondere Herausforderung bilden, wenn es um die Umsetzung räumlicher und sozialer Analysen einer komplexen urbanen Umgebung geht: Man muß die Forschungsmethoden und analytische Fertigkeiten beherrschen, die für die Beschreibung und Untersuchung der Interaktionen zwischen Form und Funktion eines Ortes notwendig sind, und man muß die Konventionen räumlicher Repräsentation kennen, in der die untersuchten Probleme beschrieben werden. Wir sind der Meinung, daß das verbreitetste Medium für die Beschreibung einer gebauten Umgebung – der Plan – bestimmten Beschränkungen unterliegt, weswegen der Plan für das Studium komplexer räumlicher Interaktionen zwischen unterschiedlichen Nutzern einer Nachbarschaft nicht wirklich geeignet ist. Jede gebaute Umgebung birgt eine räumliche Ordnung, die die Beziehungen von Nähe und Nachbarschaft zwischen verschiedenen Gebäuden, öffentlichen Räumen und den sie verbindenden Wegen bestimmt. Diese Beziehungen beeinflussen die Art und Weise, wie verschiedene Verkehrswege genutzt werden, wie sichtbar oder miteinander verbunden öffentliche Räume sind oder wie günstig Gebäude zueinander liegen. Diese räumlichen Muster bestimmen ihrerseits, welche Orte besser oder schlechter für spezielle Nutzungen geeignet sind, auf welche öffentliche Räume Bewohner verschiedener Gebäude stoßen und wie die Aktivitäten eines Raumes andere Räume beeinflussen. Wir sind der Auffassung, daß eine *Netzwerk*-Repräsentation der gebauten Umgebung einen wirksamen Rahmen bietet, um solche Beziehungen zwischen urbanen Formen zu erfassen und zu operationalisieren.

1 Der Plan als Repräsentation der gebauten Umgebung

Der Plan – eine zweidimensionale Beschreibung der Form und zuweilen auch der Funktionen der gebauten Umgebung – ist nach wie vor das bei Stadtplanern und Stadtforschern bekannteste und verbreitetste Medium für eine räumliche Darstellung (Conzen 1960; Moudon 1986; Anderson 1993). Pläne sind mächtige Instrumente, die räumliche Informationen auf eine Art und Weise vermitteln, die für Fachleute aller involvierten Disziplinen leicht verständlich ist. Aber Pläne können auch falsch interpretiert werden, und die Vielfalt der darin enthaltenen Bedeutungen kann leicht übersehen werden (Mandelbaum 1990; Hoch 2002; Ryan 2011).

Für das Studium komplexer urbaner Umgebungen ist eine Tatsache vielleicht am wichtigsten: Pläne enthalten eine Fülle von Informationen über die gebaute Umgebung, aber die Zusammenhänge zwischen Nähe und Nachbarschaft und die Interkonnektivität zwischen den einzelnen Elementen müssen vom Leser beurteilt und interpretiert werden. Pläne enthalten keine explizite Information über die Beziehungen zwischen ihren Elementen (beispielsweise Straßen, Gebäude, Institutionen und so weiter); diese Beziehungen müssen visuell abgeschätzt werden, indem man untersucht, was womit wie und warum verbunden ist. Anders formuliert: Pläne enthalten eine Unzahl von Elementen der gebauten Umgebung, können aber nur schlecht die Wechselbeziehungen zwischen diesen Elementen vermitteln. Die Qualität ihrer Analyse hängt daher weitgehend von denen ab, die die die Analyse vornehmen.

Es ist zwar möglich, räumliche Beziehungen aus einem Plan abzulesen, das aber ist arbeitsintensiv und alles andere als oberflächlich. Während Eins-zu-eins-Beziehungen im allgemeinen einem Plan leicht zu entnehmen sind – es ist relativ einfach, den Weg von einer U-Bahn-Station zu einem bestimmten Gebäude zu erkennen –, ist es doch weitaus komplizierter, wenn es um One-to-many-Beziehungen geht.

Will man die Beziehungen zwischen einer U-Bahn-Station und allen möglichen Gebäuden erfassen, die innerhalb eines Zehn-Minuten-Fußweges liegen, so das alles andere als gewöhnlich und braucht Zeit. Aber genau solche Beziehungen könnten ein wichtiges Kriterium bilden, wenn es um die Entscheidung für den Standort einer neuen Station geht. Wenn dann auch noch andere Faktoren berücksichtigt werden sollen – die einschränkenden Bestimmungen beim Überqueren einer Straße (beispielsweise Ampeln, Unterführungen), ein enger Fokus auf Gebäude einer besonderen Nutzungsform (etwa ausschließlich Wohngebäude) und die unterschiedlichen Größen der Gebäude (beispielsweise die Anzahl von Wohneinheiten pro Gebäude) –, dann ist man schnell bei einer komplexen Problemstellung, die schwer zu verkraften ist. Ladenbesitzer wählen ihre Standorte so, daß diese von Kunden und Lieferanten leicht gefunden werden können, Wohnungsinhaber, weil sie die Vorzüge einer Nachbarschaft schätzen, und Investitionen in die Gemeindeinfrastruktur werden eher genehmigt, wenn es sich um eine stärker frequentierte Umgebung handelt. Es ist wichtig, solche Beziehungen zu verstehen, wenn geplante Umgebungen die gewünschten Nutzer und öffentliche Räume die gewünschte Nutzungsform anziehen sollen.

Anhand eines Plans ist es schwierig einzuschätzen, wie sehr die gebaute Umgebung solche Entscheidungen beeinflußt, denn dafür muß eine Vielzahl an räumlichen Beziehungssets zugleich erfaßt werden. Und es ist ist eine gewaltige Herausforderung, dies so schnell zu tun, um mit den Überlegungen eines Stadtplaners mithalten zu können. Das menschliche Gehirn tendiert dazu, seriell zu arbeiten, und es fällt ihm schwer, vielfache parallele Berechnungen gleichzeitig anzustellen (Minsky 1988). Leser werden vielleicht versuchen, sich zwei oder drei klar definierte Sets von Zahlen gleichzeitig zu merken. Für eine Analyse räumlicher Beziehungen in realen Umgebungen muß man aber unter Umständen hunderte oder tausende solcher Beziehungen verarbeiten können.

2 Die Stadt als Netzwerk betrachtet

Um derart komplexe räumliche Beziehungen zu repräsentieren und zu analysieren, haben Städtebauer und Stadtplaner begonnen, netzwerkbasierte Modelle der gebauten Umgebung zu verwenden. Im Unterschied zu traditionellen Plänen chiffrieren netzwerkbasierte Repräsentationen des Stadtraums explizite Beziehungen zwischen den Elementen des Netzwerkes und dokumentieren zum Beispiel, wie Straßen miteinander verbunden sind, wie lange die Wegezeiten zwischen bestimmten Bezirken, Gebäuden oder Räumen sind oder wieviele Menschen zwischen ihnen pendeln.

Solche Informationen über Beziehungen werden in der Regel auf eine von zwei Arten gespeichert: Erstens können sie in einer vollständigen O-D-Matrix (Origin-Destination- beziehungsweise Quelle-Ziel-Matrix) gespeichert werden, wo jedes Element des Plans (Zone, Straßenabschnitt, Gebäude, Firma und so weiter) in einer Datenspalte bei jedem Ziel gezeigt wird, während eine eigene Spalte die gewünschte Information über jede dieser Beziehungen anzeigt. Die Beziehungsspalte kann jede Art von Verbindungsinformation enthalten: Reisezeit, Anzahl der Arbeiter, die zwischen Quelle und Ziel pendeln, Menge des wirtschaftlichen Inputs und Outputs, und anderes mehr. Dieser Ansatz ist relativ leicht zu analysieren, wenn man Datenbankabfragen einsetzt, die die gewünschten räumlichen Beziehungen zwischen einem Set von Quellen und Zielen abfragen können. Aber diese Bequemlichkeit geht auf Kosten der Informationsspeicherung: Wenn die Beziehungen zwischen den einzelnen Orten in einer separaten Tabellenspalte gespeichert werden, braucht man sehr große Tabellen, die im Quadrat der Anzahl der Beobachtungen anwachsen. Für 100 Orte beträgt die Anzahl der Verbindungen 10 000. Wenn alle Beziehungen symmetrisch sind, das heißt, wenn die Beziehungen zwischen A und B dieselben Merkmale aufweisen wie die zwischen B und A, dann läßt sich die Tabelle auf die halbe Größe werden reduziert. Aber bei zehntausenden von Orten kann sie noch immer zu groß sein, um analysiert zu werden.

Der zweite – ökonomischere – Ansatz besteht darin, alle räumlichen Beziehungen mit einer Adjazenzmatrix darzustellen. Eine Adjazenzmatrix summiert nicht die Information über den gesamten Weg zwischen verbundenen Ortspaaren der Umgebung, sondern speichert stattdessen für jeden Ort nur die unmittelbare Nachbarschaftsumgebung. Ist die Umgebung als Netzwerk aus Nachbarschaften modelliert, kann die Adjazenzmatrix lediglich die Beziehungen einer jeden Nachbarschaft zu ihrer unmittelbar angrenzenden Nachbarschaft erfassen. Ist die Umgebung als Netzwerk von Gebäuden und Straßen modelliert, kann die Adjazenzmatrix die Beziehung eines jeden Gebäudes zu den unmittelbar angrenzenden Gebäuden entlang des Straßennetzes abbilden. Nützliche Algorithmen zur Netzwerkanalyse können dann diese Information abfragen und sämtliche räumlichen Beziehungen zwischen allen Netzwerkelementen aus dieser kürzeren Tabelle ablei-

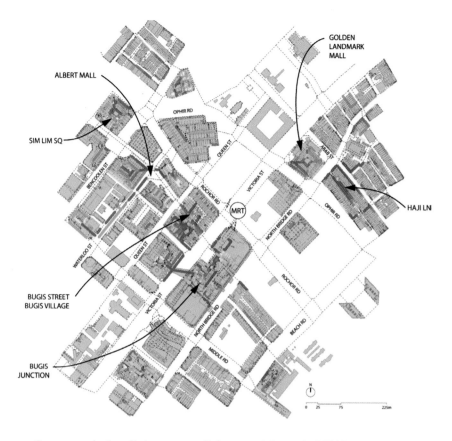

3.4 Betweenness-Analyse, die den erwarteten Fußgängerverkehr von der MRT-Station Bugis zu allen Einzelhandelsgeschäften in dem Gebiet anzeigt (vergleiche Seite 162)

Seite 130, oben: 2.26 Visualisierungs-Screenshot (vergleiche Seite 190ff)

Seite 130, unten: 2.27 Detail von Gemeinschaften entlang des Straßennetzwerks (vergleiche Seite 139ff)

Seite 131f: 3.9 Telefoninteraktionen in Großbritannien (UK) (vergleiche Seite 139)

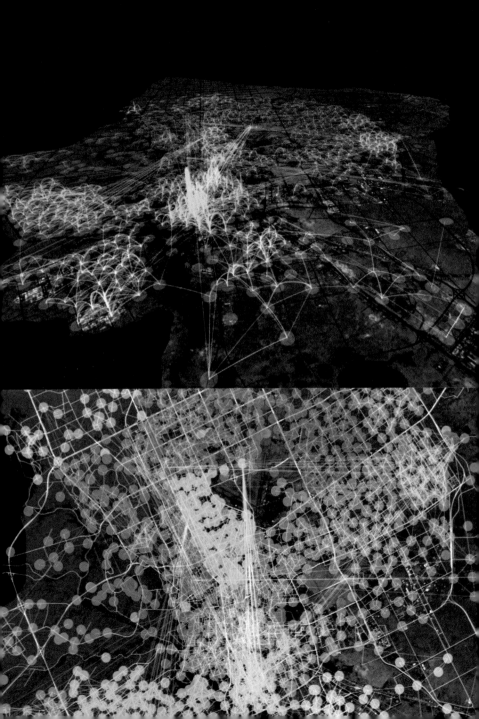

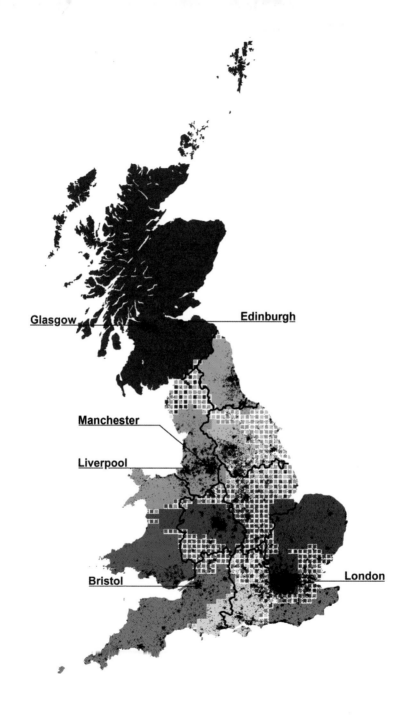

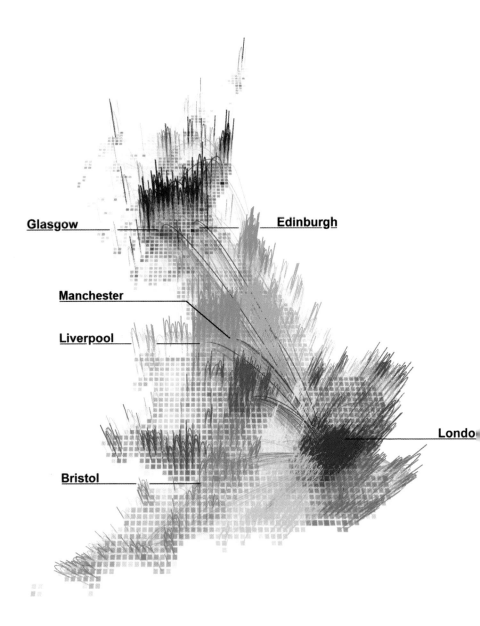

ten. Eine Adjazenzmatrix abzufragen erfordert ausgefeiltere Algorithmen als für die Abfrage einer O-D-Tabelle in ihrem vollen Umfang, aber dafür wesentlich weniger Speicherplatz. Mit modernen Algorithmen zum Verarbeiten solcher Tabellen lassen sich umfangreiche räumliche Interaktionen in Sekunden analysieren (Venegas, Alinga et al. 2012a).

Es gibt verschiedene Möglichkeiten, solche Informationen in Netzwerken und Tabellen abzubilden. Dabei ist es nicht so wichtig, wie präzise die Form der verwendeten Netzwerkrepräsentation ist – Konzentration auf Landnutzung oder urbane Form (Bhat, Handy et al., 2000), Verwendung tatsächlicher Netzwerkwege oder Luftlinien-Verbindungen (Anselin 1988), Primär- oder Dual-Netzwerkrepräsentationen[2] (Hillier 1996; Porta, Crucitti et al. 2005), Zwei-Elemente- oder Drei-Elemente-Netzwerke[3] (Sevtsuk 2010) -, wichtiger ist die Tatsache, daß räumliche Beziehungen in einer bestimmten Umgebung numerisch dargestellt werden, so daß alle gewünschten Verbindungen zwischen Orten explizit in einer relationalen Tabelle chiffriert sind. Diese räumlichen Beziehungen können eine Konnektivität in Hinblick auf Verkehr, Material, Information oder Finanztransaktionen beschreiben – eine radikale Abkehr von traditionellen Plänen, die für die meisten Städtebauer und Stadtplaner während der vergangenen zehn Jahre geräuschlos erfolgt ist. Statt von den Lesern eines Plans zu verlangen, komplexe räumliche Beziehungen, die in die Umgebung eingebettet sind, visuell abzuleiten, chiffrieren netzwerkbasierte Repräsentationen solche Informationen explizit und erlauben einen schnellen Zugriff auf große kombinatorische Zusammenfassungen räumlicher Beziehungen. Netzwerkmodelle automatisieren die Analyse zahlreicher paralleler Beziehungen im städtischen Raum und ermöglichen diese Information bei Entscheidungsprozessen in der Stadtplanung schnellstens zu verwenden. Das hat die Art und Weise, wie wir komplexe städtische Umgebungen beschreiben und analysieren, von Grund auf verändert und den Weg freigemacht für fundiertere Entscheidungen bei praktischen Planungsproblemen.

---

2   In einer primären Repräsentation werden Straßenkreuzungen als Knoten, Straßensegmente als Kanten dargestellt. In einer dualen Repräsentation wird dies umgekehrt: Straßensegmente sind Knoten und Kreuzungen sind Verbindungen.

3   Zwei-Elemente-Graphen bestehen aus Knoten und Kanten; Drei-Elemente-Graphen enthalten ein zusätzliches Element: Gebäude, Haltestellen oder andere Ereignisse, die die Einheiten der Analyse darstellen.

Im folgenden beschreiben wir eines dieser Modelle – die *Urban Network Analysis Toolbox,* das am City Form Lab entwickelt worden ist (Sevtsuk und Mekonnen 2012). Es gibt viele andere netzwerkbasierte Ansätze, gebaute Umgebungen zu beschreiben; wir benutzen den von uns entwickelten Ansatz, um die allgemeinere Funktionalität von Netzwerkrepräsentationen urbaner Räume zu illustrieren (Levin 1964; Casalania und Rittel 1967; Rittel 1970; Tabor 1970; March und Steadman 1971; Hillier 1996; Porta, Crucitti et al. 2005; Xie und Levinson 2007; Okabe und Sugihara, 2012; Miller und Wu, 2000; Jiang und Claramunt, 2002; Peponis und Bafna, 2008; Vanegas, Garcia-Dorado et al. 2012b).

Die *Urban Network Analysis Toolbox* – ein freies Open-Source-Plugin für die Geographische Informations-System-Plattform ArcGIS – modelliert die gebaute Umgebung mithilfe von drei Grundelementen: Kanten, die die Pfade bilden, entlang welcher Reisende navigieren können; Knoten beziehungsweise die Kreuzungspunkte, an denen zwei oder mehr Kanten einander kreuzen; und Gebäude, die Orte repräsentieren, wo Verkehr von Straßen in Innenumgebungen mündet oder umgekehrt. Jedes Gebäude, jede Straße und jeder Kreuzungspunkt ist mit einem zusätzlichen Set an *Attributen* versehen, die die jeweiligen Eigenschaften des physischen Objekts beschreiben. Was Gebäude betrifft, so sind dies Größe, Höhe, Nutzungsmix, demographische Nutzung und so weiter. Bei Straßen handelt es sich um ihre Richtung, ihre Verkehrsbelastung, Kapazität, die Merkmale der Bürgersteige und so weiter. Die gewichtete Darstellung von untereinander verbundenen Elementen eröffnet eine Reihe von Möglichkeiten, verschiedene Arten von räumlicher Beziehungen zwischen Gebäuden in einem Netzwerk aus Straßen einer Stadt zu studieren.

Dieses Bezugssystem für die Netzwerkrepräsentation ist in Bild 3.1 illustriert. Die linke Seite zeigt einen Ausschnitt des Harvard Square in Cambridge, Massachusetts, als Planzeichnung, bei der die Landnutzungen farblich codiert sind. Die rechte Seite zeigt dieselbe Planzeichnung als Netzwerk. Jedes Gebäude im Netzwerk ist über einen eigenen Bereich mit seinem nächstgelegenen Erschließungspfad an einem diskreten Ort verbunden – in diesem Fall dem Eingang. Man beachte dabei aber, daß ein Gebäude mehrere Eingänge und Verbindungen mit dem Netzwerk haben kann.

Eine Netzwerkdarstellung sowohl von der Form als auch von der Funktion eines Gebietes liefert die Grundlage für komplexe räumliche Analysen. Die drei Elemente einer *städtischen Form* beschreiben das physische Muster der urbanen

Infrastruktur – die zwei- und dreidimensionale Geometrie gebauter Formen und deren Erschließungswege, die Gestalt öffentlicher Räume und der sie verbindenden Pfade. Wenn wir innerhalb dieser Kategorien auch noch Attribute verwenden, können wir die *Parameter* dieser Elemente weiter differenzieren – Gebäudevolumen, der Abstand zwischen Gebäuden beziehungsweise deren Positionierung in bezug auf Erschließungsspangen, die Kapazität beziehungsweise Richtung von Straßen und so weiter. Tabellenattribute erlauben es auch, die *Funktionen* der verschiedenen Elemente zu beschreiben – welche Aktivitäten wo verortet sind, wie viele Personen untergebracht werden können und wie die Aktivitäten miteinander in Beziehung stehen. Aktivitäten werden im allgemeinen in lose Gruppierungen wie Wohn-, Arbeits- und Spielbereiche gegliedert, aber sie können sich auch von einer Aktivität zur anderen verändern beziehungsweise sich je nach Tageszeit oder Wochentag im Gebrauch intensivieren. Gemeinsam ergeben diese Indikatoren eine komplexe Beschreibung eines Ortes, wo alles mit allem anderen verbunden werden kann (Tobler 1970). Die Beziehungen sind nicht ungeordnet und planlos, sondern werden explizit in der Adjazenzmatrix und der Attribut-Tabelle kodiert.

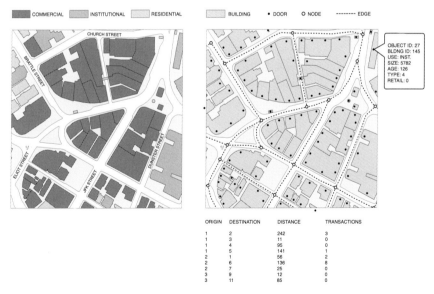

3.1 Links: Plandarstellung des Harvard Square. Rechts. Netzwerkdarstellung desselben Gebiets, darunter eine Adjazenzmatrix

Werfen wir nun einen Blick auf das Gebiet um Bugis in Singapur, um diesen Typus von Darstellung an einer realen komplexen städtischen Umgebung anzuwenden. Bugis liegt im Zentrum von Singapur und umfaßt ein Gebiet von ungefähr einem Quadratkilometer, eine historische Gegend, die als Teil des *Raffles-Plans* entwickelt und während des 19. Jahrhunderts und der ersten Jahrzehnte des 20. Jahrhunderts mit traditionellen Geschäftshäusern bebaut worden ist. Seit den 1960er Jahren wurde das Gebiet nach und nach saniert, und die neu errichteten vielstöckigen Geschäftslokale beherbergen einen heterogenen Mix aus verschiedensten Nutzungen. Bild 3.2 zeigt eine Innenansicht von Bugis Street, einen mehrgeschossigen Bazaar mit hunderten von kleinen Einzelhandelsgeschäften und Essenslokalen mitten im

3.2 Gasse im Inneren von Bugis Street in Singapur

Zentrum des Gebiets. Es befinden sich dort insgesamt mehr als 4000 Betriebe, davon 1769 Einhandelsgeschäfte, 559 Dienstleister, 519 Essens- und Trinklokale, 130 Büros, 38 Hotels, 24 Ausbildungsinstitutionen und 19 Unterhaltungseinrichtungen auf einer Fläche von ungefähr 0,8 Quadratkilometer rund um die U-Bahn-Station Bugis Mass Rapid Transit (MRT). Bugis ist eines der geschäftigsten und wahrscheinlich komplexesten Quartiere in Singapur. Das Gebiet wurde von Forschern des City Form Lab im Herbst 2012 untersucht. Sie dokumentierten jede Tür, jedes Gebäude und jedes Geschäft, dazu auch Größe, Nutzungsart und ein paar andere Wirtschaftsindikatoren. Die Untersuchung erfaßte alle öffentlich zugänglichen Stockwerke, wobei ungefähr die Hälfte der Geschäfte im Erdgeschoß und die andere Hälfte in den Ober- beziehungsweise Untergeschossen angesiedelt sind. Die Forscher dokumentierten auch das gesamte Netzwerk an Fußgängerwegen in diesem Gebiet, und zwar sowohl in Gebäudeinneren als auch im Freien, im Erdgeschoß und in den Ober- beziehungsweise Untergeschossen – alles in allem 32 Kilometer Fußgängerwege auf weniger als einem Quadratkilometer Fläche. 35 Prozent dieser Wege befanden sich im Freien, 26 Prozent verliefen im Freien, waren aber überdacht, etwa in Form von Arkaden, und 37 Prozent befanden sich in den verschiedenen Ebenen der Gebäude. Bild 3.3 zeigt diese Information in Form eines Netzwerks. Die roten Punkte sind Einzelgeschäfte, die grauen Linien bezeichnen die Fußgängerwege und die schwarzen Linien die tragenden Wände im Erdgeschoß.

3.3 Dreidimensionale Netzwerkdarstellung der Gegend um Bugis in Singapur

Wir nahmen eine exemplarische Netzwerkanalyse dieses Gebiets mithilfe von zwei Typen räumlicher Verbindungsindizes vor: *Betweenness* und *Reach* (Sevtsuk und Mekonnen 2012). Die *Betweenness-Metrik* schätzt, wie oft jedes Gebäude auf dem kürzesten Weg zwischen Paaren anderer Gebäude auf einem Graphen innerhalb eines bestimmten Netzwerkradius liegt, während die *Reach-Metrik* die Anzahl von Destinationen beschreibt, die von einem gegebenen Set von Quellen aus innerhalb eines spezifizierten Suchradius auf dem kürzesten Weg erreichbar sind. *Betweenness* bezieht sich hier auf die Vorhersage von Fußgängerbewegungen in verschiedenen Teilen des Gebiets, *Reach* modelliert die Zugänglichkeit von Eßlokalen. Um abzuschätzen, wo und wie Menschen sich in den verschiedenen Teilen dieses Gebiets zu Fuß bewegen, haben wir die Fußgängerwege von der MRT-Station zu den Geschäften im gesamten Gebiet untersucht. Wie wir bei Interviews vor Ort erfuhren, kommt ein Großteil der Menschen, die in Bugis einkaufen, mit der U-Bahn. Wir gründen unsere Analyse auf der Annahme, daß sie sich zu Fuß und auf dem kürzestmöglichen Weg von der MRT-Haltestelle Bugis zu einem der 1769 Geschäfte in den verschiedenen Teil des Areals begeben. Wir modellieren alle diese Wege, indem wir eine Betweenness-Analyse in der *UNA-Toolbox* durchführen und aufzeichnen, welche Netzwerksegmente in diesem Prozeß am häufigsten angesprochen werden. Die Betweenness-Metrik erfaßt die Anzahl der geschätzten Passanten in jedem Netzwerksegment, die auf dem kürzesten Weg von der MRT-Haltestelle zu einem Geschäft gehen.

Bild 3.4 (Seite 153) zeigt die Resultate, wobei die Kundenfrequenz je nach Intensität des Aufkommens von grün nach rot farbkodiert ist. Wir sehen die höchste erwartete Fußgängeraktivität in Alberta Mall, Bugis Street und Bugis Junction, den Hauptgeschäftsvierteln in dieser Gegend. Es gibt einen Aktivitätshöhepunkt in der Nähe von Arab Street und Haji Lane, beides historische Straßen, die fast lückenlos von alten Geschäftshäusern flankiert sind. Jeder dieser Orte ist auch in Wirklichkeit sehr belebt (Bild 3.2).

Vor allem aber erlaubt uns die Netzwerkanalyse, nicht nur allgemein vorherzusagen, in welchen Gebieten sich die Aktivität konzentriert. Sie kann auch vorhersagen, welche speziellen Straßensegmente oder Passagen in Gebäuden innerhalb eines Teilgebiets ein hohes Besucheraufkommen verzeichnen. Die Variation im Bewegungsfluß innerhalb von verschiedenen Segmenten kann ein wichtiger Faktor sein, um Geschäftsmix und Nutzungsmuster zu erklären. Eßlokale zum Beispiel siedeln sich oft lieber entlang von Wegen an, auf denen dichter Fußgängerverkehr zwischen anderen Quellen und Zielen herrscht. Läden, die nicht so stark auf Passanten angewiesen sind, sondern auch auf Kunden aus anderen Geschäften zählen, besetzen die zweitbesten Lokalitäten, die sich nahe der Fußgängerströme befinden, aber in Seitenstraßen, wo die Mieten niedriger sind (Sevtsuk 2010).

Wenn wir analysieren, welche Orte in diesem Gebiet den besten Zugang zu Eßlokalen haben, können wir feststellen, daß sich Restaurants und Trinklokale gerne in der Nähe von Geschäftslokalen und den dorthin führenden Fußgängerwege ansiedeln. Bild 3.5 illustriert eine netzwerkbasierte *Reach* Metrik ausgelegt auf Eß- und Trinklokale innerhalb eines zu Fuß zu bewältigenden 200-Meter-Radius. Der Reach-Index schätzt, wie weiter oben erklärt, wie viele spezielle Arten von Zielen – in diesem Fall Speiselokalen – innerhalb eines gegebenen Gehradius (200 Meter) von jeder beliebigen Quelle aus verfügbar sind. Je mehr Eß- und Trinklokale es gibt, desto höher ist der Index.

Die in Bild 3.5 dargestellten Resultate zeigen, daß sich Restaurants, Straßenküchen und Bars in der Regel in der Nähe von Einzelhandelsgeschäften und den

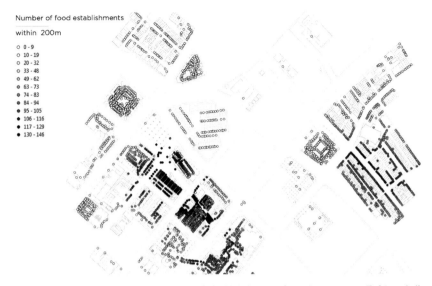

Number of food establishments
within 200m

○ 0 - 9
○ 10 - 19
○ 20 - 32
○ 33 - 48
◑ 49 - 62
◕ 63 - 73
● 74 - 83
● 84 - 94
● 95 - 105
● 106 - 116
● 117 - 129
● 130 - 146

3.5 Reach-Analyse, die angibt, wieviele Eß- und Trinklokale von jedem Eingang aus zu Fuß innerhalb eines 200-Meter-Radius erreicht werden können

dorthin führenden Fußgängerwegen häufen.[4] Die höchste Konzentration findet sich zwischen Albert Mall und Bugis Street, wo sich zahlreiche Imbißstände um Albert Market und Food Center drängen. Eine Konzentration von Lokalen ist auch in der Bugis Street und an der Bugis Junction sowie auf der Arab Street und der von ihr abzweigenden Muscat Street festzustellen. Fußgänger, die sich vor dem Albert Center befinden, können auf einem Drei-Minuten-Fußweg bis zu 146 verschiedene Eßlokalen erreichen. Diese vier Areale sind das Mekka des Essens. Insgesamt gibt es drei Mal mehr Einzelhandelsgeschäfte als Eßlokale in diesem Gebiet, aber selbst in den hellgrün markierten Bereichen der Karte sind 30 bis 50 Eß- und Trinklokale in einem 200-Meter-Gehradius zu finden – hier scheint es kaum an kulinarischen Optionen zu mangeln.

Wenn wir in einen der Gehwege zwischen der MRT-Station Bugis und einem Geschäft hineinzoomen – ein Computerhardware-Shop im vierten Stock des Elek-

---

4 Hier bewerten wir die statistische Bedeutung dieser Ortswahl nicht; interessierte Leser finden eine solche Analyse in Sevtsuk (2010).

tronik-Einkaufszentrums am Sim Lim Square –, dann können wir die Charakteristika einer bestimmten von uns analysierten Route noch genauer definieren. Dieser Weg – ein typisches Beispiel für die Strecke, die Konsumenten in dieser Gegend zurücklegen – führt an 86 Geschäften vorbei, bevor sie ihr Ziel erreichen. 58 dieser Lokale sind Einzelhandelsgeschäfte, 20 Eßlokale, acht Büros und drei Dienstleister. Ein Vergleich zwischen solchen Pfaden, die zu verschiedenen sozioökonomischen Zielen führen, kann wertvoll für eine ganze Anzahl von Anwendungen sein. Er kann etwa erklären, warum bestimmte Wege für Fußgänger attraktiver sind und wie verschiedene Personengruppen die Stadt erfahren oder die Analyse mikroökonomischer Clusterbildungen nach Geschäften erleichtern.

Die Netzwerkdarstellung einer gebauten Umgebung liefert einen aussagekräftigen Rahmen für die Beschreibung und Analyse komplexer städtischer Umgebungen. Sie wird bereits in zahlreichen digitalen Stadtmodellen eingesetzt, und ihre Anwendungsmöglichkeiten werden wahrscheinlich in den nächsten Jahren schnell anwachsen. Im Unterschied zu traditionellen Plänen kodieren Netzwerkmodelle die Information über die Verbindungen zwischen verschiedenen Akteuren und Orten, die sie darstellen, so daß auf einem Computer komplexe räumliche Analysen der Beziehungen zwischen den einzelnen Umgebungselementen innerhalb von Sekunden vorgenommen werden können. Diese Verfahren können den langsamen, mühsamen Prozeß der Interpretation räumlicher Beziehungen ersetzen, wie er typisch ist für traditionelle Pläne. Aber die Analyse von räumlichen Netzwerken hängt auch davon ab, welche Beziehungen in ihren Tabellen erfaßt sind. Die Dokumentation dieser Beziehungen ist ein erster wichtiger Schritt zur Nutzung solcher Methoden.

Netzwerkdarstellungen von Stadtumgebungen sind jedoch keine Alternative zu traditionellen Plänen, sondern eher eine Ergänzung. Als Städtebauer wissen wir, daß das visuelle Lesen von Plänen auf kaum erklärbare Weise sehr aussagekräftige Nuancen und Feinheiten erschließt. Stadtplaner werden also auch noch in Zukunft Pläne lesen müssen. Versteckte Netzwerkverbindungen, die in solchen Plänen eingebettet sind, können allerdings die statische Darstellung um aussagekräftige räumliche Querverbindungen ergänzen, die sonst nur schwer zu erfassen sind. Sie helfen, arbeitsintensive Rechen- und Meßoperationen zu automatisieren, die ein Leser von Plänen nicht zu leisten vermögen, wodurch solche Informationen unmittelbar für das Studium oder die Bearbeitung von Plänen genutzt werden können.

Die Interfaces von Netzwerkmodellen in Form eines graphischen Plans erlauben es auch, die Mängel eines übermäßig parametrisierten Modells zu überwinden. Die

Wechselbeziehungen zwischen Form und Funktion, wie sie Netzwerkmodelle verkörpern, sind natürlich nicht umfassend und können eine Reihe wichtiger Dimensionen eines Ortes ausblenden – seine Geschichte etwa oder den weiteren sozialen, kulturellen oder umweltbezogenen Kontext. Aber dank des graphischen Interface kann ein Netzwerkmodell genauso interpretiert werden wie ein traditioneller Plan, allerdings mit Zusätzen. Eine ganzheitliche Annäherung an städtische Raumanalysen erfordert nach wie vor eine „pragmatische Einstellung, die den Kontext berücksichtigt und nach Kontinuität zwischen verschiedenen Standpunkten sucht" (Hoch 2000). Die digitale Interkonnektivität zwischen den Elementen eines Plans fördert ganzheitliches Denken, statt es zu behindern.

Schließlich sollten wir uns bewußt machen, daß eine neuartige Repräsentation eines Ortes nicht unbedingt zu einem besseren Verständnis seiner impliziten Komplexität führt. Aber da Netzwerkmodelle der einer gebauten Umgebung einen klaren Rahmen für die Beschreibung einer Menge simultaner räumlicher Beziehungen liefern, die in ihre Struktur eingebettet sind, ist es nicht mehr notwendig, solche Beziehungen mühsam visuell zu erfassen. Stadtplanern erlauben sie, sich stärker auf die Analyse und weniger auf die Beschreibung des jeweiligen Problems zu konzentrieren.

Literatur

Anderson, S., 1993. Savannah and the Issue of Precedent: City Plan as Resource. In R. Bennett, ed. Newark-London: University of Delaware Press; Associated University Presses: 290

Anselin, L., 1988. *Spatial econometrics: methods and models,* Dordrecht; Boston: Kluwer Academic Publishers

Batty, M., 2007. Cities and Complexity: *Understanding Cities with Cellular Automata, Agent-Based Models, and Fractals,* Cambridge, MA.: MIT Press

Belanger, P. et al., 2001. Lagos: Harvard Project on the City. In R. Koolhaas et al., eds. Mutations. Bordeaux: Arc en rêve centre d'architecture

Bhat, C. et al., 2000. Development of an Urban Accessibility Index: Literature Review. B. of E. R. Center for Transportation Research The University of Texas at Austin, ed.

Busquets, J. ed., 2006. *Aleppo. Rehabilitation of the Old City,* Cambridge, MA.: Harvard University Graduate School of Design

Casalania, V. & Rittel, H., 1967. Generating Floor Plans from Adjacency Matrices. In MIT, Cambridge, MA

Conzen, M.R.G., 1960. Alnwick, Northumberland: A Study in Town Plan Analysis. *Institute of British Geographers,* Publicatai(2nd revised edition, 1969)

Gans, H.J., 1962. *The urban villagers; group and class in the life of Italian-Americans,* [New York]: Free Press of Glencoe

Gehl, J., 2010. *Cities for People [Hardcover],* Island Press; 1 edition

Hillier, B., 1996. *Space is the machine: a configurational theory of architecture,* Cambridge; New York, NY, USA: Cambridge University Press

Hoch, C.J., 2002. Evaluating Plans Pragmatically. *Planning Theory,* 1(1): 53–75

Jacobs, J., 1961. *The death and life of great American cities,* [New York]: Random House

Jiang, B., Claramunt, C. & Batty, M., 1999. Geometric accessibility and geographic information: extending desktop GIS to space syntax. *Computers, Environment and Urban Systems,* 23(2): 127–146

Levin, P.H., 1964. The Use of Graphs to Decide the Optimum Layout of Buildings. *Architects' Journal,* 7 October

Mandelbaum, S.J., 1990. Reading Plans. *Journal of the American Planning Association,* 56(3): 350–358

March, L. & Steadman, P., 1971. *The geometry of environment: an introduction to spatial organization in design,* London,: RIBA Publications

Miller, H.J. & Wu, Y.-H., 2000. GIS Software for Measuring Space-Time Accessibility in Transportation Planning and Analysis. *Geoinformatica,* 4(2): 141–159

Minsky, M., 1988. *Society of Mind,* Touchstone Press

Moudon, A.V., 1986. *Built for change: neighborhood architecture in San Francisco,* Cambridge, Mass.: MIT Press

Okabe, A. & Sugihara, K., 2012. *Spatial Analysis Along Networks: Statistical and Computational Methods (Statistics in Practice),* Wiley

Peatti, L., 1968. *The View From The Barrio,* University of Michigan

Peponis, J., Bafna, S. & Zhang, Z., 2008. Connectivity of Streets: Reach and Directional Distance. *Environment and Planning B: Planning and Design,* 35: 881–901

Porta, S., Crucitti, P. & Latora, V., 2005. The network analysis of urban streets: a primal approach. *Environment and Planning B,* 35(5): 705–725

Reilly, W.J., 1929. Methods for the Study of Retail Relationship. *University of Texas Bulletin,* No 2944 (November 1929.)

Rieniets, T., Sigler, J. & Christiaanse, K. eds., 2009. Open City. Designing Coexistence., Amsterdam: SUN architecture

Rittel, H., 1970. Theories of Cell Configuration. In G. T. Moore, ed. Cambridge, MA: MIT Press

Ryan, B., 2011. Reading Through A Plan. Journal of the American Planning Association2, 77(04)

Sevtsuk, A. & Mekonnen, M., 2012. Urban network analysis A new toolbox for ArcGIS, 287–305

Sevtsuk, A., 2010. *Path and Place: A Study of Urban Geometry and Retail Activity in Cambridge and Somerville, MA.* PhD Dissertation, MIT, Cambridge, MA

Sorkin, M., 2009. *Twenty Minutes in Manhattan [Hardcover],* Reaktion Books

Tabor, P., 1970. Traffic in Buildings 4. Evaluation of Routes. *Land Use and Built Form Studies. University of Cambridge.* (Paper nr. 20)

Tobler, W., 1970. A computer movie simulating urban growth in the Detroit region. *Economic Geography,* 46(2): 234–240

Vanegas, C. et al., 2012b. Inverse Design of Urban Procedural Models

Vanegas, C.A. et al., 2012a. Interactive Design of Urban Spaces using Geometrical and behavioral Modeling

Webber, M., 1963. Order in Diversity: Community without Propinquity. In L. Wingo, ed. Baltimore,: Johns Hopkins Press: 261

Whyte, W., 1980. *The Social Life of Small Urban Spaces,* New York City

Xie, F. & Levinson, D., 2007. Measuring the structure of road networks. *Geographical Analysis,* July 2007

Markus Schläpfer

Wie polyzentrisch sind unsere Städte?

Die heutigen großen Ballungsgebiete – New York, London, Schanghai oder Tokio – besitzen alle eine Vielzahl miteinander vernetzter Zentren: Orte, an denen sich unsere täglichen Aktivitäten konzentrieren, gleich ob im Beruf oder in der Freizeit. Eine genaues und quantitatives Verständnis von räumlichen Stadtstrukturen ist besonders wichtig, wenn es um unsere modernen Metropolen mit ihren ausufernden Rändern geht, bei denen es weniger klar ist, was eigentlich ein Zentrum ist. Will man etwa effiziente Maßnahmen gegen Verkehrsstaus und Luftverschmutzung entwickeln, muß man vorhersagen können, wie eine neues Geschäftszentrum mit bereits existierenden Zentren interagieren und die Mobilitätsmuster in der gesamten Stadt verändern wird.

Dank der seit kurzem verfügbaren umfangreichen Daten über menschliche Aktivitäten, wie sie zum Beispiel automatisch von Mobiltelefon-Netzwerken gesammelt werden, eröffnen sich vollkommen neue Möglichkeiten, ein modernes Phänomen besser zu verstehen: Wie können mehrere Zentren nebeneinander existieren? Außerdem liefern diese Daten viele neue Anwendungen für die Stadtplanung, für Infrastrukturinvestitionen und die Entschärfung negativer Auswirkungen auf die Umwelt.

1 Zunehmende strukturelle Komplexität heutiger Ballungsgebiete

Die räumliche Struktur städtischer Landschaften beziehungsweise ihrer Zentren und Subzentren entwickelt sich ständig weiter. Aus historischer Perspektive gesehen waren es vor allem die explosionsartige Zunahme des privaten Autobesitzes sowie die Einführung von Massentransportmitteln, die während des vergangen Jahrhunderts zu einer allmählichen Transformation fast aller großen Städte führten: von einer relativ einfachen monozentrischen Struktur mit strenger Trennung zwischen Geschäftszentrum (Central Business District, CBD) und suburbanem Hinterland im Umland hin zu einer komplexeren polyzentrischen Struktur, wo multiple Aktivitätszentren parallel existieren (Anas 1998).

Dieser Trend wird sich wahrscheinlich auch in der näheren Zukunft fortsetzen und neue Herausforderungen für die Verbesserung der allgemeinen Leistung von Städten liefern. Es überrascht daher kaum, daß das Phänomen polyzentrischer städtischer Strukturen bei Stadtplanern und Wirtschaftswissenschaftlern große Aufmerksamkeit weckt (Anas 1998). Nichtsdestoweniger ist Polyzentralität (oder Polyzentrismus) ein nach wie vor ziemlich vages Konzept, für das es noch keine allgemein akzeptierte Definition gibt.

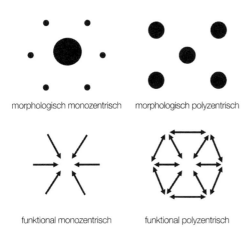

3.6 Morphologische und funktionale Dimensionen der Polyzentralität, aus Burger, Martijn, and Evert Meijers 2012

morphologisch monozentrisch   morphologisch polyzentrisch

funktional monozentrisch   funktional polyzentrisch

Wie in Bild 3.6 illustriert, sind die beiden wichtigsten Aspekte des Polyzentrismus im allgemeinWen erstens seine morphologische Dimension, die sich auf die Größe und räumliche Verteilung der Zentren bezieht, und zweitens seine funktionale Dimension, die zusätzlich die Verbindungen zwischen verschiedenen Zentren berücksichtigt, etwa die täglichen Pendlerströme oder die Stärke von Business- und sozialen Netzwerkverbindungen (Green 2007, Burger 2012).

Morphologischer Polyzentrismus wird traditionellerweise sehr direkt anhand einfacher Schwellenwerte beurteilt: Bevölkerung, Beschäftigung oder Geschäftsdichte. Es war prinzipiell jedoch schwierig, funktionalen Polyzentrismus angemessen zu quantifizieren, vor allem weil kaum Daten über individuelle Bewegungen oder soziale Interaktionen in großem Umfang vorlagen. Daher ist, abgesehen von grundlegenden Konzepten, bislang nur wenig darüber bekannt, wie Menschen räumlich-zeitlich mit verschiedenen Zentren und Subzentren interagieren.

Demgegenüber liefern die neuen usergenerierten Datensätze, die von Mobiltelefonen, Kreditkarten, sozialen Online-Netzwerken und vielen anderen Quellen stammen, ein ungekanntes Potential, um diese intrinsischen urbanen Interaktionen zu untersuchen und zu quantifizieren. Jüngste Forschungen haben bereits einen ersten Schritt in diese Richtung getan: Basierend auf einem elektronischen Ticketing-System wurden Millionen von U-Bahn-Fahrten in London analysiert, welche die hierarchische Natur der unterschiedlichen Zentren in bezug auf Stationen und Pendlerströme deutlich machten (Roth 2011).

Um das Potential elektronischer Fußabdrücke von Stadtbewohnern für städtebauliche Planungsinitiativen zu verdeutlichen, beschreibt der folgende Abschnitt beispielhaft, wie unzählige anonymisierte Kommunikationsdatensätze von Mobiltelefonen (Call Detail Records, CDR) ausgewertet wurden, um die Polyzentrizität großer Ballungszentren zu quantifizieren. CDRs liefern ein exaktes statistisches Bild davon, wie sich Individuen in einer Stadt bewegen (Isaacman 2010) und erfassen dank der hohen Verbreitung von Mobiltelefonen einen Großteil der Bevölkerung. Es wird unmittelbar deutlich, daß Mobiltelefone traditionellen fragebogenbasierten Untersuchungen oder Zensusdaten weit überlegen sind, da letztere sehr kostenintensiv sind, nur auf eine vergleichsweise kleine Teilmenge der Bevölkerung beschränkt sind und daher kaum mehr als eine Momentaufnahme eines hochdynamischen Systems liefern können.

2 *Mobiltelefone als Sensoren für die Bedeutung städtischer Zentren – das Beispiel Singapur*

Im Rahmen eines vom Senseable City Lab initiierten und geleiteten Forschungsprojekts entwickeln wir neue Algorithmen und Datamining-Techniken, die es uns ermöglichen, CDRs in eine räumlich-zeitliche Verteilung von Menschen umzurechnen und im nächsten Schritt die komplexen Muster der Polyzentrizität zu erkennen (Schläpfer 2013). Innerhalb des Frameworks der Singapore-MIT Alliance for Research and Technology (SMART) hat uns einer der größten Mobilfunk-Provider des Stadtstaates von Singapur umfangreiche anonymisierte CDRs für Forschungszwecke zur Verfügung gestellt. Diese Daten wurden für Abrechnungszwecke gesammelt und erfassen mehr als die Hälfte der Bevölkerung und pro Tag ungefahr zehn Millionen

Anrufe über einen Zeitraum von mehreren aufeinanderfolgenden Monaten. Jeder Eintrag entspricht einem einzelnen Anruf und umfaßt erstens die anonymisierten Nummern der jeweils verbundenen Mobiltelefon-User (d.h. randomisierte Ersatznummern), zweitens die Dauer des Anrufs, drittens die exakte Zeit der Initiierung des Anrufs und viertens die beiden Mobilfunkbasisstationen, über die der Anruf lief sowie deren geographische Position.

3.7 Räumlich-zeitliche Polyzentralität von Singapur. Die markierten (dunklen) Zellen entsprechen Standorten mit einem hohen relativen Zustrom von Menschen. a) (links) Weist der Radius des betrachteten Einzugsgebiets einen geringen Wert auf ($r = 1\ km$), kann man örtlich deutlich begrenzte und verstreute Zentren erkennen. b) (mittig) Bei mittleren Distanzen ($r = 5\ km$) zeigen sich Zentren mit regionaler Bedeutung. c) (rechts) Bei einem großen Radius des Einzugsgebiets ($r = 15\ km$) wird die vorherrschende Rolle von Downtown Core deutlich sichtbar.

Diese georeferenzierten Anrufdaten nutzen wir, um die polyzentrische Struktur von Singapur aufzudecken: Wir identifizieren die wichtigsten Standorte, an denen sich die Nutzer der Telefone während ihrer täglichen Bewegungen innerhalb der Stadt konzentrieren. Der erste Schritt in unserer Analyse ist die Berechnung sogenannter

Quell-Ziel-Matrizen (englisch Origin-Destination oder O-D-Matrix), ein Konzept, das wir dem Bereich der Verkehrswissenschaft entlehnt haben. Unser Algorithmus schätzt en die Lage des Wohnorts (die ‚Quelle') für jeden Mobiltelefon-Nutzer anhand der Position der Basisstation, über welche die meisten Anrufe während der Abend- und Nachtstunden getätigt werden. Wir teilen daraufhin das gesamte Stadtgebiet von Singapur in ein regelmäßiges Gitter von 0,5 mal 0,5 Kilometer ein (wobei ingesamt 1432 Zellen zumindest eine Basisstation umfassen) und bestimmen für jeden User die besuchte Gitterzelle (das ‚Ziel'). Im zweiten Analyseschritt zählen wir die Anzahl von Nutzern pro Gitterzelle, die in einer bestimmten Entfernung leben und den betreffenden Standort mit einer bestimmten Regelmäßigkeit besuchen.

Das Ergebnis ist eine umfassendes Bild der relativen Bedeutung oder „Attraktivität" eines jedes Pixels im Gitter, das uns sagt, wieviele Menschen wie oft und von wie weit weg „angezogen" werden. Dies wiederum erlaubt uns, systematisch die räumlich-zeitliche Emergenz von Zentren zu studieren. Wenn wir zum Beispiel nur kleine Attraktions-Radien berücksichtigen, indem wir unseren Fokus auf jene Besuche beschränken, die in der engsten Umgebung des Wohnstandorts getätigt werden, erkennen wir, daß jene Zellen, die eine große Anzahl von Menschen anziehen, über das gesamte Stadtgebiet verstreut liegen (Bild 3.7, oben).

Dieses Muster erscheint intuitiv Sinn zu machen, da es ja unter Umständen sehr lokale Attraktivitätspunkte wie lokale Einkaufsmöglichkeiten oder andere Einrichtungen widerspiegelt. Wenn wir jedoch den Attraktivitäts-Radius langsam ausdehnen und auch weiter entfernt lebende Besucher einbeziehen, dann tendieren jene Gitterzellen, die eine große Anzahl von Menschen anziehen, dazu, sich stärker im Raum zusammenzuballen und klare Zentren entstehen zu lassen, die sich tatsächlich sehr gut mit unserer subjektiven Wahrnehmung von zentralen Orten in einer Stadt decken.

Dehnen wir beispielsweise den Attraktivitäts-Radius rund um jede Gitterzelle auf 5 Kilometer aus, können wir visuell einige bekannte Zentren Singapurs als kohärente Gebiete von Zellen mit hoher Besucheranzahl erkennen, etwa Downtown Core im südlichen Teil der Stadt, Jurong im Westen oder Woodlands im Norden (Bild 3.7, mitte).

Weiten wir dann das Einzugsgebiet der einzelnen Gitterzellen noch stärker aus und berücksichtigen Besucher aus der gesamten Stadtregion, dann wird die monozentrische Struktur immer deutlicher, wobei das Downtown-Gebiet heraussticht, wie Bild 3.7 (unten) verdeutlicht. Downtown Core macht also einen großen Anteil von Bewohnern aus allen Stadtgebieten an, während andere Zentren wie Jurong ein kleineres Einzugsgebiet aufzuweisen scheinen, aus dem die Mehrheit der Besucher stammt. Mit anderen Worten: Der Grad an Polyzentralität hängt stark vom räumlichen Maßstab ab, welcher der Beurteilung zugrunde liegt.

Gehen wir über eine rein visuelle Beurteilung hinaus, können wir mit zunehmendem räumlichem Maßstab die Veränderung der relativen Bedeutung eines jeden Zentrums quantifizieren, indem wir die Größe der einzelnen Zentren basierend auf der Anzahl der verbundenen Gitterzellen (die eine gemeinsame Grenze haben) mit einem gegebenen Zustrom von Menschen messen. Wie Bild 3.8 für Downtown Core und Jurong zeigt, nimmt die Größe der beiden Zentren zuerst zu, wenn der Radius des Einzugsgebiets vergrößert wird. Wenn aber ein gewisser Radius überschritten wird, stabilisiert sich die Größe und damit auch die relative Bedeutung von Jurong, während die Größe und Bedeutung von Downtown Core, gemessen am Zustrom von Menschen, allmählich zunimmt. Daß sich die Bedeutung einzelner Zentren je nach Größe des geographischen Maßstabs verändert, wie wir es im Fall von Singapur beobachten konnten, läßt auf eine intrinsische „hierarchische" Organisation der verschiedenen Zentren und Subzentren schließen.

CDRs können nicht nur die Rolle des räumlichen Maßstabs bei der Charakterisierung von Polyzentralität klären, sondern helfen auch, die Rolle des zeitlichen Maßstabs zu verstehen. Zu diesem Zweck haben wir untersucht, welche Wirkung die Frequenz hat, mit der jede Gitterzelle in Singapur besucht wird. So wie wir die

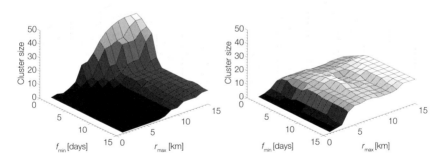

3.8 Relative Bedeutung städtischer Zentren, gemessen an der Anzahl der verbundenen Zellen (Cluster), die zu den ersten 10 Prozent aller Zellen in Singapur zählen, was den relativen Zustrom an Menschen betrifft, dargestellt als Funktion des Radius des Einzugsgebiets r_{max} und der Mindestbesucherfrequenz f_{min}. a) (links) Downtown Cor, b) (rechts) Jurong

Distanz vom Wohnstandort vergrößert haben, berücksichtigten wir in diesem Fall nur jene Nutzer, die eine bestimmte Zelle mit einer Mindestfrequenz besucht haben. Diese Mindestfrequenz definierten wir anhand der Mindestanzahl von Tagen, an denen ein Nutzer sich aus dieser Zelle heraus mit dem Mobilfunknetz verbindet.

Bild 3.8 zeigt die relative Bedeutung der beiden exemplarischen Zentren, die wiederum durch deren Größe definiert ist, als Funktion der Mindestbesuchfrequenz. Die relative Bedeutung von Downtown Core nimmt schnell ab, wenn man die Analyse auf regelmäßige Besucher beschränkt. Daher tragen in erster Linie unregelmäßige Besucher zur Gesamtbedeutung von Downtown Core bei.

Demgegenüber wächst die relative Bedeutung des lokalen Zentrums Jurong mit höherer Besuchsfrequenz sogar leicht (Bild 3.8), da es vor allem regelmäßige Besucher anzieht. Dies zeigt, daß man bei der Beurteilung der Attraktivität urbaner Zentren dem zeitlichen Aspekt ebenso viel Beachtung wie dem räumlichen schenken muß. Es ist interessant, daß sich unsere Erkenntnisse, die vom innerstädtischen Strom von Menschen ausgehen, mit alten Prinzipien der Wirtschaftsgeographie zu decken scheinen, die erklären, warum spezialisierte Güter und Dienstleistungen, die eine größere Gruppe von Menschen, allerdings auf einer weniger regelmäßigen Basis, anziehen, im Zentrum angesiedelt sind (Krugman 1996). Ein bekanntes Beispiel dafür ist die Theorie der zentralen Orte von Christaller, die die räumliche Verteilung von Städten zu erklären versucht (Christaller 1933).

Die vorliegende Studie zu Singapur soll in erster Linie veranschaulichen, welch vielversprechendes Potential die Analyse von neuen usergenierten Daten birgt, die es erlaubt, ein tieferes Verständnis der komplexen Organisation größerer Ballungsräume zu entwickeln. Wir nutzten hier vor allem die Informationen aus Kommunikationsdatensätzen von Mobiltelefonen, um herauszufinden, welche Wege die Stadtbewohner zurücklegen. Im nächsten Schritt konnten wir die räumlichen und zeitlichen Maßstäbe als die zwei wesentlichen Faktoren für Polyzentralität identifizieren. Diese ersten Erkenntnisse können als Ausgangspunkte für eine formelle, datengestützte Definition funktionaler Polyzentralität dienen.

Darüber hinaus wäre es interessant, die Studie durch die Quantifizierung von Menschenströmen zwischen verschiedenen Zentren zu vertiefen sowie sie auf andere wichtige Städte in verschiedenen Ländern, Kulturen und Ökonomien auszudehnen und deren Leistung und Effizienz hinsichtlich des Bewegungsverhalten oder von Umwelteinflüssen zu vergleichen. Die dafür notwendigen Daten müssen auf eine Art und Weise gesammelt werden, die den Datenschutz des einzelnen wahrt, was neue Ansätze für Datamining, Speicherung und Anonymisierung erfordert (Trantopoulos 2011). Nichtsdestoweniger könnten solche Erkenntnisse Städteplanern und Entscheidungsträgern helfen, die Weichen für eine nachhaltige urbane Zukunft mit hoher Lebensqualität zu stellen.

Literatur

Anas, Alex, Richard Arnott, and Kenneth A. Small. 1998. Urban spatial structure. *Journal of Economic Literature,* 36: 1426–1464

Christaller, Walter. 1933. *Central Places in Southern Germany,* C.W. Baskin. Trans. London: Prentice-Hall [1966]

Burger, Martijn, and Evert Meijers. 2012. Form follows function? Linking morphological and functional polycentricity. *Urban Studies,* 49: 1127–1149

Bertaud, Alain. 2004 The spatial organization of cities: deliberate outcome or unforeseen consequence? Working Paper 2004-01. University of California, Berkeley

Green, Nick. 2007. Functional Polycentricity: A formal definition in terms of social network analysis. *Urban Studies,* 44: 2077–2103

Krugman, Paul R. 1996. *The Self-Organizing Economy.* Blackwell, Oxford

Roth, Camille, Soong Moon Kang, Michael Batty, and Marc Barthélemy. 2011. Structure of urban movements: Polycentric activity and entangled hierarchical flows. *Plos One,* 6:e15923

Schläpfer, Markus, Michael Szell, Michael Batty, Geoffrey West and Carlo Ratti. 2013. *Human spatial organization and the emergence of urban centers* (derzeit in review).

Trantopoulos, Konstantinos, Markus Schläpfer, and Dirk Helbing. 2011. Toward sustainability of complex urban systems through techno-social reality mining. *Environmental Science & Technology,* 45: 6231–6232

Luís M. A. Bettencourt

The kind of problem a city is
Die Stadt aus der Sicht der Theorie komplexer Systeme

Städte sind keine Organismen, genauso wenig wie sie Maschinen sind, und vielleicht sogar noch weniger. Sie wachsen nicht von selbst, sie verändern sich nicht, sie reproduzieren oder reparieren sich nicht von selbst. Sie sind keine autonomen Einheiten, durchlaufen keine Lebenszyklen oder ziehen sich keine Infektionen zu. [...] Aber es ist schwieriger – und viel wichtiger –, die grundlegende Unzulänglichkeit dieser Metaphern zu erkennen und wie sie uns gedankenlos dazu verführen, Slums auszumerzen, um ihre ‚infektiöse‘ Verbreitung zu verhindern, die richtige Größe zu suchen, das unaufhaltsame Wachstum zu stoppen, Grüngürtel zu erhalten, miteinander konkurrierende Zentren zu unterdrücken, das gestaltlose Ausufern des Stadtgebietes zu verhindern und so weiter. (Kevin A. Lynch, Good City Form, 1984)

1 Jane Jacobs' Herausforderung

Der Titel dieses Beitrags stammt von Jane Jacobs. In ihrem Buch *The death and life of great American cities* (Jacobs 1961) beschreibt sie, welchen Herausforderungen sich Städte gegenübersehen. Im letzten Kapitel liefert sie die konzeptionelle Grundlage für ihre Argumente zur urbanen Form, indem sie Städte als Probleme „organisierter Komplexität" definiert. Zu ihrer Zeit war das Stichwort Komplexität in den Wissenschaften ganz neu. Und da Jacobs mit Warren Weaver in Kontakt stand, erkannte sie sofort, welche Bedeutung Komplexität für das Verständnis von Städten zukommen könnte. Weaver seinerseits war einer der ersten, der der Welt die Bedeutung von Claude Shannons Informationstheorie erklärt hatte (Shannon und Weaver, 1949).

Aufregende Zeiten für die Wissenschaft. Eine Reihe neuer integrativer Perspektiven und Konzepte zum Verständnis komplexer Systeme verbreitete sich schnell – über alle Disziplinen hinweg. Aber damals war es vermutlich zu früh, um genauer zu definieren, welche Art von komplexen Systemen Städte nun eigentlich bildeten.

Erst 50 Jahre später kam es zu mathematischen Formalisierungen von sozialen Netzwerken. Die unglaubliche Vielfalt und Bandbreite neuer städtischer Formen und Wachstumsmuster, die wir heute weltweit beobachten können, war damals noch nicht abzusehen. Welche Art von ,Problem' ist eine Stadt? Das zu definieren ist eine Herausforderung, die meines Erachtens weit über eine prinzipielle Zurückweisung jener Praktiken der Stadterneuerung hinausgeht, wie sie zu Jane Jacobs' Zeiten gang und gäbe waren. Es gehört dazu mehr, als die Beobachtungen der Architektur- und Stadtkritikerin zum Charakter städtischer Räume zu berücksichtigen und umzusetzen. Heute mögen manche dieser Beobachtungen sogar ein wenig provinziell erscheinen und sich zu sehr auf das beziehen, was Jacobs im New Yorker West Village der späten 1950er Jahren wahrnahm. Die Formulierung neuer, treffenderer Konzepte, die die Stadt als komplexes adaptives System[1] begreifen, und die Entwicklung einer wissenschaftlich fundierteren Praxis der Stadtplanung, die solchen Prinzipien folgt, sind allerdings nach wie vor wichtige Aufgaben.

Ich möchte hier vor allem diese Herausforderung ansprechen und anhand von Erkenntnissen aus 50 Jahren Forschung sowie aus der jungen Wissenschaft von Städten als komplexen Systemen diskutieren, was eigentlich die Essenz von Städten ausmacht. Ich werde zeigen, daß wir zu einem neuen vereinheitlichten Modell für Urbanisierung kommen können, wenn wir Städte als in Raum und Zeit eingebettete integrierte soziale Netzwerke betrachten und allgemeine Eigenschaften fordern, die eine offene Landnutzung und Infrastrukturentwicklung ermöglichen. Diese Perspektive wird quantitativ von zahlreichen empirischen Forschungen gestützt, die tausende von Städten auf der ganzen Welt beschreiben, Städten, die sich in unterschiedlichen Entwicklungsstadien befanden oder befinden (Bettencourt, 2013; Bettencourt et al., 2007). Was den Städtebau betrifft, so betont diese Art der Konzeptualisierung von Städten, wie wichtig generative Modelle sind, wo lokale Strukturen von Akteuren entwickelt werden, die spezielle Ziele verfolgen und über spezielle Informationen verfügen, aber zugleich auch durch die Funktion der Stadt als ganzer, als eines offenen ,sozialen Reaktors' eingeschränkt werden müssen.

---

1   Der Name *komplexes adaptives System* wurde im Santa Fe Institute von John H. Holland, Murray Gell-Mann und anderen entwickelt und bezeichnet Systeme, die aus mehreren zusammenhängenden Elementen bestehen und über ein grundsätzliches Anpassungsvermögen an ihre Umwelt verfügen.

Es gibt inzwischen keinen Grund mehr, viele der jetzt meßbaren Eigenschaften einer Stadt zu ignorieren. Heute weiß man so viel über Städte wie nie zuvor, und zwar in vielerlei Hinsicht: sozial, wirtschaftlich, infrastrukturell und räumlich. Die wichtigsten empirischen Erkenntnisse stammen aus neuen Arbeiten in den Bereichen Geographie und Komplexe Systeme (Bettencourt, 2012; Bettencourt et al., 2007:28–32) und können folgendermaßen zusammengefaßt werden: Alle Städte sind im Zuge ihres Wachstums positiven Skalierungseffekten unterworfen und erzielen dadurch sozialökonomische Produktivitätsgewinne (Bettencourt et al., 2007: 24–26). Wenn wir zum Beispiel innerhalb desselben übergeordneten Systems zwei Städte unterschiedlicher Bevölkerungsgröße vergleichen, können wir meist feststellen, daß die größere Stadt etwas dichter und das Pro-Kopf-Volumen der Infrastrukturnetzwerke, wie etwa Straßen, Kanalisation, und Elektrizität, geringer ist. Wir sehen auch, daß die größere Stadt in der Regel reicher ist (gemessen am Pro-Kopf-Bruttoinlandsprodukt oder an den Löhnen), teurer sowie kulturell und technologisch produktiver, also mehr kreative Projekte oder angemeldete Patente aufweist. Diese Messungen bestätigen die allgemeine verbreitete Annahme, daß größere Städte nicht nur verkehrsreicher und teurer sind, sondern auch produktiver und kulturell vielschichtiger. Diese Effekte sind insofern von allgemeiner Bedeutung, als wir sie in vielen Städten beobachten können, in den USA nicht anders als in China, Brasilien oder Deutschland (Bettencourt, 2012; Bettencourt et al., 2007). Sie sind auch zeitunabhängig: Sie gelten für moderne Städte ebenso wie für die 2000 Jahre alten Siedlungsmuster im prä-hispanischen Becken von Mexiko, die sich unabhängig von ihren Gegenstücken in der Alten Welt entwickelt haben (Ortman et al., 2013).

Vor allem sieht man, daß sich die Eigenschaften von Städten mit der Größe der Stadt ändern und nicht auf eine bestimmte Stadtgröße beschränkt sind. Jedesmal, wenn sich die Bevölkerung einer Stadt verdoppelt, weist eine Stadt pro Kopf ungefähr 10 bis 20 Prozent weniger Infrastrukturvolumen auf, 10 bis 20 Prozent mehr Wertschöpfung, Innovation, aber auch eine höhere Kriminalität. Stadt wird hier als metropolitane Region verstanden, ein zusammenhängendes Gebiet mit gemeinsamen Arbeitsmarkt und sich mischenden Bevölkerungsgruppen, und weniger als administrative Einheit, deren Grenzen keine echte sozialökonomische Bedeutung haben (Bettencourt, 2012; Bettencourt et al., 2007).

Diese Eigenschaften und ihre allgemeine Anwendbarkeit auf entwickelte wie sich entwickelnde Städte sind ein Ausgangspunkt, aber sie liefern noch kein neues Modell für eine allgemeine quantitative Beschreibung von Städten. Deshalb habe ich jüngst einen theoretischen Rahmen vorgeschlagen (Bettencourt, 2012), der diese und viele andere Eigenschaften quantitativ von einer einfachen Konzeptionalisierung von Städten als sozialen und infrastrukturellen Netzwerken ableitet, die sich Ort und Zeit teilen. Zentraler Gedanke ist, daß Städte in erster Linie große soziale Netzwerke sind, Agglomerationen von sozialen Beziehungen. Raum, Zeit und Infrastruktur sind in dieser Betrachtungsweise ausschlaggebende Parameter für das Entstehen sozialer Interaktionen sowie von deren Fortbestand.

Aus dieser Perspektive lassen sich die Skalierungseigenschaften, die sich bei Städten von einer bestimmten Bevölkerungsgröße an beobachten lassen, von vier einfachen Annahmen ableiten:

3. Städte sind durchmischte soziale Netzwerke: Alle Stadtbewohner verfügen über ein minimales Budget, das es ihnen erlaubt, jeden beliebigen Ort der Stadt zu erreichen und damit im Prinzip mit jeder anderen Person in der Stadt in Verbindung zu treten.[2] Dieses minimale Budget bestimmt die Transportkosten von Menschen, Gütern und Informationen. Bei gleichbleibendem Budget wird eine Stadt zwangsläufig dichter, wenn sie wächst, oder wenn die Transportkosten steigen.

4. Infrastrukturnetzwerke sind dezentralisiert, das heißt, sie werden nach und nach und entsprechend dem Wachstum der Stadt eingerichtet, wobei neue Infrastruktur proportional zu den typischen urbanen räumlichen Dichten hinzugefügt wird.[3] Es gibt kein einzelnes Zentrum (kein ‚Herz der Stadt‘) , durch das der gesamte Verkehr notgedrungen hindurchgeführt werden muß (Samaniego, 2008), und auch das Infrastrukturnetzwerk ist graduell entwickelbar, wenn die Bevölkerung wächst oder die Technologie sich verändert.

5. Die individuelle Anstrengung, soziale Beziehungen aufrechtzuhalten, ist unabhängig von der Größe der Stadt. Das wird möglich, weil 1. und 2. implizieren, daß Städte im Zuge ihres Wachstums räumlich dichter werden, so daß selbst bei gleich-

---

2   Dadurch leitet sich eine Beziehung zwischen Gesamtfläche A und Bevölkerung N ab, wobei a von der Verkehrstechnologie abhängt, und dem Elastizitätsexponenten, wo D die Dimension des Raums ($D = 2$) und H eine fraktale Dimension ist, die mißt, wie zugänglich die Stadt für den einzelnen ist.

3   Mathematisch heißt dies, daß A_n das Volumen der Infrastruktur (Straßenoberfläche) und $d = N/A$ die Gesamtbevölkerungsdichte ist.

bleibenden Wegstrecken mehr Menschen und Institutionen erreicht werden können. Mit anderen Worten: Die Stadt kommt zu uns, während sie wächst. Dies widerspricht der Vorstellung, daß abnehmende Erreichbarkeit der Größe einer Stadt Grenzen setzt (Simmel, 1903; Wirth, 1938; Milgram, 1972), und erlaubt im Prinzip Städte beliebiger Größe.

6. Der sozialökonomische Output von Städten in bezug auf ihre Wirtschaftskraft und Innovation, aber auch auf ihre Kriminalitätsrate verhält sich proportional zur Anzahl der sozialen Interaktionen, die pro Zeiteinheit stattfinden. Diese wiederum werden durch die Anzahl der Menschen in öffentlichen Netzwerken bestimmt.[4]

Was läßt sich von einem solchen Stadtmodell ableiten? Wenn man von der Stadt als sozialem Netzwerk ausgeht, sind die stärkere Vernetzung einer Person und die sozialer Durchmischung dafür verantwortlich, daß eine Stadt ihr ganzes sozialökonomisches Potential entfalten kann. Tatsächlich besitzen Städte, die aus verschiedenen Gründen – soziale Segregation, mangelhafte Mobilitätsinfrastruktur, Gewaltkriminalität – nur eingeschränkt vernetzt sind, schlechtere Wirtschaftsdaten als Städte, die stärker sozial durchmischt sind.

Vielfach wurde argumentiert, daß die soziale Vernetzung tatsächlich der Schlüssel zur Entwicklung und zur Partizipation in Städten sei, weil dadurch beispielsweise die Chancen auf Arbeitsteilung und -koordination stiegen und komplexere soziale und wirtschaftliche Organisationen entstünden (Holston, 2009; Bettencourt, 2013). Planung kann dieses Ziel hoher Vernetzung erfolgreich umsetzen, indem etwa die Verkehrs- und die Wohnbau-Politik koordiniert statt getrennt betrachtet werden (CNU, 2008). In kleinem Maßstab ist dies zwar auch ein zentrales Anliegen der *Smart Growth*-Bewegung (Angel, 2011), aber unser Modell zeigt, daß die soziale Integration im größten Maßstab des städtischen Gebietes erreicht werden muß, nicht nur auf lokaler Ebene.

Aus dem Modell resultieren auch einige wichtige Konsequenzen für die allgemeine Raumnutzung in Städten. Erstens steigen mit wachsender Bevölkerung die Grundstückspreise schneller als die Durchschnittseinkommen. Das hat seinen Grund darin, daß sowohl die Dichte als auch die wirtschaftliche Produktivität

---

4 Das bedeutet, daß soziale Outputs Y (gesamtes BIP, Anzahl von Gewaltverbrechen) mit der Bevölkerungsgröße nach einer Scaling-Relation der Form $Y : N/A \sim N^{7/6}$ zunehmen. Mathematisch Interessierte finden die Umsetzung dieser Annahmen in einer formaleren Sprache und auch die Ableitung verschiedener anderer Eigenschaften, die im folgenden besprochen werden, in (Bettencourt, 2013).

steigen, wodurch bei jeder Verdoppelung der Stadtbevölkerung die Grundstücksmieten im Durchschnitt um 50 Prozent zunehmen. Dieser Anstieg ist indirekt verantwortlich für viele der spontanen Lösungen, die den Pro-Kopf-Energieverbrauch und den CO_2-Ausstoß in größeren Städten senken: Parkplätze werden immer teurer, und höhere Gebäude werden notwendig, damit die Kosten für nutzbare Flächen mit dem Einkommen Schritt halten können, was zu einem geringeren Oberflächen/Volumen-Verhältnis führt. Dadurch wiederum läßt sich der Energieverbrauch pro Kopf senken. Diese Auswirkungen können auch die Bedingungen dafür schaffen, daß öffentliche Verkehrsmittel eine brauchbare Alternative zum Individualverkehr sind, selbst wenn zugleich die Zeit teuer ist und schnelle Direktverkehrsverbindungen immer gefragter werden. Größere Städte können daher paradoxerweise ,grüner' werden – eine unbeabsichtigte Folge ihrer intensiveren Flächennutzung und ihrer höheren wirtschaftlichen Produktivität. Politische Maßnahmen, die das Pro-Kopf-Angebot von Grund und Boden erhöhen oder die Transportkosten senken, tendieren dazu, Städte zu schaffen, die weniger dicht sind und höhere Energieverbrauchsraten in Gebäuden und beim Transport erfordern, um dieselben sozialen Funktionen zu gewährleisten.

Hier stellt sich die Frage nach der Bevölkerungsdichte. Wir haben bereits erwähnt, daß größere Städte eine vergleichsweise höhere Dichte aufweisen. Trotzdem gibt es in den USA und immer häufiger auch in anderen Ländern eine Vielfalt von Städten mit geringer Dichte, vor allem große Städte wie Atlanta oder Dallas. Sind diese Städte weniger ,Stadt' als das West Village, das Jane Jacobs kannte, oder die fußgängerfreundliche Stadt, für die sich die Vertreter des *Smart Growth* stark machen?

Wenn man Städte als Interaktionsnetzwerke begreift, dann versteht man auch, wie die Form und Struktur einer Stadt von unterschiedlichen Verkehrstechnologien und wirtschaftlichen Entwicklungsprozessen beeinflußt wird. Die räumliche Gesamtausdehnung einer Stadt wird vom Zusammenspiel zwischen Interaktivität und relativen Mobilitätskosten bestimmt. Persönliche Vorlieben für bestimmte Arten von Nachbarschaften können ebenfalls eine Rolle spielen. Wenn es möglich ist, sich schnell im Raum zu bewegen, tendieren Städte im allgemeinen dazu, viel durchlässiger zu werden und sich räumlich auszudehnen, wobei sie aber ihre soziale Vernetzung wahren können.

Durch die Verbreitung moderner Massenverkehrsmittel ist es in den sich entwickelnden Weltstädten zu einer rapiden räumlichen Ausdehnung gekommen, die manchmal den Bevölkerungszuwachs übertrifft (Downs, 1962). Dadurch werden Städte allerdings auch in vielerlei Hinsicht verletzlich: Wenn die Transportkosten verglichen mit dem Einkommen plötzlich ansteigen (beispielsweise weil sie an den Ölpreis gekoppelt sind), dann verlieren Städte unter Umständen ihre soziale Vernetzung, was wie erwartet zu einem Einbruch ihrer sozialökonomischen Entwicklung führt. Bei Maßnahmen gegen schrumpfende Städte – man denke an Detroit und andere ehemalige Industriestädte – gilt das umgekehrte Prinzip: Durch die Reduktion der räumlichen Ausdehnung der Stadt kann die soziale Vernetzung intensiviert werden. Damit ist aber auch die Erwartung verbunden, daß solche Orte ihr soziales Gewebe ‚heilen‘, indem sie sich von neuem vernetzen und an Vitalität gewinnen.

Ein schon erwähnter Aspekt der Theorie ist, daß mit dem Wachstum der Stadt das Gesamtvolumen der Infrastruktur stärker zunimmt als die Stadtfläche – eine subtilere mathematische Konsequenz, die sich aus der Notwendigkeit ergibt, Infrastrukturnetzwerke dezentralisiert zu halten und nach und nach einzurichten. In der Praxis bedeutet dies, daß die Infrastruktur in größeren Städten einen wachsenden Teil des Raumes einnimmt. Wenn man also für das Wachstum einer Stadt plant, muß man den zusätzlich nötigen Infrastrukturanteil einkalkulieren.

Zudem können wir die Menge an Energie voraussagen, die für Verkehr und Transport aufgewendet werden muß, um den Grad der Vernetzung der Stadt aufrechtzuerhalten. Es überrascht vielleicht angesichts der schon besprochenen positiven Skalierungseffekte des Stadtwachstums, daß die benötigte Transportenergie schneller zunimmt als die Bevölkerung, ebenso wie beispielsweise Einkommen und Innovationsindikatoren. Dieser Effekt spiegelt sich auch in den Betriebskosten der städtischen Infrastruktur, wie dies etwa im Fall der Übertragungsverluste in den Stromnetzen deutscher Städte gemessen worden ist (Bettencourt et al., 2007), und manifestiert sich auch in der generell stärkeren Verstopfung von Hauptverkehrsadern im Vergleich zu kleineren Straßen (Schläpfer et al., 2012). Investitionen in effizienzsteigernde Maßnahmen, die die Energieverluste während des Transports verringern, sollten als (nichtlineare) Funktion der Stadtgröße strategisch geplant werden.

Unsere Theorie der Skalierungseigenschaften von Städten liefert spezifische Hinweise darauf, wie die Transportenergie minimiert werden kann, und zeigt zugleich die Grenzen dieser Bestrebungen auf. Vor allem sagt sie uns, daß das Verhältnis zwischen der Produktivität einer Stadt und der benötigten Transportenergie unabhängig ist von der Größe der Stadt.[5] Die sozialökonomischen Vorteile des Wachstums und der Verdichtung einer Stadt verhalten sich proportional zum Anstieg der dabei benötigten Transportenergie. Gut funktionierende Städte weisen in diesem Zusammenhang eine höhere Differenz zwischen Produktivität und Infrastrukturkosten auf. Aus dieser Betrachtungsweise ergibt sich ein allgemeines Set an Metriken, die ein Richtmaß für eine adaptive Stadtplanung und Stadtpolitik bilden können (Bettencourt, 2013).

Ich habe gezeigt, wie die Form und die Funktion von Städten zumindest allgemein durch ein Set von Netzwerkprinzipien bestimmt werden kann, die Jane Jacobs' Idee der Stadt als ein ‚Problem organisierter Komplexität' widerspiegelt. Diese Prinzipien müssen in Zukunft empirisch überprüft und weiterentwickelt werden; jüngste direkte Messungen räumlicher sozialer Interaktionen mittels Mobiltelefondaten sowie Beobachtungen zur räumlichen Skalierung in urbanen Systemen des prä-hispanischen Mexiko, das starke Analogien zu jener moderner Städte aufweist, stützen ihre Allgemeingültigkeit (Ortman et al., 2013).

Wenn wir die Bedeutung von Städten für das Leben der Menschen und der Entwicklung von Ländern verstehen wollen, müssen wir uns mit zwei weiteren Problemen auseinandersetzen: Erstens müssen wir genauer verstehen, auf welche Weise die Struktur menschlicher Interaktionen Wirkungen hervorruft, welche Ökonomen und Soziologen bestens vertraut sind. Direkte Beobachtungen sozialer Vernetzung anhand von Mobiltelefondaten haben jüngst neue Erkenntnisse geliefert, aber es sind noch viele Fragen offen. Eine besseres Verständnis solcher Fragen wäre auch hilfreich bei der Planung erfolgreicher öffentlicher Räume (Whyte, 1980). Das zweite Problem betrifft die Interaktion zwischen Städten innerhalb einer gemeinsamen Metropolregion. Gesetzmäßigkeiten beim Wachstum von Städten, bezogen auf das Bevölkerungswachstum oder die wirtschaftliche Entwicklung, werden von allen Städten in einem gemeinsamen Region geteilt.[6] Wie diese Gesetzmäßigkeiten

5   Städte sind skalenunabhängig. Die Verteilung von Stadtgrößen enthält keine spezifische Bevölkerungszahl, bei der sich die Eigenschaften von Städten dramatisch verändern würden. Die statistischen Dimensionen von Stadtgrößen in einem urbanen System wurden seit den 1930er Jahren intensiv erforscht. Sie folgen annähernd dem Zipfschen Gesetz: Wenn wir Städte nach ihrer Größe N und ihrem Rang r ordnen, erhalten wir eine statistische Rang-Größe-Regel der Form $N(r) = N_o/r$, wobei N_o für die Größe der größten Stadt steht und $r = 1$ ist.

6   Dies ist als Gibrats Gesetz bekannt: (Bevölkerungs-) Wachstumsraten sind im Durchschnitt konstant und unabhängig von einer Größe der Stadt N.

zustande kommen und was den Grad des Wachstums bestimmt, sind vielleicht die wichtigsten offenen Fragen in den Wirtschaftswissenschaften und im Urbanismus. Es gibt jetzt neue theoretische Anstrengungen, diese Fragen zu lösen, da Daten über verschiedene Skalen, Nationen und Zeiten hinweg verfügbar sind und eine klarere Sicht auf diese Probleme ermöglichen.

3 Für die Zukunft planen

Die rasante Urbanisierung ist ein globales Phänomen. In Indien, Afrika oder Lateinamerika ereignet sich dieses städtische Wachstum, ohne daß urbanistische Planungen darauf reagierten. Heute lebt ungefähr eine Milliarde Menschen weltweit (UN-HABITAT, 2003) in Slums, und noch mehr Menschen bauen ihre Unterkünfte selbst und organisieren ihre Nachbarschaften, ohne die Dienste von Architekten und Planern in Anspruch zu nehmen und ohne eine Ahnung von der Wissenschaft der Städte zu haben. Diese Verlagerung in die Städte, im Zuge derer in den nächsten Jahrzehnten mehr städtische Infrastruktur gebaut werden wird als jemals zuvor, ist großenteils ein ungeplanter, spontaner Prozeß. Welche Rolle spielen der Urbanismus und die Wissenschaft von den Städten angesichts dieser ungeplanten, aber lebendigen Entwicklung der Städte?

Wer im Bereich der Stadtplanung arbeitet, mag den Eindruck gewinnen, daß die Perspektive komplexer Systeme zu vieles offen läßt. Vor allem sagt diese Perspektive nichts über einige der elementarsten Planungsentscheidungen, wie das Aussehen der Straßen oder Quartiere, der Häuser und Gebäude, die spezifische Nutzung von Raum, Zonierung und so weiter.

Daß die Stadtplanung viele dieser Möglichkeiten unentschieden lassen *sollte,* damit sie auf lokaler Ebene von den Bewohnern, Organisationen und Gemeinschaften entschieden werden, ist eine noch viel radikalere Aussage. Aber sowohl die Geschichte der Stadt als auch grundlegende wissenschaftliche Konzepte darüber, wie komplexe Systeme entstehen und sich entwickeln, legen genau diese Vorgehensweise nahe (Anderson, 1972; Hayek, 1945). Dies wird manchmal als das ‚Problem des Planers' bezeichnet.

Das Problem hat mit den fundamentalen Eigenschaften von Informationen in komplexen Systemen zu tun, die aus einer immensen Anzahl heterogener Akteure bestehen: Der Planer kann in der Praxis unmöglich wissen, auf wieviele Arten die

Menschen städtische Räume im Laufe der Zeit entwickeln wollen. In der Regel treffen jene Akteure die besseren Entscheidungen, die über spezifischere, ihren Zielen und Wünschen entsprechende Informationen verfügen – sofern sie ähnliche Entscheidungen anderer Menschen und deren Integration über alle urbanen Skalen hinweg nicht behindern. Daraus kann sich ein praktisches Modell für die Stadtplanung ergeben, vor allem in Städten, die großenteils informell gebaut wurden, unter der Bedingung, daß man allgemeine Limitierungen wie die im vorangegangen Abschnitt beschriebenen berücksichtigt und auf lokaler Ebene grundlegende Regeln respektiert, die sich ihre Inspiration bei der über die Jahrhunderte gewachsenen einheimischen Bauweise oder neuen Formen des Urbanismus oder des generativen Designs holen. Wenn man die Stadt vom Allgemeinen zum Spezifischen denkt und sich eines Designs bedient, das aus dem Ganzen heraus entsteht, ohne die kleinen Elemente vorzuschreiben, dann kann das Planen einer Stadt als das eines komplexen Systems Patrick Geddes' Ideal erfüllen: „So wenig wie möglich ungeschehen machen, dabei aber so planen, daß das Wohlbefinden der Menschen auf allen Ebenen, von der niedrigsten zur höchsten, verbessert wird"[7] (Geddes, 1949).

Ich hoffe gezeigt zu haben, daß Städte Systeme sind, die sich in der menschlichen Gesellschaft unter sehr allgemeinen Umständen spontan entwickeln, wann immer sich nicht von vornherein festgelegte Vorteile für die menschliche Sozialität auf allen Skalen bieten. In diesem Sinn verhalten sie sich genauso natürlich wie Bienenstöcke oder Korallenriffe und sollten nicht als arbiträre menschliche Artefakte betrachtet werden, die man nach Belieben verändern kann. Gleichzeitig sind Städte eine grundsätzlich andere Form komplexer Systeme, als es beschränktere Formen sozialer Organisation in der Natur sind, und können angesichts der vielen Formen von Information, die sie verkörpern und generieren, tatsächlich unendlich komplexer sein. Städte bringen die besten wie die schlechtesten Seiten der Menschheit ans Licht: Unsere Kreativität und Phantasie genauso wie unsere Tendenz zu Diskriminierung und Gewalt. Da sie ein enormes Potential für die menschliche Entwicklung bergen, sollten Städte nicht als Systeme gesehen werden, die man kontrolliert oder denen man Widerstand entgegenbringt. Im Gegenteil sollten wir Anreize dafür schaffen, daß sie sich spontan so entwickeln, daß sie unsere kollektive Natur auf die beste Weise und ohne Festlegung zum Ausdruck bringen können.

---

7   Aus dem englischen Original übersetzt von Ingrid Fischer-Schreiber

Das ist die Herausforderung, vor der wir stehen. Wir leben in den letzten paar Jahrzehnten großer urbaner Veränderung und schöpfen endlich unser Potential als soziale Lebewesen auf globaler Ebene aus – um etwas vollkommen Neues in der Geschichte des Planeten zu schaffen. Wir haben die Chance, uralte Hoffnungen der Menschheit zu verwirklichen: extreme Armut zu beseitigen, einen großen Teil der weltweiten Ungerechtigkeit zu beenden, Zugang zur medizinischen Versorgung für alle – und das alles nachhaltig, in Einklang mit der Biosphäre unserer Erde. Das geschieht in den Städten, und unter Umständen sehr schnell. Mehr stadtbezogene Daten und ein wissenschaftlicherer Ansatz werden dabei sicher hilfreich sein. Aber die wirkliche Herausforderung für uns, die wir die Stadtplanung beeinflussen können und sie praktizieren, besteht darin, diese neue Ideen so umzusetzen, anzuwenden und weiterzuentwickeln, daß neue Typen städtischer Umgebungen entstehen, die das Potential unserer sozialen Kreativität entfalten können und eine nachhaltige und für alles offene menschliche Entwicklung ermöglichen.

Dank

Ich möchte vor allem Nicholas de Monchaux für einige Diskussionen über die Geschichte der Stadtplanung und des Urbanismus und deren Beziehung zu Konzepten komplexer Systeme danken; sie halfen mir, die hier präsentierten Ideen zu formulieren. Ich danke Michael Mahaffy und Dietmar Offenhuber für Kommentare und Vorschläge zu früheren Versionen dieses Manuskripts. Diese Forschung wurde teils gefördert von der Rockefeller Foundation, der James S. McDonnell Foundation (Grant Nr. 220020195), der National Science Foundation (Grant Nr. 103522), der John Templeton Foundation (Grant Nr. 15705) sowie durch ein Geschenk der Bryan J. and June B. Zwan Foundation.

Literatur

Alexander, Christopher, Sara Ishikawa, and Murray Silverstein. 1977. *A Pattern Language: Towns, Buildings, Construction.* Oxford University Press US
Alexander, Christopher. 1979. *The timeless way of building.* New York: Oxford University Press
Anderson, Philip W. 1972. „More Is Different." *Science* 177 (4047): 393–396

Angel, Shlomo, Jason Parent, Daniel L. Civco, Alexander Blei, and David Potere. 2011. „The Dimensions of Global Urban Expansion: Estimates and Projections for All Countries, 2000–2050." *Progress in Planning* 75 (2): 53–107

Aristotle, and Trevor J Saunders. 1995. *Politics. Books I and II.* Oxford; New York: Clarendon Press; Oxford University Press

Bacon, Edmund N. 1967. *Design of cities.* New York: Viking Press

Batty, Michael. 2005. *Cities and complexity: understanding cities with cellular automata, agent-based models, and fractals.* Cambridge, Mass.: MIT Press

Bettencourt Luís, West G.B, Lobo J, and Strumsky D. 2010. „Urban scaling and its deviations: Revealing the structure of wealth, innovation and crime across cities." *PLoS ONE PLoS ONE* 5 (11)

Bettencourt, Luís. 2013. „The Origins of Scaling in Cities." *Science* 340 (6139) (June 21): 1438–1441

Bettencourt, Luís, José Lobo, Dirk Helbing, Christian Kühnert, and Geoffrey B. West. 2007. „Growth, Innovation, Scaling, and the Pace of Life in Cities." *Proceedings of the National Academy of Sciences* 104 (17): 7301–7306

Bettencourt, Luís, and Geoffrey West. 2010. „A Unified Theory of Urban Living." *Nature* 467 (7318) (October 21): 912–913

Bettencourt, Luís, Horacio Samaniego, and HyeJin Youn. 2012. „Professional Diversity and the Productivity of Cities." Available at http://arxiv.org/abs/1210.7335

Congress of New Urbanism. 2008. *Canons of Sustainable Architecture and Urbanism, A companion to the Charter of New Urbanism.* Available online at http://www.cnu.org/canons

Dendrinos, Dimitrios S, and Henry Mullally. 1985. *Urban evolution: studies in the mathematical ecology of cities.* Oxford [Oxfordshire]; New York: Oxford University Press

Downs, Anthony. 1962. „The Law of Peak-hour Expressway Congestion." *Traffic Quarterly* 16 (3)

Duranton, Gilles, and Matthew A. Turner. 2011. „The Fundamental Law of Road Congestion: Evidence from US Cities." *The American Economic Review* 101 (6): 2616–2652

Forrester, Jay Wright. 1969. *Urban dynamics.* Cambridge, Mass.: M.I.T. Press

Geddes, Patrick. 1949. *Cities in evolution.* London: Williams & Norgate

Hakim, Besim S. 2008. „Generative processes for revitalizing historic towns or heritage districts." *Urban Design International* 13 (3): 210

Hall, Peter. 1992. *Urban and regional planning.* London; New York: Routledge

Hall, Peter. 1998. *Cities in civilization.* New York: Pantheon Books

Hayek, F. 1945. The Use of Knowledge in Society, *American Economic Review.* 35: 519–530

Holston, James. 2008. *Insurgent Citizenship: Disjunctions of Democracy and Modernity in Brazil.* Princeton University Press

Howard, Sir Ebenezer. 1902. *Garden Cities of Tomorrow.* Swan Sonnenschein & Co., Ltd.

Jacobs, Jane. 1961. *The Death and Life of Great American Cities.* New York: Random House. Dt. *Tod und Leben großer amerikanischer Städte, Bauwelt Fundamente, Bd. 4,* Gütersloh (Bertelsmann Fachverlag) 1963

Jacobs, Jane. 1969. *The Economy of Cities.* New York: Random House

Koolhaas, Rem. 1995. „What Ever Happened to Urbanism?" In *S,M,L,XL,* Eds B. Mau, R. Koolhaas. 1995. The Monicelli Press, New York: 959–971

Le Corbusier. 1971. *The City of To-morrow and Its Planning.* Cambridge, Mass.: MIT Press

Lynch, Kevin. 1960. *The Image of the City.* Cambridge Mass.: MIT Press

Lynch, Kevin. 1981. *A theory of good city form.* Cambridge, Mass.: MIT Press

Mellon, James G. 2009. „Visions of the Livable City: Reflections on the Jacobs Mumford Debate." *Ethics, Place & Environment Ethics, Place & Environment* 12 (1): 35–48

Milgram, S. 1960. „The Experience of Living in Cities." *Science* 13: 1461–1468 (1970)

Mumford, Lewis. 1961. *The city in history: its origins, its transformations, and its prospects.* New York: Harcourt, Brace & World.

Nordbeck, S. 1971. *Geografiska Annaler* 53: 54

Ortman, S. G., A. Cabaniss, L.M.A. Bettencourt. 2013 Urban Scaling in Prehispanic Central Mexico. Santa Fe Institute Working Paper 13-01-001. Online verfügbar auf: http://www.santafe.edu/media/workingpapers/13-01-001.pdf

Samaniego, Horacio. 2008. „Cities as Organisms: Allometric Scaling of Urban Road Networks." *JTLU Journal of Transport and Land Use* 1 (1)

Schläpfer, Markus, Luis Bettencourt, Mathias Raschke, Rob Claxton, Zbigniew Smoreda, Geoffrey B. West, and Carlo Ratti. 2012. „The Scaling of Human Interactions with City Size." *arXiv Preprint arXiv:1210.5215.* Available online at: http://arxiv.org/abs/1210.5215

Shannon, Claude Elwood, and Warren Weaver. 1949. *The Mathematical Theory of Communication.* Urbana: University of Illinois Press. Dt. *Mathematische Grundlagen der Informationstheorie.* München: R. Oldenbourg. 1976

Simmel, George. 1903. *Die Grosstädte und das Geistesleben,* Petermann, Dresden

Sitte, Camillo. 1901. *Der Städtebau Nach Seinen Künstlerischen Grundsätzen.* 3rd ed. Vienna: Graeser

Steadman, Philip. 1979. *The Evolution of Designs: Biological Analogy in Architecture and the Applied Arts.* Taylor & Francis

UN-HABITAT. 2003. *The Challenge of Slums: Global Report on Human Settlements*

Weaver, W. in The Rockefeller Foundation Annual Report, 1958

Whyte, William H. 1980. *The Social Life of Small Urban Spaces.* Project for Public Spaces Inc.

Wirth, Luis. 1938. „Urbanism as a Way of Life" *The American Journal of Sociology,* 44: 1–24

World Bank: Planning, Connecting and Financing Cities-Now: Priorities for City Leaders. (The World Bank, Washington DC, 2013)

Stanislav Sobolevsky

Digitale Ansätze für eine regionale Abgrenzung

Globalisierung und Informationstechnologien haben gesellschaftliche und ökonomische Prozesse beschleunigt und auch Städte, Regionen und ganze Länder einem immer schnelleren Transformationsprozeß ausgesetzt. Die Urbanisierung nimmt weiter zu: Am Beginn des 19. Jahrhunderts lebten nur ungefähr drei Prozent der Weltbevölkerung in Städten, am Beginn des 20. Jahrhunderts waren es bereits 14 Prozent. 2008 machte die Stadtbevölkerung bereits 50 Prozent der Gesamtbevölkerung aus [1] und erreicht heute in den hochentwickelten Ländern bereits 60 bis 80 Prozent.

Die ländliche und suburbane Bevölkerung spielt eine wichtige Rolle in der Dynamik der Urbanisierung und spürt deren Auswirkungen auch am eigenen Leib. Der tägliche Strom von Auspendlern aus der Stadt dehnt die Stadt über ihre administrativen Grenzen hinaus aus und bildet das, was eine metropolitane Region genannt wird, die weitere Stadtgebiete oder städtische Agglomerationen umfaßt.

Die immer größere räumliche und informationelle Dynamik unserer modernen Städte, Regionen und Länder stellt die Regional- und Stadtplaner vor ganz neue Herausforderungen. Regionale Bezeichnungen sind schon etliche Jahre nach ihrer Einführung wieder obsolet. Es ist wichtig, die tatsächliche räumliche Interaktion und deren Grenzen zu verstehen, wenn Regierungen für eine Region angemessene soziale und wirtschaftliche Maßnahmen und Infrastrukturentscheidungen treffen wollen, zum Beispiel bei der Planung von Verkehrssystemen, die den Bedürfnissen der Nutzer optimal entsprechen. Wenn man Veränderungen in der regionalen Struktur erkennt, dann kann das wichtige Hinweise auf Prozesse und Verschiebungen geben, die in einer Gruppe oder einer Gesellschaft stattfinden.

In der Vergangenheit stützten sich solche Entscheidungen ausschließlich auf Schätzungen von Mobilitätsströmen, die aus vordigitalen Untersuchungen stammen, die teuer und langsam in der Durchführung sind und in der Regel nur alle paar Jahre stattfinden. Ein solcher Ansatz ist in unserer Zeit, die nach schnellen

---

1   Population Reference Bureau http://www.prb.org/ (zuletzt besucht am 7. Juli 2013)

Reaktionen auf soziale und wirtschaftliche Herausforderungen in den großen Städten mit ihrem schnellen Rhythmus verlangt, nicht mehr angemessen.

Mit dieser neuen Problematik ergeben sich aber auch neue Möglichkeiten, ihr zu begegnen. Da in den verschiedensten Bereichen menschlicher Interaktion nun elektronische und digitale Informationen erzeugt und kommuniziert werden, hinterlassen auch mehr und mehr menschliche Aktivitäten digitale Spuren. Zeit und Dauer von Telefonaten sowie die etwaigen Standorte von Anrufern und Empfängern werden von Netzwerkbetreibern gespeichert. Wenn wir unseren Kaffee oder unseren täglichen Einkauf mit Kreditkarte bezahlen, erzeugen wir Spuren, die soowohl vom jeweiligen Kreditkarteninstitut als auch von der Bank aufgezeichnet werden. Auch Taxifahrten generieren dank der im Fahrzeug eingebauten GPS-Systeme detaillierte digitale Informationen. Insgesamt bilden diese Informationsbruchstücke riesige Datensätze über unsere Aktivitäten, was oft unter dem Terminus *Big Data* zusammengefaßt wird.

Heute sind Forschern solche Daten bei Regierungsbehörden und Privatunternehmen verfügbar. Sie sind anonymisiert, um die Identität der einzelnen Person zu schützen. Für Forschungszwecke eröffnen diese Datensätze ganz neue Möglichkeiten, die Gesetze und Muster menschlichen Verhaltens wie Mobilität, zeitliche Aktivität und vor allem Interaktionen zu untersuchen. Diese Interaktionen sind in gewissem Sinn die alles zusammenhaltende Kraft, die die verschiedenen Orte verbindet und die uns vertrauten Regionen entstehen läßt.

Um menschliche Interaktionen mittels vom Menschen geschaffener Big Data messen zu können, haben wir einen rechengestützten Ansatz entwickelt, der regionale Abgrenzungen identifiziert. Wir werden zeigen, wie menschliche Interaktion im Raum sich in Gruppen manifestiert, die viel größer sind als die sozialen Netzwerke einer einzelnen Person, einer Gruppe oder einer Gemeinschaft; nichtsdestoweniger lassen sie sich in räumlichen Begriffen beschreiben.

Die ‚digitale Revolution' hat oft der Vorstellung geführt, daß mediatisierte Formen menschlicher Interaktion die Rolle des physischen Raums verringern oder sogar eliminieren würden. Nicholas Negroponte hat es sehr treffend vorausgesehen: „(...) das Postinformationszeitalter [wird] die Beschränkungen der Geographie überwinden. Im digitalen Leben ist es nicht wichtig, zu einer bestimmten Zeit an einem bestimmten Ort zu sein, da eine Übertragung der Orte möglich werden wird (Negroponte 1995, S. 204)". Wir werden aber zeigen, daß Raum noch immer ein Schlüsselfaktor ist, der unser Leben und unsere Interaktionen nicht unentscheidend beeinflußt.

In den hier beschriebenen Studien verwenden wir Datensätze, die landesweite Aufzeichnungen menschlicher Kommunikationsaktivitäten enthalten, vor allem von Telefonaten über Mobil- oder Festnetz, und während einer definierten Dauer von Telekomfirmen gesammelt wurden. Die Datensätze stammen aus den Vereinigten Staaten, aus Großbritannien, Frankreich, Portugal, Italien, Belgien, Elfenbeinküste und Saudi-Arabien.

1 Großbritannien

In einer jüngst veröffentlichen Untersuchung konzentrierten wir uns auf Daten aus Telefonnetzwerken im Großbritannien (Ratti et al., 2010). Der Datensatz umfaßte über 95 Prozent der privaten und geschäftlichen Festnetzanschlüsse und zwölf Milliarden Anrufe, die während einer einmonatigen Periode getätigt wurden. Um die Privatsphäre der Nutzer zu schützen, wurden die einzelnen Telefonnummern vor der Weitergabe vom Telefonanbieter anonymisiert. Die geographische Verortung eines jeden Anrufers wurde nach subregionalen Gruppen von Vermittlungsstellen aggregiert, die im Schnitt jeweils ein Gebiet von 49 Quadratkilometern betrafen, zu grob, um die Adresse eines einzelnen Teilnehmers zu erkennen.

Aus diesen Daten generierten wir ein Netzwerk von ungefähr 20,8 Millionen Knoten und 85,5 Millionen ungerichteter Links, die Nutzer verbanden, zwischen denen eine reziproke Verbindung bestand, die sich also gegenseitig anrufen. Diese Einschränkung hilft Anrufe zu Service-Hotlines herauszufiltern. Wir gehen davon aus, daß dieses genannte Netzwerk die menschliche Interaktion auf individueller Ebene in ganz Großbritannien mißt, und aggregierten es zu einem Gitter von 3 043 Quadratpixeln, die jeweils 9,5 mal 9,5 Kilometer maßen. Wir behandelten jedes Pixel als räumlichen Knoten und maßen seine Verbindungsstärke zu jedem anderen Pixel. So konnten wir eine Matrix des gesamten bidirektionalen Verkehrs zwischen jedem Paar räumlicher Knoten im geographischen Netzwerk erstellen (Bild 3.9, Seite 131). Auf diese Weise wird eine gewichtete gerichtete Kante zwischen zwei Knoten definiert als der kumulative Kommunikationsstrom, wie er von reziproken Anrufen zwischen zwei Knoten generiert wird.

Soweit läßt dieser Ansatz den geographischen Raum außer Acht; ursprünglich dachten wir gar nicht daran, ihn zu nutzen, um Regionen zu identifizieren. Die ursprüngliche Absicht bestand darin, im Netzwerk eingebettete Strukturen und

Gruppen zu entdecken, und zwar ausgehend von der sogenannten Technik zur Optimierung der Modularität (Newman, 2000–2006). Das Modularitätsmaß gibt als normalisierter Wert darüber Auskunft, wie gut sich das Netzwerk in einzelne Gruppen gliedern läßt. Das Maß quantifiziert, wie stark die internen Kanten innerhalb von Gruppen und wie schwach die Kanten zwischen Gruppen sind. Genauer gesagt, wertet das Modularitätsmaß jede Kante innerhalb des untersuchten Netzwerks aus, indem es die Differenz zwischen ihrer tatsächlichen Stärke und dem Durchschnittswert nutzt, der vom Netzwerk mit derselben totalen Knotenstärke, aber homogen verteilten Kanten erwartet wird. Dann wird für jede vorgeschlagene Gruppenstruktur der gesamte Modularitätswert als kumulativer Wert aller internen Gruppenkanten berechnet.

Für Netzwerke telefongestützter Interaktion bedeutet das, daß wir das tatsächliche Kommunikationsvolumen zwischen allen Ortspaaren mit den durchschnittlichen Erwartungen vergleichen. Wir gehen dabei von der Annahme aus, daß alle individuellen Anruferverbindungen dem Netzwerkdurchschnitt entsprechen. So werden die Verbindungen, die intensiver als der Durchschnitt sind, vorzugsweise als Teil der identifizierten Gruppe einbezogen, während die schwächeren Verbindungen vermieden werden.

Unser Algorithmus zur Gruppendetektion (engl. *Community Detection*) verändert dann iterativ die anfängliche Gruppenstruktur, um die Detektion zu verbessern. Zum Beispiel werden existierende Gruppen zu einer größeren verschmolzen, oder ein Teil einer Gruppe wird in eine andere verschoben, und danach wird das Resultat getestet. Diese Schritte werden solange wiederholt, bis keine Verbesserung mehr möglich ist. Auch dieser Ansatz läßt noch die Geographie außer Acht, denn er

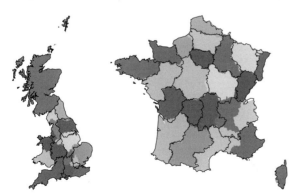

3.10 links: Partitionierung des Netzwerks von Interaktionen über das UK-Festnetz verglichen mit den NUTS2-Regionen

3.11 rechts: Partitionierung des Netzwerks von Interaktionen über das französische Mobiltelefonnetz verglichen mit den NUTS2-Regionen

funktioniert allein mit der *Netzwerktopologie,* also mit der Information, welche Knoten auf welche Weise miteinander verbunden sind. Die Anzahl der daraus resultierenden Gruppen ist nicht im vorhinein festgelegt, sondern wird vom Algorithmus im Zuge des Optimierungsprozesses gewählt. Bild 3.10 zeigt die daraus resultierende Aufteilung für das Großbritannien: Die verschiedenen Gruppen sind mit unterschiedlichen Farben gekennzeichnet, während die durchgehenden schwarzen Linien die offiziellen Grenzen der elf NUTS-1-Gebietseinheiten[2] markieren. Was sofort ins Auge sticht, ist, daß die räumlichen Projektionen der berechneten Gruppen geographisch zusammenhängende Regionen zu repräsentieren scheinen, obwohl die Geographie bei der Berechnung keine Rolle spielte. Außerdem fällt auf, daß die mittels Modularitätsoptimierung bestimmte Anzahl der Gruppen ziemlich genau mit der Anzahl der offiziellen Regionen des Landes übereinstimmt.

Vergleicht man die Formen der Gruppen mit den offiziellen administrativen Grenzen des Landes, kann man feststellen, daß es Gebiete mit sehr enger Übereinstimmung gibt, wie zum Beispiel im Fall von zwei der neun offiziellen Regionen Englands: South West England und East of England. Bei anderen Regionen wie Schottland scheint das Ergebnis unserer Methode identisch mit den offiziellen Grenzen zu sein.

Aber es sind auch Abweichungen zu erkennen. Es mag vielleicht nicht überraschen, daß die Region London größer zu sein scheint als in der offiziellen Version – metropolitane Gebiete rund um große Städte wachsen schnell und machen damit alte Grenzen obsolet. Andererseits ist Wales in Nord- und Südwales aufgeteilt, während der zentrale Teil zu West Midlands zu gehören scheint. Dies stärkt die Hypothesen, die in der Literatur über Verkehr und Regional Studies aufgestellt werden. Daten über Pendlerströme aus dem Zensus des Jahres 2001 bestätigen, daß Wales trotz seines einzigartigen kulturellen und sprachlichen Erbes ein hohes Maß an Integration mit seinen englischen Nachbarn im Osten aufweist (Nielsen und Hovgesen, 2008).

Die Identifizierung neuer Regionen im unmittelbaren Westen von London bestätigt eine frühere Studie, die von einem von High-tech-Aktivitäten geprägten

2   Eurostat – die NUTS-Klassifikation
    http://epp.eurostat.ec.europa.eu/portal/page/portal/nuts_nomenclature/introduction
    (zuletzt besucht am 7. Juli 2013)

„westlichen Halbmond" spricht (Hall et al., 1987): eine zusammenhängende Gegend, die im allgemeinen extrem gute Wirtschaftsdaten und ein niedriges Armutsniveau aufweist, wie die Daten zur Bruttowertschöpfung und zu den National Vocations Qualifications (NVQ) für Berkshire, Buckinghamshire und Oxfordshire zeigen.[3]

Während noch gründlichere Untersuchungen notwendig sind, um endgültige Schlüsse ziehen zu können, scheinen alle oben angeführten Beobachtungen darauf hinzuweisen, daß unsere Methode geeignet ist, auf der Basis der im Netzwerk landesweiter Telefongespräche gefundenen Cluster kohärente Regionen korrekt zu erkennen. Ja, dieser Cluster-Ansatz scheint auch einige Aspekte menschlicher Interaktion besser zu erfassen, als es die offiziellen Regionalgrenzen nach NUTS tun.

Wenden wir uns nun der Frage zu, ob der obige Ansatz auch für andere Länder als Großbritannien funktioniert und ob die Analyse genauer wird, wenn man statt Festnetzverbindungsdaten Mobilfunkdaten verwendet.

2 Frankreich

Wir hatten wir Gelegenheit, auch für Frankreich ein solches Mobiltelefonnetzwerk zu analysieren (Ratti et al., 2010). Die Standorte von 14 Millionen anonymisierten Kunden, die über eine Periode von 45 Tagen ungefähr 120 Millionen Anrufe tätigten, waren dabei auf dem feineren Niveau der Mobilfunkbasisstationen repräsentiert und bildeten daher nicht nur menschliche Mobilität, sondern auch Interaktionen zwischen Menschen ab.

Das Resultat (Bild 3.11) – dieses und weitere Ergebnisse für Belgien und Portugal sind in einem kürzlich veröffentlichten Aufsatz zu finden (Sobolevsky, 2013) – zeigt eine sogar noch deutlichere Übereinstimmung mit den offiziellen Grenzen, abgesehen von lokalen Abweichungen im Südosten sowie anderen kleinen lokalen Abweichungen. Der in diesem Fall angewendete, leicht veränderte Partitionierungsalgorithmus ist von Blondel und anderen beschrieben worden (Blondel et al., 2011).

3   UK statistics, http://www.neighbourhood.statistics.gov.uk
    http://www.statistics.gov.uk/hub/index html (zuletzt besucht am 7. Juli 2013)

3 Belgien

Anders als im französischen Beispiel wurden im Fall des belgischen Mobiltelefonnetzwerks die Standorte der Kunden auf der Basis des offiziellen Wohnorts und nicht des tatsächlichen Standorts während des Anrufs definiert. Dennoch sehen wir eine deutliche Übereinstimmung zwischen den offiziellen regionalen Strukturen und der räumlichen Projektion der Netzwerkpartitionierung (Bild 3.12) mit der optimalen Anzahl von Regionen, die der Algorithmus vorschlägt (Blondel et al., 2010).

Wenn man die Anzahl der daraus resultierenden Gruppen auf zwei beschränkt (der Algorithmus muß dafür einfach die iterativen Verbesserungsschritte begrenzen), um eine optimale Aufteilung des Landes zu erhalten, kann man eine interessante Beobachtung machen: Wir sehen (Bild 3.13) eine klare Abgrenzung zwischen den zwei großen Teilen Belgiens – Flandern und Wallonien –, die das Land genau entlang der Sprachgrenze zwischen holländisch und französisch teilt. Überraschenderweise werden 97 Prozent der gesamten Kommunikation im Netzwerk jeweils innerhalb dieser beiden Regionen getätigt, und nur 3 Prozent findet zwischen den Regionen statt. Bei einer homogenen Verteilung der Verbindungen im Netzwerk würde dieser Wert 50 Prozent betragen, was die strenge Teilung zwischen den beiden Landesteilen unterstreicht. Zudem besteht fast die Hälfte dieser 3 Prozent in Verbindungen zwischen Brüssel und dem Norden (Flandern) beziehungsweise dem Süden (Wallonien). Die beiden Landesteile, in denen verschiedene Sprachen gesprochen werden, scheinen klar voneinander getrennt zu sein, und Brüssel scheint eine wichtige Brückenfunktion zu erfüllen.

4 Portugal

Auch die Ergebnisse aus Portugal sind bemerkenswert. Jüngst gab es in Portugal viele Diskussionen darüber, wie das Land administrativ gegliedert werden soll. 1998 war die Frage der Regionalisierung Thema einer Volksabstimmung (Gallagher, 1999). Vergleicht man nun unsere Partitionierungsergebnisse für das portugiesische Mobiltelefonnetzwerk mit der aktuellen offiziellen NUTS-Aufteilung des Landes, dann erkennt man, daß die zweite hierarchische Ebene, NUTS2 (also die für die Umsetzung der Regionalpolitik grundlegenden Regionen), gröber granuliert ist

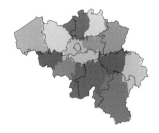

links: 3.12 Partitionierung des Netzwerks von Interaktionen über das belgische Mobiltelefonnetz verglichen mit den NUTS2-Regionen

rechts: 3.13 Bi-Partitionierung des Netzwerks von Interaktionen über das belgische Mobiltelefonnetz verglichen mit den NUTS2-Regionen

(fünf Regionen auf dem Festland Portugals), während NUTS3 (kleinere Regionen für spezifische Dia- gnosen) bereits viel feiner granuliert ist (28 Regionen in Festland-Portugal).

Unsere Partitionierung liegt dazwischen (sieben Regionen) und stimmt besser mit den historisch gewachsenen Regionen überein, was den nachhaltigen Einfluß historischer Grenzen auf das menschliche Verhalten zeigt, der stärker sein kann als moderne Kategorisierungen. Die bei der Volksabstimmung vorgeschlagene Regionalstruktur scheint eine viel geringere Übereinstimmung mit jenen Regionen aufzuweisen, die aus den Netzwerken menschlicher Interaktion abgeleitet werden können. Dies könnte zum Teil erklären, warum das Referendum scheiterte.

5 Zusammenfassung

Ähnliche Erkenntnisse – geographische Kohäsion zwischen den Gruppen, die durch Netzwerke menschlicher Interaktion gebildet werden, und ihre Ähnlichkeit mit den offiziellen Landesregionen in bezug auf Anzahl und Form – wurden in einem anderen Maßstab auch für andere Länder auf verschiedenen Kontinenten bestätigt: Italien, Elfenbeinküste, Singapur und USA. Die Gruppenstruktur, die sich aus dem US-Mobiltelefonnetzwerk ergibt (Calabrese et al., 2011), zeigt zahlreiche Abweichungen von den offiziellen Staatsgrenzen und könnte ein Beispiel dafür sein, wie sich in einem großen, sich rasch entwickelnden Land soziale Interaktionen über eine von oben auferlegte und unter Umständen veraltete administrative Einteilung hinwegsetzen.

Auch wenn für Planungsentscheidungen noch genauere Analysen notwendig sind, zeigt dieser Ansatz doch das große Potential, das Daten über menschliche Aktivitäten für Regional Studies bergen. Trotz aller Beschränkungen scheint die allgemeine Korrelation zwischen der Struktur der Gruppen der Telefoninteraktionsnetzwerke und der regionalen Struktur eines Landes eine solide, breit anwendbare Erkenntnis zu sein. Es wäre daher vielleicht sinnvoll, diese Gruppenstruktur bei Veränderungen oder Entscheidungen, die die regionale Struktur eines Landes betreffen, zu berücksichtigen, zumindest bis noch verläßlichere Methodologien auf deren Basis entwickelt sind. Im Unterschied zu teuren zeitintensiven Umfragen, die in der Vergangenheit das gängigste Werkzeug der Regional Studies waren, kann dieser neue digitale Ansatz sofort ein Ergebnis liefern, und zwar ohne zusätzliche Kosten – vorausgesetzt, ein aktueller Datensatz ist verfügbar.

Literatur

Blondel, V., Deville, P., Morlot, F., Smoreda, Z., Van Dooren, P., Ziemlicki, C., 2011. Voice on the border: Do cellphones redraw the maps? *ParisTech Review* (November)

Blondel, V., Krings, G., Thomas, I. 2010. „Regions and borders of mobile telephony in Belgium and in the Brussels metropolitan zone", *Brussels Studies* 42 (4)

Calabrese, F. et al. „The Connected States of America: Quantifying Social Radii of Influence", (paper presented at 2011 IEEE International Conference on Privacy, Security, Risk and Trust and IEEE International Conference on Social Computing (PASSAT/SocialCom 2011)), 223–231

Gallagher, T. 1999. „Unconvinced by Europe of the regions: the 1998 regionalization referendum in Portugal", *South European Society and Politics* 4 (1), 132–148

Hall, P., Breheny, M., McQuaid, R., Hart, D. 1987. „Allen & Unwin, London, Sydney and Wellington" in *Western Sunrise: the genesis and growth of Britain's major high tech corridor.*

Negroponte, N. 1995. Total Digital. *Die Welt zwischen 0 und 1 oder Die Zukunft der Kommunikation.* München.

Nielsen, T., Hovgesen, H. 2008. „Exploratory mapping of commuter flows in England and Wales", *Journal of Transport Geography* 16(2), 90–99

Ratti, C., Sobolevsky, S., Calabrese, F., Andris, C., Reades, J., Martino, M., Claxton, R., and Strogatz, S.H. 2010. „Redrawing the map of Great Britain from a network of human interactions". *PLoS ONE,* 5(12), 1–6

Sobolevsky et al. 2013. „Regional delineation using networks of human interactions: the cases of France, UK, Italy, Portugal, Belgium and Singapore". *arXiv*

Autorinnen, Autoren, Herausgeber

Albert-László Barabási ist Distinguished Professor an der Northeastern University, Boston. Seine Arbeit über die Grenzen der Vorhersagbarkeit und die Modellierung der Skalierungseigenschaften menschlicher Mobilität spielten eine Schlüsselrolle dabei, Fragen rund um netzwerkbasierte Untersuchungen der menschlichen Mobilität zu einem Forschungsthema zu machen. Diese Forschung, die es auf die Titelseite von Nature geschafft hat, läßt sich auch auf das kollektive Verhalten menschlicher Populationen bei großen Katastrophen und die Vorhersage von sozialen Beziehungen in sozialen Netzwerken (Link Prediction) übertragen. www.barabasi.com

Luís M. A. Bettencourt ist theoretischer Physiker und Professor für komplexe Systeme am Santa Fe Institute. Seine Forschung untersucht neue theoretische Ansätze um Wachstum, Veränderung und Informationsaustausch in sich entwickelnden komplexen Systemen wie etwa Städten, ökonomischen und technologischen Entwicklungen bis hin zur visuellen Wahrnehmung. Seine Arbeit zu Städten bildet eine neue theoretische und empirische Basis zum Verständnis von weltweiten Urbanisierung, und wurde in führenden Medien wie den New York Times, Economist, National Geographic, Smithsonian und Scientific American gefeatured.

Pedro Cruz hält einen Master in Informatics Engineering der Universität von Coimbra (Portugal) und ist Langzeitmitarbeiter des Graphikdesign-Studios FBA. Er war Visiting PhD-Student am MIT Senseable City Lab und ist zur Zeit Forscher an der Cognitive and Media Systems Group des Centre for Informatics and Systems der Universität Coimbra. Sein Forschungsinteresse gilt in erster Linie der Informationsvisualisierung, dem Computational Design und der Computational Art. www.pmcruz.com

Fabien Girardin ist Mitbegründer des Near Future Laboratory (http://nearfuturelaboratory.com), eines Research- und Design-Studios, das die Möglichkeiten für digitale Welten in der nahen Zukunft auslotet. In seinen Arbeiten mischt er qualitative Beobachtungen mit quantitativer Datenanalyse, um die Integration und Aneignung von Technologien besser zu verstehen. Die gewonnenen Erkenntnisse setzt er mit technischen Mitteln in Prototypen um und evaluiert Konzepte und Lösungen.

Kael Greco ist Forscher am MIT Senseable City Lab und Student am Department of Urban Studies and Planning sowie des Technology Policy Program des MIT. In seiner aktuellen Forschung untersucht er die Implikationen neuer Informations- und Kommunikationstechnologien in den Bereichen Urban Governance und Stadtplanung. In seiner Arbeit versucht er, Data Science neu zu definieren, indem er quantitative Methoden und Visualisierungsstrategien verbindet, um komplexe soziale Phänomene besser zu verstehen.

Benedikt Groß ist ein interdisziplinär arbeitender und forschender Speculative und Interaction Designer. Ihn faszinieren die Beziehungen zwischen Menschen, ihren Daten und ihrem Umfeld. Zur Zeit studiert er Design Interactions am Royal College of Art (UK). Er ist Co-Autor von Generative Design, eines der Standardwerke für Computational Design. Er ist Alumnus des MIT Senseable City Lab.

Philipp Hövel leitet eine Nachwuchsgruppe an der Technischen Universität Berlin und am Bernstein Center for Computational Neuroscience. Seine Forschungsinteressen umfassen nichtlineare Dynamik, Kontrolltheorie, Netzwerkwissenschaft sowie Dynamik auf Netzwerken und Netzwerkmotive. Von 2011 bis 2013 war er im Rahmen eines Postdoc-Stipendiums des Deutschen Akademischen Austauschdienstes (DAAD) Visiting Scholar am BarabasiLab der Northeastern University, Boston.

Kristian Kloeckl leitet die Real-Time City Group am MIT Senseable City Lab in Boston und Singapur und arbeitet an Forschungsprojekten im Bereich Digital Cities in Südostasien, Europa und Südamerika. Als ausgebildeter Industriedesigner unterrichtet er am Massachusetts Institute of Technology und an der Design Fakultät der Universität IUAV in Venedig.

David Lee ist Doktorand am MIT Department of Urban Studies and Planning und forscht am MIT Senseable City Lab. In seiner Arbeit konzentriert er sich auf städtische Innovationsbezirke, auf die Veränderung von Infrastruktur mittels Echtzeit-Informationssystemen und die Förderung der öffentlichen Auseinandersetzung zu Fragen der Stadt und digitaler Technologie. http://alum.mit.edu/www/david733

Penousal Machado leitet das Computational Design and Visualization Lab an der Universität von Coimbra und lehrt auch dort. Er hat mehr als 70 begutachtete Artikel und Konferenzbeiträge verfaßt und wurde mit mehreren wissenschaftlichen Preisen ausgezeichnet. Über seine Arbeit wurde jüngst auch in Wired (UK) berichtet; sie wurde in der Ausstellung „Talk to me exhibition" im Museum of Modern Art (MoMA) gezeigt. http://fmachado.dei.uc.pt

Dietmar Offenhuber ist Assistant Professor in den Bereichen Visualisierung und Urban Analytics an der Northeastern University in Boston. Er war Research Fellow und Doktorand am MIT Senseable City Lab, Key-researcher am Ludwig-Boltzmann-Institut für Medienkunstforschung sowie Professor an der Kunstuniversität Linz. Seine künstlerischen Arbeiten wurden international prämiert, unter anderem am ZKM Karlsruhe, an der Ars Electronica, dem Sundance Film Festival, der Sezession Wien, der Seoul International Media Art Biennale und dem Center George Pompidou präsentiert. http://offenhuber.net

Carlo Ratti, Architekt und Ingenieur, lehrt am Massachusetts Institute of Technology, wo er das MIT Senseable City Lab leitet. Er ist Gründungsmitglied des internationalen Architektur- und Designbüros Carlo Ratti Associati,. Mitglied des Global Agenda Council für Stadtmanagement des Weltwirtschaftsforums und Kurator des Future Food Pavilion der Weltausstellung 2015. Carlo Ratti wurde von Fast Company als einer der 50 einflußreichsten Designer in Amerika geführt und vom Magazin Wired zu einem von 50 Menschen, die die Welt verändern, gekürt.

Francisca M. Rojas ist Spezialistin für Housing and Urban Development an der Inter-American Development Bank. Davor war Francisca Forschungsdirektorin des Transparency Policy Project an der Harvard's Kennedy School of Government, wo sie auch als Postdoc arbeitete. Sie hat einen Master in Stadtplanung und einen PhD des MIT Department of Urban Studies and Planning. Während ihrer Zeit am MIT forschte sie am Senseable City Lab.

Markus Schläpfer studierte Umweltingenieurwissenschaften an der ETH Zürich, wo er 2010 über Modellierung von Energiesystemen promovierte. Seit 2011 ist er Postdoc am MIT Senseable City Lab. Seine Forschung beschäftigt sich mit der Frage, wie man Städte mittels der

Analyse von ‚big data' besser verstehen kann, um neue Erkenntnisse für eine nachhaltige urbane Infrastrukturentwicklung zu gewinnen.

Andres Sevtsuk ist Dozent für Architektur und Stadtplanung an der Singapore University of Technology and Design (SUTD). Dort leitet er das City Form Lab (http://cityform.mit.edu), das den Einfluß der Stadtmorphologie auf die soziale, ökonomische und Umweltleistung von Städten erforscht, wozu neueste Instrumente zur räumlichen Analyse verwendet werden. Bevor er 2011 an die SUTD ging, unterrichtete er Architecture and Urban Studies & Planning am MIT. Er studierte an der École d'Architecture de la Ville & des Territoires (BArch) und am MIT (SMArchS, PhD) und arbeitete als Architekt, Stadtplaner, Berater und Forscher in Estland, Frankreich und den Vereinigten Staaten. Er hat zahlreiche Artikel und Buchkapitel über Stadtdesign, Stadttechnologie und räumliche Analyse veröffentlicht.

Filippo Simini ist Dozent für Transport and Mobility Modelling an der Universität Bristol. Davor war er Postdoc am Center for Complex Network Research der Northeastern University in Boston und am Department of Physics der Technischen und Wirtschaftswissenschaftlichen Universität Budapest. Er ist PhD in Physik der Universität Padua.

Stanislav Sobolevsky ist seit 2012 Researcher und Co-Leiter der Network and Society Group am MIT Senseable City Lab. Er ist promovierter Mathematiker (1999), Doctor of Science (2008) und seit 2009 Professor in Belarus (Weißrußland). Sein Forschungsinteresse gilt der Netzwerkwissenschaft, der Modellierung komplexer Systeme und der Theorie von Differentialgleichungen.

Chaoming Song ist Research Assistant Professor für Physik an der Northeastern University, Boston. Er hat mit Albert-László Barabási zum Thema Grenzen der Vorhersagbarkeit und Modellierung der Skalierungseigenschaften menschlicher Mobilität gearbeitet und das Zusammenspiel zwischen sozialen Netzwerken und menschlichen Bewegungen untersucht.

Michael Szell ist Postdoc am MIT Senseable City Lab. Er hat einen multidisziplinären Background (Mathematik, Physik, Computer Science) und beschäftigt sich in seiner Forschung mit der Analyse und Modellierung von komplexen sozialökonomischen Systemen, Soziodynamik und Mobilität sowie mit sozialen Netzwerken. Er hat das Massively Multiplayer Online Game Pardus (www.pardus.at) entwickelt. Im MIT Senseable City Lab ist er an Projekten beteiligt, bei denen große soziale Netzwerke und menschliches Verhalten in Städten untersucht werden. http://michael.szell.net

Anthony Vanky ist Forscher und Stratege für Akademische Zusammenarbeit am MIT Senseable City Lab, und Doktorand in Urban Studies and Planning am Massachusetts Institute of Technology. Er ist ausgebildeter Stadtplaner und Architekt und war an vielen Projekten in den Vereinigten Staaten beteiligt. Seine Design-Arbeiten wurden international ausgestellt (Architektur-Biennale Venedig, Dutch Design Week und DesCours in New Orleans). Er hat sowohl in akademischen als auch populärwissenschaftlichen Publikationen veröffentlicht und schreibt für Metropolis Magazine und das American Institute of Architects.

Bauwelt Fundamente (lieferbare Titel)

* auch als E-Book lieferbar
** nur als E-Book lieferbar